*Graphik:: SERGRAPH, S.L.*
*ISBN: 978-84-936306-1-4*
*Depot - Nr.: M-6686-2008*

Die Familie

# Gracie

## Die Revolution im Jiu-Jitsu

# Prolog

Wenige Male in der Geschichte hat eine einzige Familie die Kampfkünste so verändert wie die Familie Gracie. Sie hat die größte Revolution auf diesem Gebiet seit dem Tod Bruce Lees hervorgerufen, und die Protagonisten dieses eindrucksvollsten Jiu Jitsu sind selbst heute noch legendär. In diesem Buch zeigen wir euch anhand von Interviews und Artikeln, die in den letzten 20 Jahren in Kampfkunst International und Budo International herausgegeben wurden, die wichtigsten Personen dieser Bewegung. Unsere Veröffentlichungen haben die Ehre wichtige Pionierarbeit in Bezug auf die Verbreitung der stattgefundenen Veränderung geleistet zu haben, denn wir waren die erste Zeitschrift, die den Namen Gracie außerhalb seines Landes gebracht hat - sogar noch vor Beginn des UFC, einer Kreation von Rorion Gracie. Ein großer Teil von diesem Material wurde von Marcelo Alonso verfasst, der meiner Meinung nach der objektivste und beste Experte heutzutage auf diesem Gebiet in der ganzen Welt ist. Marcelo führt eine Gruppe von Reportern an, die die Leser auf diesem Sektor stets informiert halten.

In diesem Buch findet der Leser nicht nur Interviews und Kapitel, die den wichtigsten Mitgliedern der Familie Gracie gewidmet sind, sondern auch wichtige Personen wie z.B. Großmeister Mansur, Pedro Hemeterio oder João Carlos Barreto, alles Protagonisten aus den epischen Zeiten des Jiu Jitsu. Natürlich können in dieser Gruppe von Kriegern nicht die wichtigsten Namen der Familie Gracie fehlen: Carlos, Helio, Carlson, Rickson, Rorion, Royce, Royler, Robin, Robson, usw. Einige von ihnen haben uns bereits verlassen, aber ihr Name bleibt in der Erinnerung der heutigen Kampfkünstler bestehen. Die Arbeit wird durch die interessante Geschichte des Vale Tudo ergänzt, mit den legendären Anfängen in Brasilien. Das Erbe des japanischen Jiu Jitsu, übermittelt von Graf Koma an die Familie Gracie, hat die allgemeine Sicht des Kampfes und seine grundlegenden Beispiele für immer verändert, deswegen ist es für mich eine große Ehre euch diese Arbeit zu präsentieren und für die Zukunft den Charakter und den Charme dieser großartigen Protagonisten dokumentiert zu haben.

***Alfredo Tucci***
***Geschäftsführer von Budo International***

HELIO GRACIE

Text: Marcelo Alonso
Fotos: Marcelo Alonso, Rorion Gracie

# Helio Gracie: Die lebende Legende des Jiu-Jitsu Eine Frage der Ehre

Gracie Jiu-Jitsu ist keine Marketingoperation, obwohl man seine Vorzüge (die natürlich bewiesen werden) präsentiert, als würde es aus der Werbeschmiede von Coca-Cola kommen. Das glauben auf jeden Fall viele, die nicht den wahren Hintergrund dieses revolutionierenden Stils kennen, der die Kampfkunst auf den Kopf stellte.

Kampfstile mit Körperkontakt, wie das brasilianische Jiu-Jitsu, tauchten auf wie der Phönix aus der Asche. Der Kampf ohne Regeln mit Bezug zum realen Kampf wäre nie Realität geworden ohne die Persönlichkeiten, über die wir in diesem Teil berichten. Kampfkunst International wusste dieses Potential früher als jede andere Budo Yeitschrift zu erkennen (nicht nur in Europa). Zu der Zeit, als die UFC begann, die Barrieren und Konzepte des Kampfsportes in den USA zu durchbrechen, haben wir schon Artikel veröffentlicht, in denen wir die Geschichte und die Laufbahn dieses großen Meisters der Kampfkunst publizierten.

Helio besitzt einen energischen Charakter und sein Wille gab der gesamten Familie des Kampfsportes neue Impulse, die sich keiner erträumen konnte. Seine beständige Sicherheit in der Technik, die er aus dem Erbe des Conde Koma (das rein traditionelle Jiu-Jitsu Japans) heraus entwickelte, verdeutlichten dabei den Unterschied. Eine absolute Überzeugung, die die Söhne der großen Kämpfer anzustecken vermochte.

Was soll man berichten, was über Rickson nicht schon längst bekannt ist...ein wahrer Samurai im Ring...Royce, ein Mythos und Talent, der mit seiner Schlagtechnik die UFC revolutionierte, von Royler bis heute unbesiegt, erteilt er in Brasilien Unterricht im Jiu-Jitsu / Vale-Tudo ... Welche Gemeinsamkeit besteht zwischen diesen Männern? Jeder von Ihnen wurde von klein auf von Helio geprägt und trainiert. Jeder von ihnen trägt dadurch die gleichen Wurzeln in sich.

***Links der Meister, den blauen Gürtel tragend. Der Meister hat sich seines schwarzen Gürtels seit langem entledigt. Er vertritt die Ansicht, der Schwarzgurt habe in den letzten Jahren seinen Wert verloren: "Jedermann trägt heute den Schwarzen Gürtel, es ist eine Schande"***

Seine Familie ist groß und aktiv. Es würde hier jedoch den Rahmen sprengen, alle Mitglieder des Klans an dieser Stelle aufzuzählen. Robin lehrt zur Zeit in Europa das System. Der offizielle Kronprinz der Familie ist aber Rorion Gracie, der Vater des UFC, ein Mann mit Charisma und eine pädagogische Kapazität. Er stellt das jeden Monat auf den Seiten unseres Magazins unter Beweis.

All dieses konnte durch die Person geschehen, dessen Einfluß und Lebenswerk bei den Weltmeisterschaften mit einer Homage geehrt wurde. (KAMPFKUNST International, Ausgabe 11/98).

Helio steht im griechischem Sprachgebrauch für Sonne. So wie in der griechischen Mytholgie strahlt auch Helio Gracie mit einer enormen Intensität ins Universum der Kampfkunst in diesem Jahrhundert. Noch mit 86 stellt der Meister seine innere Kraft unter Beweis mit einer Wucht, die eigentlich anderen Generationen zugeschrieben wird. Seine Meinungsäußerungen sind manchmal von gleichem Kaliber. Liest man diese aus dem Zusammenhang, so wirken sie hart und sehr rigoros, aber man sollte das Alter dieses Mannes beachten, der noch vor Ausbruch des ersten Weltkrieges geboren wurde. Zweiundsiebzig Jahre kontinuierlicher Praxis voller Herausforderungen, Kampf und Verstehen. Das ist die Last, die er trägt und die ihn nie verlassen wird! Lassen Sie sich nicht allzusehr

von seinen Ansichten, die unserer heutigen Gesellschaft fremd vorkommen, verwirren [in Brasilien aber Gang und Gebe sind! –Anm. der Red.]. Sein Können liegt in der Kampfkunst und das ist ein Geschenk für alle Kämpfer von heute und morgen.

Wir präsentieren Ihnen dieses Interview mit Helio, das auch als eine Art Homage dienen soll. Er verdient all unseren Respekt und unsere Bewunderung, denn er ist eines der größten Talente des Kampfsportes in diesem Jahrhundert.

Wir wollen diese Reportage mit einer Erzählung vom Kampf gegen Valdemar Santana beenden. Es war der längste Kampf in der Geschichte. Drei Stunden und fünfundvierzig Minuten dauerte er! Ein Mann von 26 Jahren trat gegen Helio an, der zu diesem Zeitpunkt immerhin schon 42 Jahre alt war.

Helio verlor zwar offiziell diesen Kampf, wurde aber als der eigentliche Sieger angesehen. Er zeigte, dass Technik das A und O bei einem Kampf ohne Regeln ist.

Historische Fotos, die wir Rorion Gracie zu verdanken haben, werden diesen Teil untermalen. Die Fotografien stellen einen historisch und unschätzbaren Wert dar und wir hoffen, der verehrte Leser wird dies zu würdigen wissen.

Durch seine körperliche Schwäche entwickelte Helio eine besondere Strategie der Verteidigung, die bis zum heutigen Tage als eine der effektivsten Formen weltweit gilt. Mit 86, von denen er 72 dem Jiu-Jitsu widmete, ist Helio Gracie eine lebende Legende. Er ist der einzige Mann, der über den Rivalitäten der Akademien steht und von allen Gruppierungen des Jiu-Jitsu gewürdigt wird.

Unser Korrespondent in Brasilien stellte uns dieses Exclusivinterview mit Helio Gracie zur Verfügung. Klar bei Verstand und mit viel Sinn für Humor redet der Meister über allgemeine Themen wie Familie, Liebe, Vale-Tudo und Unbesiegbarkeit.

**K.I.: Wie begann ihr Interesse für den Jiu-Jitsu ?**

**Helio Gracie:** Als Kind erfreute ich mich keiner guten Gesundheit. Oft vergaß ich in der Schule alles, was ich zu Hause gelernt hatte. Als mein Bruder anfing Jiu-Jitsu zu unterrichten, besuchte ich ihn in seiner Klasse um ihm zuzuschauen. Ich erinnere mich, dass ich nach anderthalb Jahren die ganze Theorie auswendig konnte. Eines Tages erschien mein Bruder zu spät zum Unterricht. Mario Brant, der Präsident der Banco Brasil wartete schon auf ihn. Plötzlich hatte ich die Tollkühnheit ihn zu fragen: “Mario, wollen Sie diesmal mit mir das Programm beginnen, bis mein Bruder eintrifft?” Er war nicht nur einverstanden, sondern auch sehr zufrieden mit mir und ernannte mich zu seinem Lehrer. Mein Bruder war ohnehin sehr beschäftigt und freute sich für mich. Im Laufe der Zeit begann ich die Akademie zu übernehmen und mein Bruder hörte ganz mit dem Unterrichten auf.

**K.I.: Wie ist ihre Technik entstanden?**

**H.G.:** Ich hatte eigentlich nicht die Fähigkeit etwas Neues zu erschaffen. Es geschah eher aus einer reinen Notwendigkeit der Anpassung heraus. Es war reine körperliche Anstrengung und keine Genialität. Ich baute überall nur eine mechanische Katze (Hebel) ein, die mir erlaubte, alle Bewegungen mit geringerem Kraftaufwand auszuführen. Ich hoffte zu gewinnen, wenn mein Gegner müde sein würde.

**K.I.: Wurden Sie durch das Erlernen des Jiu-Jitsu weniger kampflustig?**

**H.G.:** Jeder, der Jiu-Jitsu erlernt, wird toleranter. Wenn man dich anpöbelt und du nicht die absolute Gewißheit hast, es ist nur ein Bluff, dann wirst du nervös und fängst überstürzt einen Streit an. Ist es aber nur ein Kind, das dich hänselt oder ärgert, so wirst du nur darüber lachen. Für mich ist ein Mann wie ein kleines Kind: Physisch ein Nichts. Diese Art zu denken wird dir innere Ruhe im Umgang mit anderen Personen schenken.

**K.I.: Was denken Sie über die Niederlagen, die viele große Männer im Jiu-Jitsu einstecken mußten?**

**H.G.:** Welche großen Männer? Meine drei Söhne sind Weltmeister (Rickson, Royce und Royler) und bisher ungeschlagen.

**K.I.: Glauben Sie, dass ihr leichtester Sohn Royler (64 Kg) eine Chance im Vale-Tudo gegen einen Giganten des Wrestling wie Mark Kerr (115 Kg) hätte?**

**H.G.:** Er wird nur mehr Zeit brauchen, aber das ändert nichts am Ergebnis. Aber ich habe ja Royce und Rickson mit 80Kg, die gegen Kerr kämpfen können. Warum soll ich da Royler mit seinen 60 Kg in den Ring schicken?

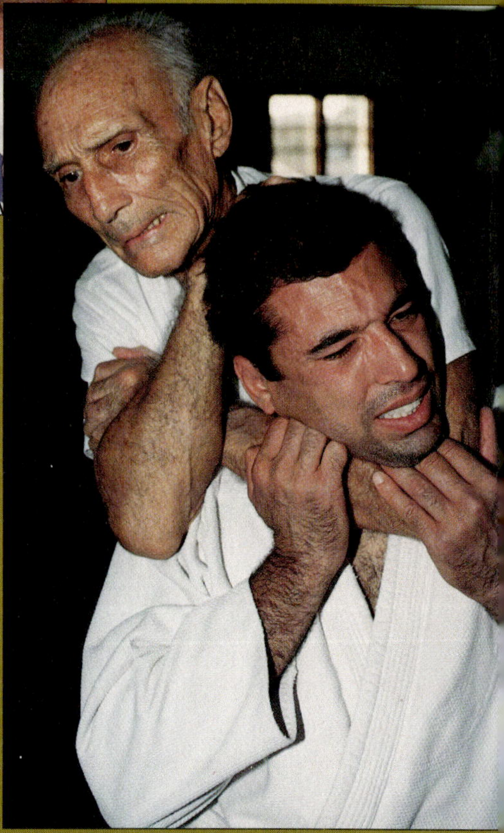

*Oben: Der Meister Helio zusammen mit Royce und der neuen Generation der Gracies, den Söhnen von Rorion.*
*Mitte: Der Weltmeister im Jiu-Jitsu Royler mit seinem Vater.*
*Unten: Royce würgt Helio.*

**K.I.: Man sagt, Rickson sei mit Abstand der Beste in Ihrer Familie. Ist das richtig?**

**H.G.:** Nein, seine Technik ist nicht besser als die seiner Brüder. Er ist genau wie die anderen. Alle haben die gleichen Fähigkeiten

**K.I.: In Brasilien teilen viele Leute die Geschichte der Familie Gracie in die Helio, die Carlson und die Rickson Epoche auf. Sehen Sie das genauso?**

**H.G.:** Nein, auf gar keinen Fall. Carlson war ein guter Kämpfer, sehr kräftig, aber technisch weit von dem entfernt was einen Champion ausmacht. Sein einziger wirklich relevanter Kampf war gegen Valdemar Santana. Carlson hatte leider nicht genügend Disziplin.

**K.I.: Was denken Sie über die neue Generation im Jiu-Jitsu, die durch Carlão Barreto, Vitor Belfort und Murilo Bustamente repräsentiert wird?**

**H.G.:** Das Jiu-Jitsu ist heute sehr weit und wird auch in Zukunft immer weiter fortschreiten. Das heutige Jiu-Jitsu ist leider von der eigenen körperlichen Resistenz, Kraft und Vorbereitung abhängig. Meine Söhne sind davon unabhängig. Rickson zum Beispiel kann den besten Kämpfern von Rio de Janeiro standhalten und Royler genauso.

**K.I.: Was halten Sie davon, wenn Kämpfer wie Vitor Belfort oder Mark Kerr in mehr als in nur einer Disziplin trainieren?**

**H.G.:** Ich halte das nicht für falsch. Das Problem besteht darin, alle Disziplinen praktizieren zu können, aber keine davon wirklich zu beherrschen. Würde Vitor zum Beispiel gegen Mike Tyson antreten, so würde dieser ihm einen Faustschlag verpassen, der ihn sofort ins Reich der Träume beförderte. Dasselbe würde passieren, wenn er gegen Rickson im Jiu-Jitsu antreten würde.

**K.I.: Sind sie gegen den Wettbewerb im Jiu-Jitsu?**

**H.G.:** Das von mir kreierte Jiu-Jitsu ist nicht für den Wettkampf gedacht sondern für den persönlichen Gebrauch. Leute, die ihr Selbstbewusstsein auffrischen müssen, verhalten sich wie Kinder.

**K.I.: Wie sieht Ihr Tagesablauf aus?**

**H.G.:** Nach 10 Stunden Schlaf stehe ich um 7:00 Uhr auf. Bin den ganzen Tag auf den Beinen und praktiziere Jiu-Jitsu oder widme mich anderen Aktivitäten.

**K.I.: Erteilen Sie immer noch Unterricht?**
**H.G.:** Ich erteile immer noch Privatunterricht, den ich mir aber teuer bezahlen lasse.

**K.I.: Verraten Sie uns Ihr Geheimnis, wie Sie mit 86 Jahren immer noch so vital sind...**
**H.G.:** Ich war nie ein Nachtschwärmer, habe weder getrunken noch geraucht und auch nicht außerhalb der Zeiten gegessen. Heute kann ich alles viel besser als früher. Ich akzeptiere nur Dinge, die mir gut tun. An den Geschmack von Fleisch oder Schokolade kann ich mich gar nicht mehr erinnern. Ich esse nur ab und zu Fisch. Mein Bruder Carlos entwickelte die Gracie Diät und ist davon überzeugt, dass jeder, der sie befolgt, zwanzig Jahre länger leben kann. Ich glaube ihm. Ich hatte weder Kopf- noch Bauchschmerzen in meinem ganzen Leben. Das führe ich auf die Diät zurück.

**K.I.: Was halten Sie von Viagra, der revolutionären Medizin gegen Impotenz?**
**H.G.:** Ich hatte so ein Mittel bisher nicht nötig. Aber ich glaube, es ist eine gute Sache, für all diejenigen, die so etwas brauchen. Gott sei Dank! An Potenz mangelt es mir nicht. Mein Gesundheitszustand war nie besser, nicht mal eine Grippe habe ich mir in den letzten zehn Jahren eingefangen.

**K.I.: Wo wir gerade beim Thema Sex sind, wie viele Frauen haben Sie geliebt?**
**H.G.:** Ich habe nie eine Frau geliebt. Liebe ist eine Schwäche und ich habe keine Schwächen. Liebe ist Sex und der ist für mich notwendig, um neues Leben zu erschaffen. Ich habe immer meine Freundinnen gefragt, ob sie Kinder haben wollen. War die Antwort "nein", dann gab es auch keinen Sex.

**K.I.: Würden Sie einen Homosexuellen im Jiu-Jitsu trainieren?**
**H.G.:** Wenn er sich wie ein Mann benimmt, warum nicht? Aber wenn ich eine Machtposition hätte, Präsident oder Gouverneur bin, dann würde ich sie alle kastrieren und in den Urwald schicken.

**K.I.: Erzählen Sie uns bitte von dem großartigen Kampf zwischen Ihnen und Valdemar Santana.**

**H.G.:** Das war im Jahre 1955 und er ging als der längste Kampf in die Geschichte ein. Er dauerte 3 Stunden und 45 Minuten. Ich war bereits 42 Jahre alt und Valdemar ein Schüler mit 26 Lenzen. Ich kämpfte außerdem mit einer schweren Ohrenentzündung.

**K.I.: Was würde Sie den Leuten gerne mitteilen, die gegen das Vale-Tudo sind?**
**H.G.:** Vale-Tudo ist die Kunst, die ich unterrichte. Der Kampf ist nicht blutig und wir haben schon bewiesen, dass es möglich ist, durch Technik zu gewinnen. Beim Boxkampf würde ich mit Handschuhen jährlich 10 Leute umbringen. Ein Schlag mit dem Boxhandschuh ist weitaus schmerzhafter als mit der bloßen Hand. Schließlich kann ein Schlag mit einem Boxhandschuh die Wucht von 130 Kg erreichen, so dass wichtige Gehirnzellen beschädigt werden können. Daher wäre es dumm, gegen das Vale-Tudo zu sein.

**K.I.: Wer könnte die Nachfolge der heutigen Generation Ihrer Familie antreten?**
**H.G.:** Im Augenblick sehe ich Niemanden. Meine Söhne werden noch die nächsten zehn Jahre unschlagbar sein. Ich versuche gerade die Söhne von Rorion vorzubereiten, da ich mit ihnen viel Kontakt habe.

**K.I.: Was denken Sie über die letzte Weltmeisterschaft im Vale-Tudo?**

**H.G.:** Diese Weltmeisterschaft war alles andere als Jiu-Jitsu. Jiu-Jitsu ist für mich das, was ich praktiziere und in Brasilien seit 70 Jahren unterrichte. Zur Zeit wird alles modifiziert. Neue Regeln werden aufgestellt, Kämpfe mit einem Zeitlimit versehen und nach Punkten bewertet. So ist es nur den Stärksten und Schwersten möglich zu gewinnen. Das ist nicht mehr mein Jiu-Jitsu.

**K.I.: Wie kann man eine Meisterschaft gewinnen, wenn man während eines Kampfes diesem Zeitlimit ausgeliefert ist?**

**H.G.:** Damit möchte man sich rechtfertigen. Diese Regeln begünstigen die Starken und Kräftigen und der Kampf kann sich nicht entfalten. Es sind Regeln, die es zulassen einen zu bezwingen, ohne den Gegner kämpfen zu lassen. Mein Jiu-Jitsu ist darauf ausgerichtet, durch den Einsatz der Technik zu gewinnen.

**K.I.: Vielen Dank Meister Helio für Ihre Zeit und Ihre Aufmerksamkeit.**

**H.G.:** Ich danke Ihnen.

## Helio Gracie vs. Valdemar Santana
## Eine historische Begebenheit

Helio Gracie saß gerade an seinem Schreibtisch im Büro der Gracie Jiu-Jitsu Akademie im Herzen von Rio. Er genoß die Strahlen der Aprilsonne, die durch die Fenster einfielen.

Obwohl er oft als einer der härtesten Männer Brasiliens betitelt wird, genießt er große Anerkennung durch seinen Unterricht und seine Administration, die auch die Leitung der Jiu-Jitsu Schule mit einbezieht, und sogar vom Präsidenten Brasiliens unterstützt wird.

Seine Tätigkeit an diesem Morgen - Bürokram. Aber vielleicht hat er auch gerade ans Wochenende gedacht, an dem er vielleicht mit seinen Söhnen einen Tag am Strand verbringen würde oder auf seiner Ranch, um Autorennen zu fahren oder zu reiten. Es gibt viele Dinge, mit denen er sich beschäftigt, um seinen Geist auf die Wettkämpfe vorzubereiten, seitdem er inoffiziell wieder in den Ring zurückkehren möchte. Doch plötzlich wurde die Stille dieses milden Aprilmorgens durch den überraschenden Besuch seiner Freunde unterbrochen.

## Die Herausforderung

“Hallo Champ!” riefen seine Fans und Freunde, während sie sein Büro stürmten. Alle wedelten wild mit Zeitungen umher. “Champion!!! Valdemar schreibt, du bist ein Niemand, deine Zeit sei abgelaufen und du seist erledigt.” Helio riß eine Zeitung an sich und begann den Artikel zu lesen.

Mit der Ruhe war es jetzt endgültig vorbei. Er kannte Valdemar Santana gut. Dieser freundliche junge Mann hatte in der Gracie Akademie Hilfsarbeiten ausgeführt und Helios Lehrer beim Training unterstützt, um so seinen Unterricht finanzieren zu können. Niemals verstand Helio, warum er Freundschaft mit dem kleinen Gremium von Lehrern der “Gemeinschaft der Kampfkunst in Brasilien” geschlossen hatte. Denn dieses Gremium neidete den Erfolg von Helios Akademie. Auch war es Helio völlig absurd vorgekommen, dass Santana seine Position in der Akademie aufgrund der Spötteleien dieses Gremiums aufgab. Angesichts der Tatsache, dass niemand von ihnen bisher den Mut hatte sich Gracie im Kampf stellen.

Das erwartete Helio in seinen kühnsten Träumen nicht: Eine Hetzschrift in der Zeitung. Der Gipfel der Unverschämtheit! Seine Person wurde lächerlich gemacht und damit die Ehre der Familie Gracie. Er faltete die Zeitung zusammen und legte sie auf den Schreibtisch. Seine Hände zitterten vor Wut.

## Die Gegendarstellung

Ende des Tages konnte man die Gegendarstellung von Helio in der Zeitung lesen. Wie sein Kampfstil so war auch der Artikel eindeutig. Er forderte Santana heraus, seine Beschimpfungen wie ein Mann auszutragen. Im Kampf von Mann zu Mann.

Viele Wochen versuchten seine Freunde und seine Familie ihn von dieser Idee abzuhalten: “Helio, seit Jahren hast du nicht mehr gekämpft. Lass Santana gegen einen deiner Schüler antreten, damit er seine Leistung zeigen kann. Genau wie damals, als du erst Kato besiegen musstest, um gegen Kimura kämpfen zu können. Dann hättest du mehr Zeit, dich in Form zu bringen und könntest Santana auf jeden Fall bezwingen.”

Helios Ohren waren aber für diese Ratschläge taub. Er konnte sich zwar viel besser kontrollieren und sein Temperament im Zaum halten, aber in seinen Adern floß brasilianisches Blut. In Brasilien verteidigt

ein Mann seinen Stolz und seine Ehre, wenn nötig auch mit Gewalt, was sogar gesetzlich als strafmildernd anerkannt wird, sollte ein Mann wegen Gewalttätigkeit angeklagt werden. In diesem Fall ging es nicht nur um Helios persönlichen Stolz, sondern um die Ehre seiner Familie, seiner Schüler und seiner Kunst.

Als Weltmeister war er sich dessen bewusst, dass er sich besser vorbereiten müsste. Als Ehrenmann konnte er aber nicht warten.

Der Kampf wurde innerhalb kürzester Zeit organisiert. Ohne Limits, ohne Pausen und ohne Regeln. Am 24. Mai war der große Tag gekommen. Im offiziellen Quartier der YMCA (Verband junger Christen) in Rio de Janeiro. Die gesamte Presse war zugegen und sogar das Fernsehen ließ es sich nicht nehmen, bei diesem Spektakel live mit dabei zu sein.

Kurz vor dem Kampf hatten Freunde und die Familie von Helio einen weiteren Grund zur Sorge: Helio zog sich eine Ohrenentzündung zu, begleitet von Fieberanfällen, so dass Helio nicht ausreichend für den Kampf vorbereitet war. In der letzten Woche verlor er daher 3 Kilo an Gewicht.

## Der Fight

Der große Tag war nun gekommen! Unter dem Beifall der Menge betrat Helio die Arena. Trotz seines Fiebers stieg er zuversichtlich in den Ring, wo er Santana gegenübertrat. Die Instruktionen des Schiedsrichters waren kurz. Regeln gab es so gut wie keine. Helio fixierte die Augen seines Gegners, des Mannes, der seine Ehre verletzt hatte. Aber das Einzige was er sah, war ANGST. Jemand anderen hätte Santana täuschen können. Er hätte mit gestählten Muskeln den Anschein erwecken können ein gefährlicher Gegner zu sein. Doch Helio lies sich nicht davon täuschen. Er sah nur einen Mann, der sich wünschte ganz weit weg und an einem anderen Ort zu sein.

Die Kampfordnung wurde bestimmt und Helio startete mit einem Angiff gegen Santana. Santana verlor die Nerven und floh in die Menge. An Armen und Beinen gepackt wurde er in den Ring zurückbeordert. “Kämpfe, du Feigling! Sonst brechen wir dir die Knochen!!!” beschimpften die Leute verächtlich den Mann, der es gewagt hatte, den Champion zu beleidigen. Jetzt wollte er kneifen und die Flucht ergreifen.

Starr vor Angst stand Santana im Ring und wollte erneut zur Flucht ansetzen. Die Menge ergriff ihn und beförderte ihn auf ein Neues

zurück in den Ring. Es hatte schon etwas Komisches an sich, wie Santana ständig versuchte Helio auszuweichen oder vor ihm zu flüchten. Es war, wie wenn man auf ein Wespennest stößt und schon beim Anblick der kleinsten Wespe schreiend die Flucht ergreift. Während der Verfolgung im Ring merkte Helio wie seine Kräfte aufgrund der Krankheit nachzulassen begannen. Ihm war schwindelig und er fühlte sich schwach. Nach längerer Zeit bekam er Santana endlich zu fassen und beide gingen zu Boden. Im Fallen packte er Santana mit seinen Beinen und umklammerte seine Knöchel in der Stellung des "Wachmanns". Mit seinen Armen konnte er Santana umfassen. Auf diese Weise war Santana zu nah, um seine Kraft gezielt einsetzen zu können.

Während sich die beiden Männer auf dem Boden wälzten, traktierte Helio seinen Gegner zwischendurch mit Faustschlägen. Sein Trick bestand darin, dem Gegner das Gefühl zu geben, sich aus der Umklammerung befreien zu können oder den Anschein zu erwecken Santana könne ihn jederzeit einen Faustschlag verpassen. Dabei war sein Ziel, Santana in eine Position zu bringen, in der es ihm leichtfallen würde, ihn zu strangulieren, um dem Kampf ein Ende zu bereiten.

**"Ich habe nie eine Frau geliebt. Liebe ist eine Schwäche und ich habe keine Schwächen. Liebe ist Sex und der ist für mich notwendig, um neues Leben zu erschaffen. Ich habe immer meine Freundinnen gefragt, ob sie Kinder haben wollen. War die Antwort "nein", dann gab es auch keinen Sex"**

Santana hatte auch seine Taktik. Die Taktik des "Abwartens". Santana kannte diese Taktik, schließlich wurde sie ihm einst von Helio gelehrt. Aus diesem Grund konnte Helio es nicht riskieren den Griff zu lockern um seinen Würgegriff anzuwenden, da er Gefahr lief, selbst ein paar heftige Faustschläge einzustecken. So geschah es bei einem Versuch Helios den Kampf zu beenden. Santana nahm die Chance wahr und attakierte Helio mit Faustschlägen. Diese waren zwar nicht heftig genug, um Helio ernsthafte Schmerzen zuzufügen, aber immerhin konnte sich Santana in eine günstigere Position bringen.

Die Minuten verstrichen schnell, eine Stunde war im Kampf nun schon vergangen. Plötzlich hörte Santana ein Geräusch, das er vorher noch nie vernommen hatte: Helio atmete laut, was er als Zeichen seiner Ermüdung deutete. Er war erschüttert! Sollte der große Meister etwa erschöpft sein? Santana überkam eine Welle des Vertauens wie er sie nie zuvor gespürt hatte.

Helio Gracie rang nach Luft und erstmals, seit dem Augenblick, als seine Freunde mit der Zeitung sein Büro stürmten, zweifelte Helio daran, lebendig aus diesem Kampf herauszukommen, geschweige denn als Sieger.

Santana begann den Zustand Helios auszunutzen und wandte Techniken an, die Helio ihm einst lehrte. Jede Bewegung, die Helio machen wollte, wurde von den 150 Kg erdrückt. Santana begann auf Helios Gesicht mit seinem Kopf einzuhämmern, was starke Schwellungen zur Folge hatte und Helios Augen begannen sich zu schließen.

Die Zeit verging und die fehlende körperliche Vorbereitung Helios begann sich bemerkbar zu machen. Aufgrund seiner Erfahrungen bemerkte er aber erste Anzeichen von Müdigkeit auch bei Santana. Nach einigen verheerenden Faustschlägen gelang es Helio, mit seinen Fersen die Nieren Santanas zu umklammern.

Eine zweite Stunde verging ohne Pause und die Männer kämpften noch immer am Boden. Die Menge tobte und applaudierte, während die Kämpfer vor Anstrengung stöhnten und keuchten und ihnen der Schweiß übers Gesicht lief.

## Eine dritte Stunde verging

Nach drei Stunden waren beide Männer am Limit ihrer Kräfte angelangt und nur aus Stolz beendeten sie den Wettstreit nicht. Immer wieder versuchten sie, einen Schlag zu landen, der es ihnen ermöglichen würde eine Technik anzuwenden, um den Kampf siegreich beenden.

Nach drei Stunden und 45 qualvollen Minuten waren beide völlig entkräftet. Auf den Knien versuchte jeder von ihnen neue Energie zu tanken um weiterzukämpfen. Während Helio paralysiert durch seine Erschöpfung auf dem Boden saß, erhob sich Santana und verpaßte Helio einen Tritt gegen den Kopf. Der Tritt traf gut und Helio fiel nieder. Der Kampf war beendet.

Durch den Beifall des Publikums, das ständig seinen Namen rief, kam er wieder zu sich. Einen Augenblick war er völlig perplex, als ihm bewußt wurde, dass er den Kampf verloren hatte. Dennoch würde er Champion bleiben. In seiner 30-jährigen Laufbahn war das erst seine zweite Niederlage, aber sein Ruf wurde dadurch nicht geschädigt. Genau wie bei Muhammad Ali nach seinem Sieg über Frazier und Norton, hat sich auch Helio Gracie immer wie ein Sterblicher benommen. Der Ruhm seiner vorherigen Erfolge wurde dadurch nicht geschmälert, sondern eher aufgewertet. Niemand zuvor hatte jemals einen solch langen Kampf durchgehalten.

Sporthistoriker versammelten sich anschließend und bewerteten diesen Kampf als Meilenstein in der Sportgeschichte. Vor den neuen Regeln von Queensbury gab es zwar Zeiten, in denen Boxer auch ohne jeglichen Schutz gegeneinander kämpften. Oft dauerten die Kämpfe auch sehr lang. Den Athleten wurde jedoch immer wieder eine kurze Auszeit zugestanden. Ein Luxus, in dessen Genuß Helio und Santana nicht gekommen waren. Nicht einmal vom Colosseum im alten Rom ist uns ein Gladiatorenkampf bekannt, der so lang andauerte.

Einige Tage nach dem Kampf lies Santana sich in der Akademie blicken, um Helio zu gratulieren. Er gab zu, Helio hätte ihn auf dem Höhepunkt seiner Karriere mit Leichtigkeit besiegen können. Wenige Wochen später konnte Helios Neffe Carlson den Titel zurückerobern und somit galten die Gracies wieder als die härtesten Männer Brasiliens, die Santana besiegt hatten.

Als Helio sich wieder seiner administrativen Arbeit zuwendete, hatte sich eine gigantische Schlange von 500 neuen Schülern gebildet, die die Techniken erlernen wollten, die es einem Mann von 46 ermöglichten, einem 26-jährigen Gegner zu widerstehen. Helio war glücklich. Aus irgendeinem Grund konnte er das Gefühl, sich gerächt zu haben, nicht loswerden.

## Wußten Sie eigentlich, dass...

Die Familie Gracie revolutionierte in den letzten 10 Jahren die Welt der Kampfkunst. Durch ihren speziellen Einfluß im Kampfstil des Grappling war ihr Erfolg überwältigend.

Andere Familienmitglieder und Gruppen wie zum Beispiel die Gebrüder Machado (Machado Jiu-Jitsu), Behring Jiu-Jitsu, Vacirca Jiu-Jitsu, etc eröffneten uns die Neue Welten: Brasilianisches Jiu-Jitsu ist Kampfkunst, die Grenzen durchbrochen und uns deutlich ihren Wert im Kampfsport bewiesen hat. Künste wie das Judo oder das brasilianische Jiu-Jitsu konnten das Interesse der Öffentlichkeit wiedergewinnen, das sich während der sechziger und siebziger Jahre mehr für Schlagsportarten wie Karate oder Kung Fu interessierte.

Die Folge war, dass weniger bekannte Kampfstile große Aufmerksamkeit auf sich ziehen konnten. Auch Sportarten mit nicht sehr geläufigen Namen eröffneten neue kulturelle Horizonte für alle Kampfkünstler.

Der Nahkampf oder der Bodenkampf hat in seinem Bezug zum "realen Kampf" mit veralteten Konzepten und Mythen gebrochen.

JIU-JITSU
JIU-JITSU
HELIO GRACIE

# RICKSON GRACIE

# Interview mit Rickson Gracie

Er ist die unbesiegbare Bastion der Gracies. Der einzige Mann, der im Falle einer Niederlage mehr Aufsehen erregen würde als bei einem erneuten Sieg. So, wie wir ihn schon im letzten Monat ehrfurchtsvoll genannt haben: Er ist der Größte!!! Aus diesem Grund freuen wir uns, Ihnen an dieser Stelle ein weiteres Interview mit Rickson präsentieren zu können. Es ist auch eine einer Hommage auf seinen Siege beim Pride IV. Er ist ein wirklich großer Kämpfer und zudem ein außergewöhnlich sympathischer und freundlicher Mensch. Keiner redet schlecht über ihn und im Ring stellt er jedes Mal sein großes Können unter Beweis. Rickson, dieser Name steht für Erfolg, für Enthusiasmus und für Hingabe. In Japan wird Rickson fast wie ein Gott verehrt und in Europa gilt er als der Champion schlechthin. Wir nennen ihn "Den Größten"... aber entscheiden Sie selbst!!!

Mit Rickson Gracie, dem wohl berühmtesten Braziljan Jiu-Jitsu Kämpfer der Welt zu sprechen ist nicht leicht. Ihn während seiner harten Trainingsphase für die Gegenüberstellung mit Takada in Japan zu einem Gespräch zu bekommen war ein schweres Stück Arbeit. Burton Richardson, der als Trainer von Hermosa Beach in Kalifornien bekannt ist, konnte dieses Interview exklusiv für Kampfkunst International realisieren.

**Kampfkunst International: Wie fühlen Sie sich hinsichtlich Ihres Trainings für diesen großen Kampf?**

**Rickson Grade:** Mein Training war sehr effektiv und ich konnte meine selbst gewählten Ziele erreichen. Ich bin sehr glücklich und kann diesen Kampf endlich feiern

**K.I.: Welche Art von Training haben Sie hinsichtlich des Jiu-Jitsu praktiziert?**

**R.G.:** Für diesen Kampf habe ich hauptsächlich ohne Kimono gearbeitet und mich auf den freien Kampfe konzentriert. Übt man beim Training nur Umklammerungen, so vergibt man dabei natürlich die Verteidigung und die Schlagangriffe. Für den Bodenkampf trainiert man die schwierigsten Aspekte dieser Kunst: Schläge aus verschiedenen Positionen und die Verteidigung gegen Schläge.

**K.I.: Welche Konzepte verfolgen Sie beim Bodenkampf?**

**R.G.:** Ich praktiziere die Schlagtechniken aus allen denkbaren Positionen. Meine Schläge haben nicht zum Ziel den Gegner zu erledigen. Ich setze sie eher ein, um seine Abwehr zu öffnen bzw. sie zu durchbrechen und dann den Gegner zu unterwerfen. Natürlich soll mein Rivale von meinen Vorhaben nicht unbedingt etwas ahnen. Ein großer Kämpfer zeichnet sich besonders dadurch aus, Verwirrung zu stiften und diese zu seinem Vorteil zu nutzen.

**K.I.: ...und für den Kampf im Stand?**

**R.G.:** Ich habe meine Verteidigungstechniken gegen Faustschläge verbessern kön-nen und außerdem gegen Fußtritte, Ellenbogen- und Kniestöße. Auch meine eigene Schlagtechnik konnte ich ausbauen. Das Training, das ich betrieb, war ausschließlich auf den Freefight ausgerichtet. Ich muss in allen Distanzen kämpfen können. Das Kickboxing ist gut für bestimmte Entfernungen aber ich muss natürlich auch mit der Möglichkeit von Umklammerungen rechnen, die in kürzeren Distanzen stattfin-den. Ich beginne immer mit einem gewissen Abstand und versuche mich meinem Geg-ner zu nähern, um eine Umklammerung oder einen Schleudergriff anwenden zu können. Ich muss mit allen Möglichkeiten vertraut und sicher sein.

**K.I.: Was haben Sie unternommen, um die Schleudergriffe zu trainieren?**

**R.G.:** Ich habe bei meinem Training eine ge-nerelle Vorstellung. Im Training benutze ich alle Möglichkeiten, die ich in positiver Form für mich ausbauen und weiterentwickeln kann. Meine Schleuderwürfe basieren auf dem Wrestling (Rin-

**Im Schwimmbad mit seinen Brüdern Royler und Robin und den Kindern Rockson and Kauna.**

gen) und auf dem Judo. Ohne den Kimono werden die erfolgreichsten Schleudergriffe beim Ringen erzielt. Mit dem Kimono sind die Judokämpfer am Besten.

**K.I.: Was beinhaltet Ihre kardiovas-kuläre Arbeit?**
**R.G.:** Ich laufe viel, fahre Fahrrad und schwimme.

**K.I.: ... und das Krafttraining?**
**R.G.:** Mein Krafttraining richte ich darauf aus, stets in guter körperlicher Verfassung zu sein und Verletzungen vorzubeugen. Nor-malerweise arbeite ich mit Gewichten und achte stark darauf, meine Muskeln flexibel, kräftig und gesund zu halten.

**K.I.: Was können Sie uns über Ihre mentale Vorbereitung erzählen?**
**R.G.:** Das ist etwas, was ich in mir trage und was ich immer betreibe, so dass ich in jedem Augenblick bereit hin - 24 Stunden am Tag. Es ist wichtig, sich von Ergebnis-sen, die man erzielen will freizumachen und sich darauf zu konzentrieren, immer das Beste zu geben. Meine Anstrengung zielt darauf hin, mich aller Gegner, die sich in meinem Geist befinden, zu befreien. Ich ergebe mich Gott und bin bereit zu töten oder zu sterben.

**K.I.: In welcher Form spielt das spirituelle Leben für Sie eine Rolle?**
**R.G.:** Für mich ist die Kunst, die ich au-sübe nicht nur ein Sport. Sie ist mein Leben, meine Ehre. Ich bin bereit für meine Sache zu sterben. Ich kämpfe nicht für Geld, sondern um meinen Glauben auf die Probe zu stellen. Ich sehe weit über die rein sportlichen Aspekte hinaus und be-trachte meine Kunst mit viel Tiefe. Ein

Wettkampf ist mehr, als nur rein körperli-che Kraftanstrengung. Ich kämpfe für die Ehre meiner Familie, für meinen Vater.

**K.I.: Wie sieht bei Ihnen ein typischer Tag aus, wenn Sie mitten in den Wettkampfvorbereitungen stecken?**

**R.G.:** Ich stehe früh auf, esse etwas und be-ginne mit meinem kardiovaskulären Trai-ning. Dann gehe ich wieder zurück nach Hause, um eine Mahlzeit zu mir zu nehmen. Ich mache einige Dehnungsübungen und ruhe mich dann aus. Zurück in der Schule trainiere ich am Nachmittag für ein, zwei oder drei Stunden, abhängig von der Intensität des Trainings. Das Training beende ich immer mit Dehnungsübungen.

**K.I.: Haben Sie eine bestimmte Diät?**

**R.G.:** Ich esse sechs Mal am Tag und nehme reichlich Vitamine zu mir.

**K.I.: Haben Sie irgendeine Strategie, um sich auf ein Kampf vorzubereiten?**

**R.G.:** Nein. Ich gehe mit einem leeren Geist in den Kampf, um die Lücken zu finden.

**K.I.: Welchen Ratschlag können Sie den Praktizierenden der Kampfkünste erteilen?**

**R.G.:** Sie sollten die Erfahrungen, die sie auf der Matte machen auch auf das reale Leben übertragen. Die Matte ist nicht mehr als ein Arbeitsplatz oder eine Schule, um das physische, mentale und spirituelle Dasein zu verfeinern. Sie sollen sich bemühen, die wirklich wichtigen Dinge, die in ihnen stecken zu entdecken, die tiefe Kraft. Die Kampfkünste sollen nicht dazu gebraucht werden, seine Umwellt zu zerstören, sondern zu lernen sich selbst aufzubauen.

**K.I.: Viele Leute beginnen mit dem Kampfsport, um Selbstvertrauen zu entwickeln. Wie kann man dieses Selbstvertrauen erreichen?**

**R.G.:** Das Selbstvertrauen steht in Verbindung mit dem Glauben, den jeder in sich trägt. Der Glaube fähig zu sein, große Dinge vollbringen zu können, erfordert ebenfalls praktische Erfahrungen. Ich kann kein Haus bauen, wenn ich in diesem Mestiere nicht wenigstens ein paar praktische Erfahrungen gesammelt habe. Das Vertrauen steht in enger Verbindung mit der Lebenserfahrung. Ich stand schon vielen schwierigen Situationen gegenüber und weiß jetzt, dass ich immer nach vorne schauen muss. Das Jiu-Jitsu wird mich nie im Stich las-sen. Die vergangenen Stunden, die ich auf der Matte verbracht habe, sind für mich von großer Bedeutung. Man braucht auf jeden Fall viel Zeit, Ergebenheit, Leidenschaft und Liebe. Ich arbeite hart, um mich von allen Zweifeln zu befreien. Ich ergebe mich meinen Zielen, aber nicht den Feinden, die sich in meinem Geist befinden.

**K.I.: Wer hat Ihnen bei der Vorbereitung für diesen Kampf geholfen?**

**R.G.:** Die ganze Welt und alle meine Schüler. Allen darf ich an dieser hervorheben, da ich mit ihm zu-sammen am besten trainieren kann.

**K.I.: Gibt es etwas, was Sie Ihren Schülern gerne sagen möchten?**

**R.G.:** Jiu-Jitsu zu praktizieren ist wie die Vorbereitung auf das Leben. Schritt für Schritt geht man voran. Fühlt Euch gut je-des Mal wenn Ihr den Unterricht antretet. Hört nicht auf zu trainieren und ihr werdet immer besser werden

**K.I.: Vielen Dank Rickson, dass Sie Ihr Wissen mit uns ge-teilt haben**

**R.G.:** Ich danke Ihnen mein lieber Freund.

GRACIE

# Wenn Gracie Jiu-Jitsu Sich Selbst Besiegt

Oliver Rousset ist ein begeisterter Anhänger vom Gracie Jiu-Jitsu, aber gleichzeitig auch ein objektiver Beobachter. Die letzten Neuigkeiten aus diesem Feld gaben den Experten und Spezialisten der Materie einiges zu denken, die jenseits aller Sympathien und Antipathien die große Leistung zu würdigen wissen, die das Brasilianische Jiu-Jitsu für sich und auch für die Kampfkunst allgemein vollbracht hat. Dieser Bericht wirft einen gelassenen Blick auf das, was seit dem Eintritt des Brasilianischen Jiu-Jitsu in die internationale Szene so alles geschehen ist. Er wird nicht nur den Spezialisten eine Hilfe sein, die Dinge besser zu verstehen, sondern auch den Anfängern, die sich erst seit kurzem in der Welt der Kampfkunst bewegen, die uns alle fesselt.

Ohne Zweifel ist das bedeutendste Ereignis in den letzten Jahren das Auftauchen und die Organisation von (fast) regellosen Kämpfen in den Kampfkünsten zwischen Kämpfern aller Stile, nach der Art des UFC, VALE-TUDO usw. Diese Art des (Wett-) Kampfes schaffte es, besonders in seinen Anfängen, den (Wett-)Kampf so nah wie möglich an die Realität zu führen, so weit es eben bei einer waffenlosen Konfrontation möglich ist.

**Der - einigen Meinungen nach unsittliche - Realismus dieser Kämpfe hat etwas sehr klar gestellt, was einige wenige schon wussten, und was viele andere schmerzhaft herausfanden:**

**Erstens:** In einer realen Konfrontation ohne Ringrichter, der die Kontrahenten trennt, ist es eine Illusion zu glauben, die ganze Zeit Fauststöße und Kicks gegen einen Gegner austeilen zu können, der sich die halbe Sekunde zu schützen weiß, in der man ihn vielleicht K.O. schlagen könnte. Sobald er erfolgreich die Nahdistanz erreicht hat, wird derjenige den Kampf entscheiden, der sich am besten auf den Ring- bzw. Nahkampf Körper an Körper versteht.

Box- und Kickspezialisten sollten sich dieser Tatsache als erstes bewusst werden, denn alle konnten bei unzähligen Gelegenheiten

Text: Robin GRACIE.
President der Spanischen Vereinigung des Brasilianschen Jiu-Jitsu.
Representant des GRACIE Jiu-Jitsu in Europa.

feststellen, dass es kein Mittel gibt gegen einen Kämpfer, der sich für ein paar Sekunden gegen alle möglichen Attacken schützen kann, und der sich daraufhin auf seinen Gegner stürzt.

Derjenige, der sich nur auf seine Schläge verlässt, um seinen Gegner innerhalb einer halben Sekunde auszuschalten, vor allem wenn er dabei die Distanz schließt, ist mit Sicherheit Anwärter auf den Titel des schnellsten K.O. und "Champion der Phantasiewelten".

Sobald es zu einem Zugriff kommt und der Kampf sich zu einem Kampf Körper an Körper entwickelt, wird dejeniger sein Ziel erreichen, der diese Art des Kampfes beherrscht und die Auseinandersetzung am Boden beendet.

Auch wenn der Gegner es schaffen sollte, sich aus dem ersten Griff zu befreien, hat er doch nur eine zweitklassige Chance den Kampf mit einem Tritt oder Schlag zu beenden, denn der nächste Griff kommt bestimmt!

Es kann auch passieren, dass der technisch weniger versierte Kämpfer Glück hat und seinen Gegner zu Boden werfen kann. Doch damit ist er eigentlich auch nur "Erfüllungsgehilfe", denn er bringt einen "Grappler" genau da hin wo er sich wohl fühlt. Also ist es quasi egal wer wen wirft. Ist einer der Kämpfer dem anderen im Bodenkampf deutlich überlegen, kommt es nur darauf an, dass sich der Kampf auch dort abspielt - am Boden...

Wen das alles nicht überzeugen kann, der möge sich doch mal auf einen Weißen Hai stürzen und versuchen ihn zu kontrollieren... dann wird er verstehen, von was wir hier sprechen.

Aber vielleicht erscheint es doch etwas überzeugender, sich einfach mal ein frühes Video der ersten "regellosen Kämpfe" anzusehen, in denen Kick- und Boxspezialisten, mit wenig oder keiner Bodenerfahrung, auf Nahkampfexperten treffen.....

Ich denke, dass es heute niemanden mehr gibt, der ernsthaft bezweifelt, dass eine exzellente Vorbereitung auf den Bodenkampf unbedingt notwendig ist, um sich dieser Art von Konfrontation stellen zu können.. Die einzige Frage, über die es zu streiten gilt, ist: Wie bereitet man sich am besten auf den Bodenkampf vor?

Zweitens: Die erste und einzige Kampfschule, welche die Überlegenheit der "Grappling"-Stile über die Kick- und Boxstile in zahllosen Kämpfen unbestreitbar bewiesen hat ist das "GRACIE Jiu-Jitsu", das von Helio Gracie an seine Söhne Rorion, Relson, Rickson, Royler, Royce, Rolker und Robin weitergegeben wurde.

Das ist fraglos eine unbestreitbare Tatsache und eine "Was wäre wenn...?" Diskussion in einer Konfrontation auf Leben und Tod ist reine Spekulation und wenig hilfreich.

Helio Gracie hatte in Brasilien, wo eine lange Tradition der regellosen

Kämpfe existiert, ob nun offiziell oder nicht, auf jeden Fall von der Obrigkeit toleriert, den großen Vorteil seine Jiu-Jitsu Techniken, die er von einem japanischen Grafen erlernte, der nach Brasilien emigrierte, in diesen Konfrontationen auf die Probe zu stellen. Dieser Umstand, zusammen mit der eher unterentwickelten

physischen Konstitution Helio's, zwang den Großmeister dazu, das System von Grund auf zu modifizieren, damit es auch gegen stärkere und schwerere Gegner wirksam war. Während Helio Sieg auf Sieg aneinanderreihte, gab er sein Wissen und Können an seine Söhne weiter, die sich ebenfalls jedem Gegner jedes Stiles stellten. Es verging viel Zeit, bis die GRACIES die Überlegenheit ihrer Kampfkunst weltweit über das UFC und dem VALE-TUDO, dank der Initiative ihres ältesten Bruders Rorion und der Verbreitung dieser Kämpfe über das Fernsehen und Videos, einem Millionenpublikum beweisen konnten.

Was alle in diesen ersten wirklich regellosen Kämpfen, ohne Zeitlimit und ohne Ringrichter und wo der Sieg nur durch Aufgabe oder K.O. erzielt wurde, sehen konnten, war, dass nicht nur in 95% der Fälle die "Grappler" gegen Box- und Kickspezialisten gewannen, sondern dass vor allem die Vertreter des "GRACIE Jiu-Jitsu", Royce, Rickson, und Royler in 100% der Fälle den Sieg davontrugen, und das fast immer mit großer Leichtigkeit, und trotz Gewichtsunterschieden von 20 bis zu 40 kg!

Zu dieser Zeit proklamierte Rorion (Kopf der Familie), sich dabei auf eine 60jährige Dominanz der GRACIE Familie stützend, die

Überlegenheit des "GRACIE Jiu-Jitsu" über alle anderen existierenden Kampfstile.

**Man muss hier an dieser Stelle einige Sachen ins rechte Licht rücken:**

- **Erstens:** Als Rorion dies behauptete, stellte er lediglich fest, dass bis dato kein Kampfstil in der Lage war das "GRACIE Jiu-Jitsu" in einem regellosen Kampf zu besiegen. Außerdem sah er zu jenem Zeitpunkt keinen Stil, der dazu in der Lage sein könnte. Tatsache ist, dass ihm die Realität, auch wenn sie einigen nicht getiel, recht gab und gibt.

- **Zweitens:** Rorion hat nie gesagt, seine Brüder seien unbesiegbar. So etwas zu behaupten wäre lächerlich gewesen von einem der wusste, dass die GRACIE-Brüder jeden Tag im Training, wenn sie gegeneinander kämpften, verloren. Wenn ein GRACIE gegen seinen Bruder kämpft, muss einer verlieren - und da sie oft trainieren, verlieren sie auch oft.

Die GRACIES erheben lediglich Anspruch darauf, dass in einem Kampf ohne Regeln nur das GRACIE Jiu-Jitsu das GRACIE Jiu-Jitsu schlagen kann, und die aktuelle Realität gab ihnen recht. Das wurde zur Genüge in der Vergangenheit und in der Gegenwart bewiesen und lässt sich auch für die Zukunft erahnen.

Die Vergangenheit hat bewiesen, dass Helio Gracie während seiner aktiven Zeit in 25 Jahren nicht ein einziges Mal in einem Kampf ohne Regeln besiegt wurde (der Kampf gegen KIMURA war kein richtiger Kampf ohne Regeln, denn es wurde nach den Jiu-Jitsu-

Regeln gekämpft und Helio wog gute 40 kg weniger als sein Gegner). Die einzige Niederlage, die Helio Gracie im VALE-TUDO erlitt, war mit 41 Jahren (für einen Kämpfer ein schon fortgeschrittenes Alter) und nachdem er sich schon Jahre aus dem Aktiven "Dienst" zurückgezogen hatte, gegen einen Gegner, der aus 150 kg harten Muskeln bestand - also in etwa 90 kg mehr wog als Helio, zudem ging Helio gesundheitlich schwer angeschlagen mit Fieber und 3 kg Gewichtsverlust in den Ring.

Doch am wichtigsten ist, dass der Kampf nicht gegen irgendwen ausgetragen wurde, sondern gegen einen "GRACIE Jiu-Jitsu" Kämpfer seiner eigenen Akademie: Valdemar Santana, sein junger (25 Jahre) und talentierter Schüler. Valdemar verbrachte ganze Tage mit dem Training, besonders mit Helio.

Das war der einzige regellose Kampf, den ein Mitglied der GRACIES in 60 Jahren verlor. Demgegenüber stehen hunderte Kämpfe gegen die besten Kämpfer des Planeten, die ihr Können in der harten Realität eines wirklichen Kampfes erproben wollten.

Nie wieder wurde Helio oder einer seiner Söhne in dieser Art von Kampf besiegt. Wenn Helio auch gegen Santana verlor, ist es doch interessant zu wissen, dass kurze Zeit später Santana von einem Neffen Helios (Sohn eines Bruders Helio's), Carlson Gracie, besiegt wurde. Carlson wuchs im Hause Helio's seit seiner frühen Kindheit auf und wurde wie ein Bruder behandelt.

So siegte wieder das "GRACIE Jiu-Jitsu" gegen das "GRACIE Jiu-Jitsu". Der junge Carlson besiegt den jungen Santana, weil er, wie

Santana, hart trainierte, nur eben schon etwas länger, und seinen Stil etwas besser beherrschte als es Santana tat, was sich im eindeutigen Sieg niederschlug. Wieder konnte nur das "GRACIE Jiu-Jitsu" das "GRACIE Jiu-Jitsu" besiegen.

Wie jeder weiß besiegte Ismael Wallid, einer der besten Kämpfer von Carlson Gracie, Royce Gracie in einem sportlichen Jiu-Jitsu Wettkampf mit einem schönen Würger.

Wenn es sich dabei auch nicht um einen Kampf ohne Regeln handelte, zeigt es doch wieder, dass nur ein Experte auf dem Gebiet des "GRACIE Jiu-Jitsu" einen anderen Spezialisten dieser Kampfkunst schlagen konnte, indem er intensiver trainierte als sein Kontrahent, der schon seit Jahren in den USA lebt.

Während Wallid in Brasilien ständig mit den besten "GRACIE Jiu-Jitsu"-

Kämpfern der Welt trainieren konnte, waren Royce in Los Angeles diese Möglichkeiten verschlossen. Er konnte nicht mit genügend hochqualifizierten Kämpfern trainieren. Nur sporadisch traf er sich mit Rorion, und mit seinen anderen Trainingspartnern war es so, dass sie ihn im besten Fall zum Schwitzen brachten.

"GRACIE Jiu-Jitsu" gegen "GRACIE Jiu-Jitsu": Es gewann, wer sich am besten auf diese Begegnung vorbereiten konnte - nichts außergewöhnliches.

Stellen Sie sich vor, der amtierende Boxweltmeister im Schwergewicht würde für fünf Jahre nach China gehen, um sich auf

die Verteidigung seines Titels ohne geeignete Sparring-Partner vorzubereiten, während sein Herausforderer jeden Tag mit dem besten Material rechnen kann... wer wird die Begegnung wohl gewinnen??

Auf gleiche Weise besiegte Zé Mario Spery, die Nummer 1 aus der Akademie Carlson Gracie, Royler Gracie in einem Jiu-Jitsu Wettkampf mit einer Würgetechnik. Es ist offensichtlich, dass Zé Mario, dreifacher Jiu-Jitsu Weltmeister und ausgebildet in der Carlson "GRACIE Jiu-Jitsu" - Akademie, ein ähnlich hohes technisches Niveau wie Royler besitzt, und in diesem Fall konnte Zé Mario seine 40 kg, die er mehr auf die Waage brachte, voll zum Tragen bringen. Stellen Sie sich vor, Sie kämpften mit ihren ca. 85 kg gegen einen ebenbürtigen Gegner mit einem Gewicht von 45 kg. Das ist, als ob sie gegen Ihren zehnjährigen Sohn antreten würden!

Aber aufgepasst!! Das heißt nicht, dass alle Weltmeister des Brasilianischen Jiu-Jitsu, die über 100 kg wiegen, mit den 65 kg eines Royler spielen können - im Gegenteil! Das was Royler mit Zé Mario passiert ist, war die berühmte Ausnahme, welche die Regel bestätigt. Royler, der den Teilnahme- und Sieg-Rekord im Jiu-Jitsu-Wettkampf hält, hat fast immer die besten brasilianischen Champions, die schwerer waren als er, besiegt. Auf der Weltmeisterschaft 1997 gewann er brilliant und eindeutig gegen den schwersten Champion, der beinahe das Doppelte wog wie Royler. Man muss die Klasse eines Ismael Wallid oder eines Zé Mario haben und einen Trainer mit dem Nachnamen GRACIE, um eine Chance auf einen Sieg gegen einen anderen Gracie zu haben, und sei es "nur" in einem sportlichen Jiu-Jitsu-Kampf. Aber auch unter diesen optimierten Umständen, d.h. ein Champ, der mit den besten trainiert und von einem Gracie trainiert wird, hat statistisch gesehen eine Chance von 1 zu 100 einen der Helio-Söhne zu schlagen.

Eins steht fest: Je unbezwingbarer jemand ist, desto spektakulärer ist dann seine Niederlage. Aber das darf unseren Blick nicht davon abbringen, dass diese Art von Publicity ein Privileg der Besten ist.

Dass das "GRACIE Jiu-Jitsu" weder gestern noch heute zu schlagen ist, wurde eindeutig unter Beweis gestellt und die Entwicklung der Kampfkünste allgemein und des VALE-TUDO im Speziellen lässt dies auch für die Zukunft mehr als nur erwarten. Das "GRACIE Jiu-Jitsu" wird nicht von heute auf morgen besiegt werden - im Gegenteil, es scheint, die gesamte Kampfkunstwelt bereitet sich auf eine lange Beherrschung der Szene durch das “GRACIE Jiu-Jitsu” vor. Es kann gegen das Beste nur eine Reaktion geben, und so beobachten wir im Fall des Kampfes ohne Regeln zwei Reaktionen:

- Die erste versucht die Vorteile der “Grappler” zu neutralisieren.

- Die zweite baut auf die erste auf, und versucht daher die Vorteile des “GRACIE Jiu-Jitsu” im speziellen in dieser Form des Kampfes zu neutralisieren.

Die Reaktionen der Kampfkunst-Welt, die Vorteile der “Grappler” in den VALE-TUDO-Wettkämpfen zu beschneiden, manifestieren sich in zwei Formen:

- Zunächst haben sich alle Box- und Kickspezialisten, die an diesen Wettkämpfen teilnehmen, und besonders, die, welche die Gefährlichkeit eines Grapplers im Ring schon einmal erlebt haben, dem intensiven Bodenkampftraining zugewandt. So wie etwa Pat Smit, Kick-Box-Weltmeister im Schwergewicht, der nach seiner ersten Teilnahme am UFC sagte, dass er, um beim UFC II mitmischen zu können, noch viel Bodenarbeit lernen muss, denn er habe erkannt, dass “wer nicht am Boden kämpfen kann, keine Ahnung vom Kampf hat”.

- Zweitens wurden die “regellosen” Kämpfe aus kommerziellen Gründen etwas modifiziert, damit man weniger “langweilige” Kämpfe zu sehen bekommt und die Vorteile der Grappler kompensiert.

## Die Beispiele dieser Diskriminierungen sind zahlreich

• Die Boxhandschuhe, die jetzt für gewöhnlich verwendet werden, sind für den, der die Schläge einsteckt keinerlei Schutz, sondern das genaue Gegenteil. Sie schützen denjenigen der yuschlägt. So kann man härter und öfter zuschlagen, als ohne Schutz. Die Erfahrung hat gezeigt, dass ohne Handschuhe die Handknochen bei Schlägen auf den Schädel (der Schädelknochen ist der härteste Knochen des menschlichen Körpers!) leicht brechen.

Andererseits ist das Risiko desjenigen, der die Treffer einsteckt sehr hoch. Es wird dadurch erreicht, das durch harte Kopftreffer das Gehirn gegen die Schädeldecke gestoßen wird. Auch wenn es nur ein leichter Treffer sein sollte, kann er doch von Ohnmacht bis hin zu einem Schädel-Hirn-Trauma führen - in schweren Fällen sogar zum Tod.

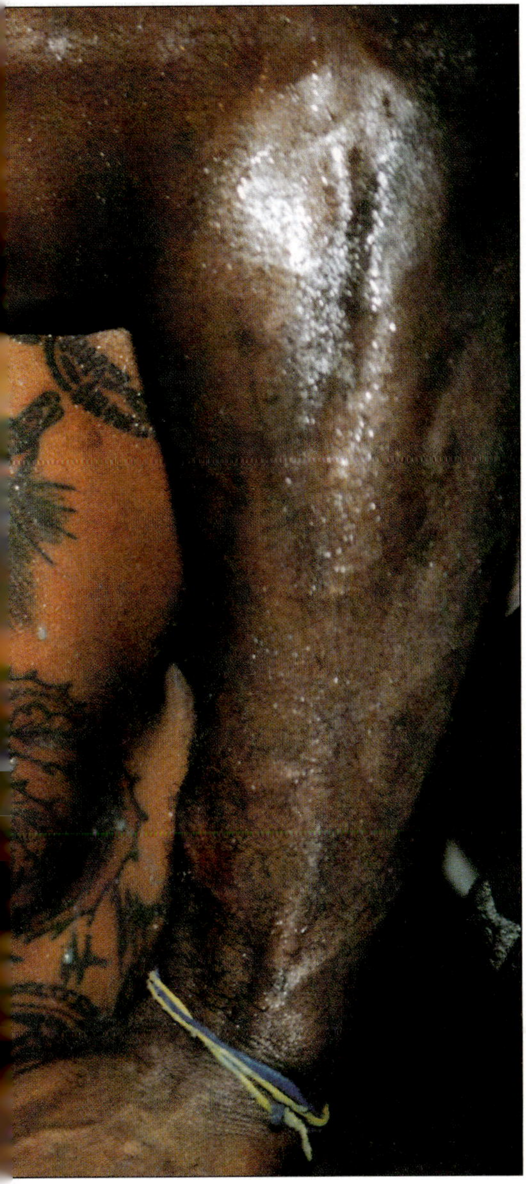

Die schwersten Unfälle dieser Art passieren in 90 % der Fälle bei kurz hintereinander folgenden Kopftreffern. Und mit diesen Handschuhen kann man genau das erreichen, wo sonst eigentlich die Finger brechen würden. Zudem erschweren die Handschuhe das Zugreifen.

• Seit kurzem wurden auch künstlich Regeln erstellt, für etwas, was eigentlich kein Reglement kennen sollte. Zum Beispiel kann der Kampf am Boden unterbrochen und von Neuem in der Ringmitte begonnen werden. Diese Regeln diskriminieren die Grappler und machen ihre Anstrengungen gänzlich zunichte, wenn z.B. der Gong den Kampf unterbricht. Das hat nichts mehr mit dem wahren VALE-TUDO zu tun!

Weiteres kommt hinzu: Nicht nur die Faust- und Kick-Spezialisten tauchen in die Tiefen des Grapplings ein. Spezialisten des Traditions-Grapplings (Judo, Ringen, etc. ..) beschäftigen sich ebenso, aus verständlichen Gründen, eingängig mit den Techniken des “GRACIE Jiu-Jitsu”, die sich als die effektivsten herausgestellt haben.

Traditionelle Grappling-Systeme wurden für ein Aufeinandertreffen auf Leben und Tod, z.B. in einer Schlacht, entwickelt. Später wurden sie entschärft, um sie gefahrlos ausüben zu können und nicht schon schwer verletzt durch den Trainingspartner in die Schlacht ziehen zu müssen. Mit der Zeit aber verringerten sich die Gelegenheiten, in denen ein solches System wirklich überlebenswichtig war, und auch die Art der Kriegführung veränderte sich rapide mit den Feuerwaffen, so dass die Nahkampfsysteme sich immer mehr dem Sportsgeist widmeten, d.h. immer mehr Regeln wurden aufgestellt, um die Kontrahenten vor Verletzungen zu schützen. Im Judo kann der Unterlegene während einer Haltetechnik ruhig eine Zigarette rauchen oder ein Nickerchen einlegen...

Es ist offensichtlich, dass diese Sportarten hervorragende Dienste leisten - als Sport an sich, und sie können sicher auch den einen oder anderen Beitrag für das VALE-TUDO bereithalten. Verglichen aber mit dem "GRACIE Jiu-Jitsu" entbehren sie schlußendlich dem nötigen Variantenreichtum der Abschlußtechniken.

Eine Ausnahme stellt vielleicht das Sambo dar, das von der Roten Armee auf der Basis der alten Kampfkünste der Völker der ehemaligen Sowjetunion entwickelt wurde. Es ist für den Mann-gegen-Mann-Kampf im Krieg konzipiert und daher auch eher für die Selbstverteidigung geeignet. Daher enthält das Sambo auch eine Reihe interessanter Abschlußtechniken.

Trotzdem gibt es einen erwähnenswerten Unterschied zwischen den Techniken des Sambo und denen des "GRACIE Jiu-Jitsu" - letzteres wurde nicht nur wie das Sambo auch über ein Jahrhundert lang auf die Probe gestellt, sondern es hat seine große Effektivität auch in wirklichen Kämpfen ohne Regeln unter Beweis gestellt.

Die Überlegenheit des "GRACIE Jiu-Jitsu" ging an den Grappling-Kämpfern nicht spurlos vorbei, die heute ein großes Interesse an den Techniken des "GRACIE Jiu-Jitsu" zeigen.

Für einen Grappler ist es nicht leicht, will er in einem VALE-TUDO-Kampf bestehen, sich den Luxus zu erlauben die "GRACIE Jiu-Jitsu"-Techniken zu ignorieren. Es scheint auch unmöglich für einen Ringer, will er seine Bodenkampfkenntnisse erweitern, Judo zu erlernen, wenn er einen "GRACIE Jiu-Jitsu"-Lehrer in seiner Nähe hat.

Das große Problem des "GRACIE Jiu-Jitsu" ist sein Mangel an wirklich qualifizierten Ausbildern, vor allem in Europa. Dennoch hat bis jetzt jeder Grappling-Kämpfer, der wirklich "GRACIE Jiu-Jitsu" erlernen wollte, es auch fertiggebracht. Dieses Phänomen manifestiert sich im plötzlichen Auftauchen "neuer" Abschlußtechniken in den klassischen Grappling-Stilen, um sie in den VALE-TUDO-Kämpfen einzusetzen. Man hat einfach das "GRACIE Jiu-Jitsu"-Etikett durch ein anderes ausgetauscht.

Sei es wie es will, das wichtigste ist, dass genau wie das "GRACIE Jiu-Jitsu" auch, diese Athleten über die gleiche Intelligenz und einen offenen Geist verfügten, ohne die es keinen Fortschritt in den Kampfkünsten und in der Selbstverteidigung geben kann.

Auf der anderen Seite ist das Zeitlimit in den Kämpfen und die Möglichkeit den Sieg durch Mehrheitsentschluß der Schiedsrichter zu entscheiden, eine klare Benachteiligung des "GRACIE Jiu-Jitsu". Das "GRACIE Jiu-Jitsu" wurde konzipiert damit der Schwache den Starken besiegen kann, und das erfordert, dass der "GRACIE Jiu-Jitsu"-Kämpfer genug Zeit hat, um seinen Gegner zu ermüden, damit dieser einen Fehler begeht, der dann für die Finaltechnik ausgenutzt werden kann. Das ist etwas, was jeder Grappler weiß und deshalb sind diese Regeln absurd und weit von der Realität entfernt.

Wenn Judokas oder Ringer auch nicht über ein sehr umfangreiches Repertoire an Abschlußtechniken verfügen, weil es eben Sportarten sind, so wissen die Experten dieser Stile sehr wohl, wie man sich in die obere Position bringt. In einem VALE-TUDO-Kampf setzten sie dann auch alles daran in diese Position zu kommen und sie zu halten - und sehr oft tun sie auch nichts anderes als abzuwarten, nämlich auf den Gong oder auf Schiedsrichter, die sie zu den vermeintlichen Siegern erklären.

Die Angriffsmöglichkeiten sind nämlich in der Realität für denjenigen, der sich in der unteren Position befindet sehr viel größer, auch wenn es scheint, dass es umgekehrt sei - dem ist aber nicht so! Derjenige, der sich oben befindet, befindet sich auch nicht selten in Reichweite der Beine seines Gegners, der somit die Möglichkeit hat mit den Beinen eine Abschlußtechnik auszuführen. Er müsste schon die vermeintlich bessere Position verlassen, um dieser Gefahr zu entgehen.

Diese Regeln wurden zwar eingeführt, um die Kämpfe spektakulärer zu gestalten, doch können wir sicher sein, dass wenn die Dinge so weiter laufen, wir bald in unseren Sesseln einschlafen werden!

Man warf Rorion Gracie vor, der den UFC und das Konzept des regellosen Kampfes erfunden hat, dass es genau auf das "GRACIE

Jiu-Jitsu" passte. In Wirklichkeit hat Rorion gar nichts erfunden. Die VALE-TUDO-Kämpfe, ob offiziell oder nicht, gab es schon lange vor dem UFC, und das "GRACIE Jiu-Jitsu" entstand aufgrund dieser Kämpfe und nicht umgekehrt.

Genau da liegt die wahre Erklärung der Überlegenheit des "GRACIE Jiu-Jitsu", in den wahren Kämpfen ohne Regeln, und bis es nicht ein Stil geschafft hat, genau soviel Zeit im Ring zu verbringen, wie das "GRACIE Jiu-Jitsu", solange wird nur das "GRACIE Jiu-Jitsu" das "GRACIE Jiu-Jitsu" besiegen können.

1

2

4

Robin Gracie

1. Kampfstellung (konventioneller Haltegriff am Kragen-Ärmel)
2. Robin beginnt sich, zum Wurf einzudrehen.
3. Er stützt sich dabei fest auf seinen linken Fuß auf und...
4. bringt sein rechtes Bein vor die Beine seines Gegners.
5. Er streckt nun sein rechtes Bein durch und wirft seinen Gegner...

Text und Fotos: Franco Vacirca

# Carlos Gracie Jr. - der Name, der hinter der Brazilian Jiu-Jitsu Confederation steht

## Vergangenheit und Zukunft einer Familientradition

Spricht man vom Jiu-Jitsu-Wettkampf, so meint man Carlos Gracie Jr.. "Professor Carliño", wie man ihn auch liebevoll in Brasilien nennt. Er verbrachte 11 Monate damit verschiedene Aspekte des brasilianischen Jiu-Jitsu zu verfeinern und die Wettkämpfe auf regionaler, nationaler und internationaler Ebene in Rio und im Ausland zu organisieren. Natürlich bedient er sich dabei der Hilfe der Brazilian Jiu-Jitsu Confederation (BJJC), Dachverband aller brasilianischen Jiu-Jitsu-Vereine. Carlos ist auch Mitbegründer der "International Brazilian Jiu-Jitsu Federation" (IBJJF), die 1996 bei den ersten Weltmeisterschaften des brasilianischen Jiu-Jitsu in Rio de Janeiro aus der Taufe gehoben wurde. Nach dem Tod seines Vaters, Carlos Gracie Senior, führte "Professor Carliño" die Arbeit, die sein Vater begann, weiter und gründete die neue BJJC.

Carlos Gracie, 6. Dan im Jiu-Jitsu, begann sein Training schon in sehr jungen Jahren und sammelte auch Erfahrungen auf der Wettkampfmatte. Zu jener Zeit lebte er in Terespolis, und da sich sein Trainingsort in Rio de Janeiro befand, war es ihm nur zwei Wochenenden im Monat möglich zum Training zu gehen, wenn sein Onkel Helio Gracie unterrichtete. Als er seine schulische Laufbahn beendet hatte, entschloss er sich dazu ganz nach Rio zu ziehen, um intensiv in der Gracie Akademie zu trainieren. Nachdem er ein Jahr lang bei seiner Tante wohnte, zog er zu seinem Onkel Helio um, weil er sich von ihm zum Ausbilder ausbilden lassen wollte - er besaß damals den blauen Gürtel

Jahre später eröffnete Rolls Gracie (der beste Kämpfer der Familie) seine Akademie in Copacabana und Carlos begann dort jeden Morgen mit Rolls zu trainieren - abends half er Rorion als Hilfsausbilder in seiner Akademie aus. Nach einiger Zeit übernahm Rickson seinen Platz und Carlos wurde Rolls' Assistent. Sehr praktisch für Carlos, denn die Akademie befand sich genau hinter dem Haus, in dem er wohnte. Als Rorion in die USA zog wurde Carlos von Helio Gracie gebeten Rorion als Leiter der Akademie zu ersetzen.

Sechs Jahre nach dem Tod von Rolls Gracie (1977) zog sich Carlos aus dem Wettkampfgeschäft zurück, übernahm die vollständige Kontrolle der Akademie in Copacabana und konzentrierte sich auf das Organisieren von Turnieren. Rolls liebte den Wettkampf und animierte alle seine Schüler dazu an Turnieren teilzunehmen, besonders lag ihm aber sein Schüler Carlos Gracie am Herzen. Doch nach dem Tod von Rolls verlor Carlos all seine Motivation für den Wettkampf. Die Wettkampfteams bestanden alle aus Schülern der verschiedenen Akademien von Helio, Carlson und Rolls und waren alle sehr stark.

Einer der größten Wünsche von Carlos war einen Ort zu finden, wo er den jungen Nachwuchs trainieren konnte. Fast hätte er sich auch diesen Wunsch erfüllen können, doch das Gelände gehörte zwei weiteren Gracie Brüdern, und sie wollten es verkaufen, um sich mit dem Erlös im Süden des Landes niederlassen zu können. Doch ließen sich andere Träume verwirklichen, wie z.B. einen Schüler wie Renzo Gracie zu haben, der auf zahlreichen Turnieren kämpfte und der zur Zeit in New York lebt und unterrichtet, oder Ralph Gracie, der heute in San Francisco lebt – und nicht zu vergessen die Machado-Brüder!

An der ersten Weltmeisterschaft, organisiert von der BJJC unter der Leitung von Carlos Gracie Jr., nahm auch das Vacirca-Team des Brasilianischen Jiu-Jitsu teil. Nach Monaten intensiver und harter Vorbereitung unter den Augen von Trainer Monteiro (1. Dan erhalten von Carlos Gracie) erreichte das Vacirca-Team den 4. Platz für die Schweiz hinter Brasilien, den USA und den Arabischen Emiraten. Mit Nikos Bachtsezis errang das Team auch den 2. Platz in der Leichtgewichtsklasse und eine Bronze-Medaille, erkämpft von Martin Hardmeier, der dabei gegen den berühmten Jiu-Jitsu-

Kämpfer Murilo Bustamente kämpfen musste.

Nach diesem Erfolg des Vacirca-Teams ernannte Carlos Gracie Franco Vacirca zum offiziellen Vertreter der Brasilianischen Jiu-Jitsu Föderation und bat ihn um seine Mithilfe beim Aufbau der "International Brazilian Federation".

Die Akademie von Carlos Gracie befindet sich in Barra de Tijuca, gleich neben einem wunderbaren Strand gelegen, und die Trainingsräumlichkeiten befinden sich im Vita Fitness Center, wo man auch Zugang zum Kraftraum und zu einem Schwimmbad hat. Vielleicht ist die Schule von Carlos Gracie nicht gerade die technisch anspruchvollste, aber was man dort lernt funktioniert mit Sicherheit und viele lassen sich von Carlos trainieren. Theoretisch ist das Training einfach, doch auf der Matte geht es recht rauh zu und man kommt ganz schön ins Schwitzen! Wenn Sie mit dem Gedanken spielen, die Gracie Akademie während ihres Sommerurlaubes zu besuchen, haben Sie sich die denkbar schlechteste Zeit ausgesucht... ausser es macht Ihnen nichts aus zu erleben was es bedeutet im Training wirklich zu schwitzen! Nun, wie auch immer, ich bin überzeugt, dass es Sie auf jeden Fall begeistern wird. In diesem Sinne wünsche ich Ihnen viel Spass, meine Jiu-Jitsu-Freunde!

# ROYCE GRACIE

Text und Fotos: Marcelo Alonso

# Royce Gracie Interview

Mit seinen unglaublichen Siegen im Ultimate Fight setzte er neue Maßstäbe in der Welt der Kampfkünste. Royce Gracie wird innerhalb des VALE-TUDO für das, was er für das VALE-TUDO tat schon heldenhaft verehrt. Eine lebende Ikone! Nach seinem Rückzug aus dem "Kampfgeschehen", fragten sich viele seiner Fans, ob ihr Idol wohl noch einmal in den Ring zurückkehren würde. Die Antwort auf diese stumme Frage ist ein klares und eindeutiges JA!

**Kampfkunst International: Was ist dran an der Geschichte, dass Sie wieder "aktiv" sind?**

**Royce Gracie:** Es stimmt. Am 30. Januar werde ich im Pride Grand Prix in Japan teilnehmen. Die Promoter wollen ein Ereignis der Superlative organisieren, in dem die 16 besten VALE-TUDO-Kämpfer der Geschichte gegeneinander antreten werden. Dabei wird der Wettkampf in zwei Phasen aufgeteilt: Im Januar kämpft man um die ersten acht Plätze. Im März treten dann diese acht an und kämpfen um den Welttitel.

**K.I.: Ist man schon zu einer Übereinkunft gekommen?**

**R.G.:** Wir befinden uns gerade in der Endphase und klären Detailfragen ab. Die Organisatoren sind einverstanden, dass ohne Rundenlimit gekämpft wird. Anfangs hatte ich 30-minütige Runden gefordert, die Organisatoren sprachen dann von 15 Minuten, dann forderte ich wieder 20 Minuten. Je länger, desto besser für mich! Zur Zeit ist die andere Seite am Ball...

**K.I.: Auf welche Summe beläuft sich das Preisgeld?**

**R.G.:** Auf 200.000 US-Dollar.

**K.I.: Sie werden fast schon wie ein Mythos von Ihren Anhängern ver-**

**ehrt. Mit Ihren Siegen haben Sie Preisgelder und Ruhm gewonnen, wie noch keiner vor Ihnen. Was veranlasst Sie wieder in den Ring zu steigen?**

**R.G.:** Der Wind von gestern bewegt heute keine Mühlen mehr. Es gefällt mir ganz einfach, ein gesetztes Ziel zu erreichen. Vor allem aber möchte ich gerne wieder gegen die erste Riege kämpfen. Mir gefällt es, wenn mich alle für einen hoffnungslosen Fall halten. Wenn der Gegner stärker ist und Jiu-Jitsu und Kickboxen beherrscht, dann kommt da dieser magere Kerl... Ich habe das Gefühl, dass ich noch so einige Kritiker zum Schweigen bringen muss.

**K.I.: Wen denn zum Beispiel?**

**R.G.:** Zum Beispiel diejenigen, die sagen, mein Vater sei ein wenig verrückt und unser Jiu-Jitsu sei überholt. Einfach absurd ist das! 75 Jahre Jiu-Jitsu-Erfahrung – so was kann man mit Geld gar nicht bezahlen! Wenn mein Vater hier in Kalifornien ist, verwandelt er sich quasi in meinen Schatten. Er verbringt den ganzen Tag mit mir. Er schläft, wenn ich schlafe und er steht auch mit mir auf. Gehe ich joggen, so folgt er mir im Auto. Ich geh' in die Akademie, dann kommt und er begleitet mich. Er isst, wenn ich esse. Unglaublich, dass es noch solche Leute gibt, die schlecht von meinem Vater reden. Jede Nationalelf wäre froh, einen Trainer mit 75 Jahren Fußballerfahrung zu haben. In Brasilien müssen die Menschen lernen, Erfahrung zu schätzen.

**K.I.: Wie sieht Ihr Training aus?**

**R.G.:** Ich trainiere eine Stunde ohne Unterbrechung. Alle zehn Minuten wechsle ich den Trainingspartner. Manchmal trainiere ich auch nur den Kampf im Stand.

**K.I.: Früher sagten Sie, dass nur das Jiu-Jitsu in der Lage sei im VALE-TUDO zu siegen, doch heute trainieren Sie auch noch andere Kampfsportarten...**

**R.G.:** Ja. Heute trainiere ich neben Jiu-Jitsu auch noch das Kickboxen. Ich trainiere nicht, um mich mit einem Igor Vovchanin im Stand zu schlagen. Das ist absurd, denn wenn er mir einen Kick gibt, dann führe ich den Kampf am Boden fort. Kickboxen dient mir vielmehr zur Öffnung von Deckungslücken beim Gegner durch Finten, um dann mit Jiu-Jitsu weiterzumachen.

**K.I.: Glauben Sie immer noch, dass ohne Zeitlimit der technisch bessere siegt?**

**R.G.:** Ich kann mir meine Gegner nicht aussuchen. Stellen Sie sich vor: Sie werden auf der Strasse von einem angemacht, der größer und stärker ist als Sie. Werden Sie ihm sagen "Ich kämpfe nicht mit Dir, weil Du nicht in meiner Gewichtsklasse bist?" Was für ein Kämpfer wäre das? Ein wirkliches Kämpferherz kämpft gegen jeden! Es ist schwieriger und dauert länger, doch ist es ausreichend, sich in Geduld zu üben - Technik siegt immer! Der Kampf Kerr gegen Igor war dafür ein hervorragendes Beispiel. Mark Kerr wurde müde und im Anschluss wie ein Kind besiegt.

**K.I.: Was haben Sie an Ihrem Training verändert?**

**R.G.:** Ich trainiere heute sehr viel intensiver, gehe bis an meine körperlichen Grenzen. Die jetzigen Gegner sind alle größer und stärker... und sie wissen was Jiu-Jitsu ist!

**K.I.: Was sagen Sie zu der Niederlage von Mark Kerr gegen Igor Vovchanchin beim letzten Pride?**

**R.G.:** Kerr verlor den Kampf nicht, sondern der Kampfrichter machte eine Fehlentscheidung. Wenn der Ringrichter gewusst hätte, dass man einem auf allen Vieren am Boden liegenden

Gegner keine Kniestöße versetzen darf, wäre der Kampf wahrscheinlich anders verlaufen. Doch der Ringrichter täuschte sich. Er hätte den Kampf unterbrechen müssen. Das ist ungefähr so, als ob Tyson Holyfield mit seinem Ohrbiß besiegt hätte.

**K.I.: Wer sind Ihrer Meinung nach zur Zeit die besten im VALE-TUDO?**

**R.G.:** Meine Familie außen vorgelassen?

**K.I.: Ja.**

**R.G.:** Kerr, Igor, Don Frye, Randy Couture. Im Leichtgewicht würde ich sagen Wanderlei Silva, Ebenezer und Péle.

**K.I.: Welche Lehre haben Sie aus jener Niederlage gegen Wallid gezogen?**

**R.G.:** Besser denn je auf meinen Vater zu hören. Ich habe zu vielen anderen Gehör geschenkt. Ich hätte auf meinen Vater hören sollen, der hat mir nämlich schon vor dem Kampf gesagt, was geschehen würde, wenn...

**K.I.: Meinen Sie nicht Sie hätten mit Ihrem Bruder Royler trainieren müssen, dem technisch perfektesten Jiu-Jitsu-Kämpfer der Gegenwart?**

**R.G.:** Mit Rickson oder mit Royler zu trainieren, ist immer notwendig. Bita und Rolker halfen mir sehr in meinem Training. Trotzdem habe ich immer das Gefühl einen noch besseren Trainingspartner zu brauchen.

**K.I.: Sind Sie mit der Aussage einverstanden, dass Ihre Niederlage damals den "hohen" Entwicklungsstand des Brazilian Jiu-Jitsu bewies?**

**R.G.:** Diese Frage werde ich am 30. Januar beantworten. Dann werden wir sehen wie weit sich das Jiu-Jitsu der anderen entwickelt hat.

**K.I.: Wenn Sie gewinnen...**
**R.G.:** Ich werde gewinnen!

# ROYLER GRACIE

Reportage: Alexandre Vidal & Maurício Costa
Fotos: Marcelo Alonso
Besonderer Dank an: Susumo Nagao

# Interview mit Royler Gracie

Die Fans des Gracie Clans unterteilen die Familiengeschichte in drei Epochen. Zuerst Helio Gracie (1940-'50), dann Carlson Gracie (1960-'70) und schließlich Rickson/Royce (1980-'90). Doch mit dem neuen Jahrtausend brach auch eine neue Epoche in der Gracie-Familiengeschichte an. Trotz seinem Körpergewicht von nur 65 kg (er ist der leichteste unter den Söhnen von Helio Gracie) setzte sich Royler Gracie an die Spitze des Clans und bewies, dass Körpergewicht und Größe nur eine untergeordnete Rolle spielen. Im Gegensatz zu seinen Brüdern sucht sich Royler (der es sich leisten könnte) seine Gegner nicht aus. Er ist der erste und einzige Jiu-Jitsu-Weltmeister, der den Titel vier Mal gewann. Er nimmt an allen möglichen Jiu-Jitsu-Wettkämpfen teil und stellt sich jedem Gegner, egal wie schwer oder groß er auch sein mag - so auch im VALE-TUDO. Im Pride VIII-Wettkampf, der in Japan ausgetragen wurde, akzeptierte er gegen den zur Zeit besten japanischen Kämpfer in der 90kg-Klasse, Kazuishi Sakuraba, zu kämpfen, der schon Vítor Belfort und Ebenezer Fontes besiegte. Royler schlug sich bis zur letzten Minute hervorragend, als Sakuraba Roylers Arm zu fassen bekam und einen Hebel ansetzte. Gegen Roylers ausdrücklichen Willen beendete der Kampfrichter die Begegnung mit einer umstrittenen Entscheidung zu Gunsten des Japaners, was im Nachhinein zu heißen Kontroversen führte. Um zu verstehen, was wirklich an jenem Tag geschah, suchten wir Royler zu einem klärenden Interview auf, in dem er uns nicht nur über dieses Thema ausführlich Rede und Antwort stand.

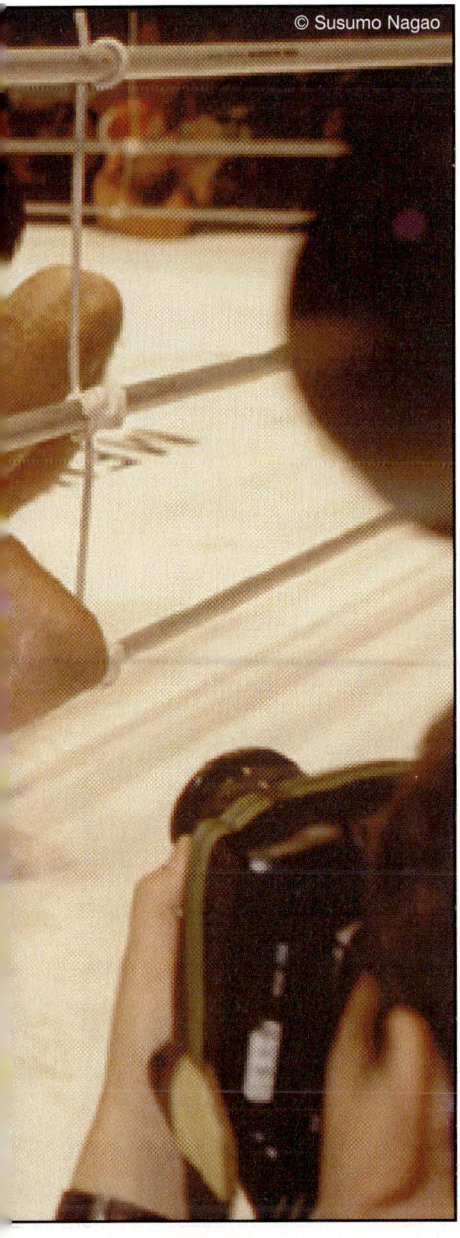
© Susumo Nagao

**Kampfkunst International: Royler, sprechen wir ein wenig über Deinen Kampf mit Sakuraba beim letzten Pride. Hättest Du nach der Hebeltechnik von Sakuraba abklopfen müssen?**

**Royler Gracie:** Ich denke jeder, der mich kennt, weiß, dass ich ein ganz vernünftiger Mensch bin ... !? Sakuraba setzte zwar seinen Hebel an und brachte sich auch in Position, doch zeigte seine Technik bei mir nur wenig Wirkung, denn irgendwie bekam er mich nicht richtig zu fassen. Als er begann Druck auf meinen Arm auszuüben, konnte ich diesem Druck ständig ausweichen. Das ging so weit, bis er merkte, dass er die Position völlig verlieren würde. Daher hebelte er nach den ersten 30 Sekunden auch nicht mehr, sondern hielt mich eine halbe Minute nur noch fest. Genau in dieser Zeit erkundigte sich der Kampfrichter mehrere Male nach meinem Befinden und ich gab ihm stets zu erkennen, dass es mir gut gehe. Er wandte sich sogar an Rickson und sagte ihm, dass ich den Arm verlieren würde, wenn das so weiter ginge. Doch Rickson kennt mich sehr gut und wusste, dass ich o.k. war und antwortete dem Kampfrichter, dass alles in Ordnung sei. Nur eine Minute vor Schluss brach der Kampfrichter ab. Ich wusste, dass noch eine Minute Kampfzeit übrig war, stand auf und musste ziemlich verdutzt mit ansehen wie Sakuraba in Jubelgeschrei ausbrach. Da wusste ich, dass man ihm den Sieg zugesprochen hatte und schrie laut heraus, dass ich nicht abgeklopft hätte!

**K.I.: Welche Rolle genau spielte bei all dem der Kampfrichter? War es nicht der Ringarzt, der den Kampf abbrach?**

*Schon in jungen Jahren ganz auf die Karriere konzentriert. Royler bei einer Werbeproduktion für die Machado-Gis.*

**R.G.:** Am Schluß gab es darum ein großes Hin und Her. Ich fragte den Kampfrichter, warum um alles in der Welt er den Kampf abgebrochen hätte und er antwortete mir, dass er ihn nicht abgebrochen hätte. Ich erinnere mich noch genau an seine Worte: "Der Ringarzt hat den Kampf abgebrochen". Rickson ging daraufhin zum Arzt und verlangte eine Erklärung. Der Arzt aber schob die Verantwortung wieder auf den Kampfrichter. So ging das dann eine ganze Weile - ohne Ergebnis. Beide drückten sich vor der Verantwortung ...

**K.I.: Hättest Du abgeklopft, wenn Du Dich in Gefahr befunden hättest?**

**R.G.:** Ich bin Profi und kein kleiner stolzer Junge. Natürlich hätte ich abgeklopft, wenn es notwendig gewesen wäre - das ist doch keine Schande! Doch weiß ich auch sehr genau bis wohin ich gehen kann! Für den Fall, dass ich vielleicht ein Mal nicht abklopfen würde ist da ja noch Rickson, der das Handtuch werfen würde. Er wusste aber, dass bei mir alles in Ordnung war. Ich konnte ihm sogar für einen Augenblick mit den Augen zuzwinkern und andeuten, dass er beruhigt sein konnte. Die ganze Situation war in keiner Weise gefährlich für mich. Ich brachte meinen Arm in eine für mich bequeme Position, legte meinen Kopf auf sein Bein und wartete eine günstige Gelegenheit ab.

**K.I.: Wie beurteilst Du heute, mit dem nötigen zeitlichen Abstand, was vor, während und nach der Veranstaltung geschah?**

**R.G.:** Was einerseits beschämend ist und mich andererseits auch mächtig wütend macht, ist die Tatsache, dass ich bis nach Japan geflogen bin, gerade da, wo man immer von Stolz und Ehre spricht, und man mich gerade dort nicht um meine Ehre kämpfen ließ. Erinnern wir uns doch nur Mal an die "Japan Open 95". Yuki Nakai wurde da das Gesicht geradezu zu Brei geschlagen und man ließ ihn - auf einem Auge blind(!)- im Finale noch gegen Rickson antreten! Die japanischen Ringärzte schritten nicht ein und gaben ihm damit die Möglichkeit, seine Ehre zu verteidigen. Er kämpfte um sie, wohl wissend, dass er wahrscheinlich verlieren würde, was ja dann auch geschah. Als Rickson Yamamoto im Würger hatte schritt der Kampfrichter auch nicht vorschnell ein. Er wartete bis Yamamoto entweder aufgab oder aber sich schlafen legte - und er legte sich schlafen! Gegen Takada passierte das gleiche. Rickson griff sich seinen Arm und niemand schritt ein, bis Takada aufgab. Ein aktuelleres Beispiel: Renzo hatte Otsukas Arm, nur Augenblicke vor meinem Kampf mit Sakuraba, im Hebel und niemand unterbrach den Kampf. Otsuka konnte sich aus dem Griff befreien und tauchte später, mit geschientem Arm in der Schlinge auf. Soll das etwa heißen, dass ein Japaner seine Ehre und seine Tapferkeit beweisen darf und ein Brasilianer nicht? Weder ein Kampfrichter noch ein Ringarzt können beurteilen, wie weit die Flexibilität eines jeden Kämpfers geht - das ist einfach lächerlich!

**K.I.: Ist es richtig, dass in Deinem Vertrag eine Klausel bestand, die den Kampfrichter autorisierte im Falle akuter Verletzungsgefahr einer der Kämpfer den Kampf zu unterbrechen?**

**R.G.:** So eine Klausel existiert nicht! Wer etwas anderes behauptet, lügt! Man fängt jetzt an Dinge zu erfinden, die völlig aus der Luft gegriffen sind, um sich irgendwie aus der Affäre zu ziehen. Kim, Ricksons Frau, überprüft meine und

*Beim Kampf gegen Léo Dalla in der Olympiaarena von Copacabana (Januar 1998). Royler brach den Weltrekord für erzielte Punkte in einem Jiu-Jitsu-Kampf: 61 Punkte!!*

die Verträge meines Bruders. Vor dem Wettkampf saßen die Kämpfer, Kampfrichter und das Organisationskomitee zusammen, um ein paar Fragen zu erörtern. Sie waren es, die sagten sie würden die Kampfrichter zum Abbruch des Kampfes autorisieren, sobald die körperliche Unversehrtheit einer der Kämpfer in Gefahr sei. Rickson stand sofort auf und sagte, dass er damit nicht einverstanden sei. Wir zeigten unseren Vertrag, der ganz klar aussagte, dass ein Kampf erst dann beendet sei, wenn entweder ein Kämpfer aufgibt, bewusstlos wird oder das Handtuch geworfen wird. Man hätte in meinem Fall also nie einschreiten dürfen. Sakuraba hatte mich in einem Armhebel und weiter nichts! Nicht einmal in Kampfsportveranstaltungen mit Protektoren wird wegen so einer Kleinigkeit der Kampf abgebrochen – man stelle sich das Mal im VALE-TUDO vor!

**K.I.: Es gibt Stimmen, die besagen, dass Sakuraba nicht gerade technisch ausgefeilt gekämpft hätte, sondern die brutale Gangart einschlug. Wie stehst Du zu dieser Aussage?**

**R.G.:** Ich denke, dass seine Kampfstrategie für ihn genau aufging, nur kann ich mich mit dem Endergebnis nicht zufrieden geben. Er versuchte mir mit seinen ständigen Faustattacken eine Kopfwunde beizubringen, damit der Kampfrichter einen Grund hatte den Kampf vorzeitig zu seinen Gunsten abzubrechen oder aber um mich auszuknocken. Das ist die einzige Erklärung für seine Kampfweise. Er hatte auch ein paar Mal Gelegenheit, mich k.o. zu schlagen, denn ich ließ mich auf dieses Spiel ein und bekam einige Faust- und Fußtreffer ab - auch ins Gesicht. Doch ging ich ohne irgendeine Verletzung aus dem Kampf hervor. Wen hat er denn überhaupt besiegt? Ich habe ein ruhiges Gewissen, denn ich weiß, dass ich dem Kampf nicht ausgewichen bin, weder im Stand noch auf dem Boden. Obwohl ich vielleicht mehr Fausthiebe abbekommen habe, bin ich in meinem Innersten fest davon

überzeugt den Kampf nicht verloren zu haben. Mag sein, dass ich den Kampf nicht gewonnen habe, aber verloren habe ich ihn auch nicht!

**K.I.: Nach Treffern gezählt hattest Du Dich im Rückstand befunden und konntest Sakuraba nicht auf den Boden zwingen. Hattest Du mit einem so schweren Kampf gerechnet?**

**R.G.:** Ich trainierte einen Monat lang in Brasilien. Ich wusste, dass das ein harter Kampf werden würde. Ich ging nach Japan und war auf Faustschläge und Tritte gut vorbereitet. Ein paar Tage vor der Begegnung hörte ich aber so ein Gerücht, dass Faust- und Fußtreffer nicht gezählt würden ... Ich erwartete allerdings nicht, dass Sakuraba sich derart vor dem Bodenkampf drücken würde. In der ersten Runde passierte, was ich mir schon ausgerechnet hatte: Er griff mit Faust- und Beinschlägen an, während ich versuchte ihn zu packen. Ich rechnete damit, dass ich ihn in der zweiten Runde zu fassen bekommen und der Kampf am Boden enden würde - aber leider geschah das nicht. Insgesamt waren es 29 effektive Kampfzeit von insgesamt 30 Minuten aufgeteilt in zwei Runden zu je 15 Minuten, wenn wir in dieser Zeit eineinhalb Minuten am Boden waren, dann ist das schon sehr großzügig geschätzt.

**K.I.: Viele meinen, dass nun Rickson dran sei die Familienehre zu verteidigen und gegen Sukuraba kämpfen müsse. Besteht diese Möglichkeit?**

**R.G.:** Nein, auf gar keinen Fall! Rickson ist darüber hinaus ziemlich enttäuscht von dieser Veranstaltung, von der er eigentlich im Vorfeld große Stücke hielt. Noch am gleichen Tag nach dem "Vorfall" ging er zu den Organisatoren und sagte ihnen: "Wie kann ich nach dieser Entscheidung an dieser Veranstaltung noch einmal teilnehmen? Von heute an kann ich euch nicht mehr vertrauen". Die Organisatoren wussten darauf kein Antwort.

**K.I.: Wie kam es eigentlich dazu, dass man Dir vorschlug gegen Sakuraba anzutreten?**

**R.G.:** Die "Pride"-Promoter nahmen mit mir Kontakt auf, um mir einen Vertrag für einen Kampf im Pride VIII anzubieten. Sie wollten aber, dass ich gegen jemanden in meiner Gewichtsklasse antrat. Man dachte da an einen Japaner, der zweiter im "ADCC-Combat" geworden war. Ich aber wollte gegen jemanden kämpfen, der an der Spitze Japans stand und nicht an zweiter Stelle, na ja und das war eben Sakuraba.

**K.I.: Also war es letztendlich Deine Idee? Was trieb Dich dazu gegen einen 20 Kilo schwereren und äußerst harten Gegner anzutreten, der schon Männer wie Conan, Ebenezer und Vítor Belfort niedergekämpft hatte? War das nicht auch ein wenig leichtsinnig von Dir?**

**R.G.:** Was den Kampfverlauf angeht, mag sein, dass ich da ein wenig blauäugig war, doch mache ich gern, was mir gefällt. Sakuraba ist in Japan ein Idol, eine richtig harte Nuß und der Gewichtsunterschied stachelte mich nur noch mehr an. Ich betrachtete den Kampf als eine große Herausforderung. So etwas reizt mich nun mal. Ich stellte mich Sakuraba aber nicht, um zu beweisen, dass ich besser bin, sondern um

***Nach dem Sieg der zweiten Ausgabe des weltweit wichtigsten Grappler-Events, dem Abu Dhabi Submission Combat.***

Mit Rickson und seinem Neffen im Hause seines Bruders in Kalifornien.

mich selbst auf die Probe zu stellen und meine Grenzen zu erfahren. Nach Monate langen Verhandlungen unterschrieb ich dann schließlich auch den Vertrag. Wenn man es sich genau betrachtet ist ja auch dann nichts außergewöhnliches während des Kampfes geschehen. Ich verließ den Kampf völlig unverletzt und das einzige, was ich nicht vorhersehen konnte, war die Entscheidung des Kampfrichters. Der Kampfrichter beendete den Kampf und hat so allen vorenthalten, was noch hätte geschehen können.

**K.I.: Wie stand der Rest der Gracie-Familie zu Deiner Entscheidung gegen Sakuraba anzutreten?**

**R.G.:** Alle unterstützten meine Entscheidung. Ich bin der festen Überzeugung, dass wir alle einen Auftrag auf der Erde zu erfüllen haben. Ich bemühe mich, meinen nach besten Kräften zu erfüllen. Ich mache, was mir Spass macht und gehe den Weg weiter, den mein Vater begonnen hat: Die Kunst des Jiu-Jitsu, mit Herz und Verstand zu verbreiten. Das ist mein Leben! Ich mache das alles, weil es mir gefällt und nicht nur des Geldes wegen. Apropos Geld! Das Geld, das ich mit diesem Kampf gewann, hätte ich lieber wieder zurückgegeben, wenn ich gewusst hätte, auf welche Weise der Kampf zu Ende gehen würde ...

**K.I.: Vor 50 Jahren verlor Dein Vater einen Kampf gegen den Japaner Kimura , unter ähnlichen Umständen, wie bei dir gegen**

*Zusammen mit seinen Töchtern.*

**Sakuraba. Der Japaner setzte einen Armhebel bei Deinem Vater an und Dein Onkel Carlos Gracie brach den Kampf ab. Wiederholt sich hier die Geschichte nach einem halben Jahrhundert?**

**R.G.:** Nein, denn in Wahrheit waren die Umstände bei meinem Vater ganz anders gelagert. Es war ein Sportwettkampf, man kämpfte im Gi. Es war mein Onkel, der das Handtuch warf. Mein Kampf gegen Sakuraba war ein VALE-TUDO-Kampf ohne Gi. Die Wahrscheinlichkeit, mich aus dem Griff zu befreien, war ziemlich groß. Außerdem habe ich nicht aufgegeben und niemand warf das Handtuch.

**K.I.: Man glaubt allgemein, dass verlieren für die Gracie-Familie etwas völlig inakzeptables und unehrenhaftes darstellt. Man sagt sogar, dass das der Hauptgrund sei, warum sich Rickson nicht mehr so oft zum Kampf stellt. Was ist dran an diesen Behauptungen?**

**R.G.:** In meiner Familie existiert kein derartiger "Ehrenkodex", reines Geschwätz. Ich denke, dass die Familienehre darin besteht, sich großen Herausforderungen zu stellen und nicht zu kneifen. Ich zum Beispiel kämpfe gegen jeden Gegner, ob nun schwer oder leicht. Ich besitze vier Weltmeistertitel und setze sie immer wieder aufs Spiel. Ob ich nun gewinne oder verliere, stets gehe ich erhobenen Hauptes aus einem Kampf und bin bereit, mich dem nächsten Herausforderer

*Surfen ist die zweite Sportart Roylers. Auf dem Foto sieht man ihn mit seinem Bruder Rickson und seinem Neffen Rockson.*

zu stellen. Zu Rickson kann ich nur sagen, dass er den Kampf liebt und schon seit geraumer Zeit die Spitze anführt. Er befindet sich einfach auf einem anderen Niveau. Er ist kein 5.000$-Kämpfer mehr. Man muss ihm schon etwas mehr bieten. Da ist es schon etwas schwieriger, einen Promoter zu finden. Das ist der Grund, warum er heute seltener die Kampfarena betritt. Er liebt aber den Kampf und zur Zeit überprüft er gerade ein Angebot. Doch neben dem Kampf hat Rickson auch noch andere Projekte - Kino, seine Akademien, etc... Er hat es ganz einfach nicht nötig, sich jeden Monat zu beweisen!

**K.I.: Wie lange wirst Du noch aktiv im "Kampfgeschäft" tätig sein?**

**R.G.:** Mein Vater sagt stets, dass ein Kämpfer mit 35 Jahren seinen Zenit erreicht und ich bin erst 33 Jahre alt. Also fehlen mir nach Adam Riese noch zwei Jahre. Danach wird der Rhythmus im allgemeinen etwas heruntergeschraubt. Rickson ist heute 40 Jahre alt und immer noch unangefochten an der Spitze. Ich glaube, wenn man sich richtig ernährt, gesund lebt und im Sport aufgeht, dass man das auch noch erheblich verlängern kann. So lange mein Körper mitmacht, werde ich kämpfen.

**K.I.: Wirst Du eines Tages das Familienzepter in die Hand nehmen?**

**R.G.:** Nein, da gibt es in unserer Familie noch andere geeignete Anwärter. Bezüglich des Wettkampfes mag es schon sein, dass ich da die Führerschaft angetreten habe, weil ich ständig auf irgendeinem Wettkampf bin, doch allgemein betrachtet denke ich da eher an Rickson, Renzo, Ralph oder an Royce. Zur Zeit bin ich der einzige, der das Jiu-Jitsu auf nationaler Ebene vertritt, doch innerhalb meiner Familie haben wir eine ganze "Bande" von zukünftigen Talenten wie zum Beispiel "Rollszinho", der in der Schwergewichtsklasse kämpft und zur Zeit den Braungurt besitzt. Und da ist noch Igor, Rollszinhos Bruder. Dann der Sohn von Carlitos, Rickson, der Sohn von Rickson. Wie man sieht ist die Familie kontinuierlich angewachsen und man kann sich fragen, wer die nächste Nummer eins sein wird. Diese neue Generation befindet sich noch in der Vorbereitung und wird zum gegebenen Zeitpunkt die Kampfarena betreten.

**K.I.: Das Zepter wird also auf jeden Fall in der Familie bleiben und nicht einem Außenstehenden wie zum Beispiel Saulo überlassen?**

**R.G.:** Das Zepter wird in Familienbesitz bleiben, auch wenn ich auf Saulo oder auch auf Nino große Stücke halte. Ich habe große Achtung vor allen Profis wie "Roleta" oder Zé Mario. Ich denke, dass sie nicht nur den Namen des Jiu-Jitsu vertreten sondern auch den Namen der Familie, denn sie alle begannen mit dem Jiu-Jitsu irgendwann mit einem Mitglied unserer Familie. Ich denke nicht, dass das Jiu-Jitsu ausschließlich eine Sache von Royler oder Rickson ist. Meinem Vater aber räume ich diesbezüglich eine Sonderrolle ein, denn er hat das Jiu-Jitsu maßgeblich in Brasilien beeinflusst und ihm seinen Stempel aufgedrückt.

**K.I.: Was kannst Du uns über Deinen Kampf gegen Zé Mario erzählen?**

**R.G.:** Ich kann nicht gerade behaupten, dass er mir gefiel, denn ich verlor diesen Kampf - etwas, womit ich nicht gerechnet hatte, doch am meisten wurmt mich wie ich verloren habe. Zé Mario wird zur Zeit als einer der besten Jiu-Jitsu-Kämpfer gehandelt. Doch zwischen uns besteht ein krasser Unterschied: Nicht nur dass er sehr viel kräftiger ist als ich, er wiegt auch noch ganze 40 kg mehr als ich! Dabei handelt es sich um 40 kg einsetzbares Muskelfleisch und nicht

*Trainingshilfe für seinen Bruder Royce bei den Vorbereitungen auf die Ultimate-Kämpfe.*

um bloße Masse. Aber ich will mich hier nicht herausreden. Auch ich denke, dass Mario an diesem Tag der Bessere war. Ich weiß nicht genau, ob es richtig war gegen ihn anzutreten, aber wenn ich zahlen müsste, um noch mal gegen ihn anzutreten dann würde ich es noch einmal tun, denn das ist etwas, was außerhalb jeder Logik steht.

**K.I.: Besteht die Möglichkeit einer Revanche?**

**R.G.:** Ich würde es nicht als eine Revanche betrachten. Was ich möchte ist schlicht eine erneute Gelegenheit, gegen ihn anzutreten, denn jener Kampf hat mich ehrlich gesagt nicht ganz überzeugt. Ich könnte mich sogar damit arrangieren, zu verlieren, aber nicht so wie beim letzten Mal. Zé Mario selbst ist schon auf mich zugekommen und es kann gut sein, dass wir uns bei einer Veranstaltung auf der Copacabana noch einmal gegenüber stehen. Kann auch sein, dass das Treffen auf den Weltmeisterschaften stattfindet - vorausgesetzt, dass er und ich in der offenen Klasse antreten. Das ist durchaus im Bereich des Möglichen. Zé kann sich zwar nicht in meiner Gewichtsklasse anmelden ich aber in seiner ...

**K.I.: Und Liborio? Es scheint so, dass es da zwischen Euch eine Rechnung zu begleichen gäbe, denn Carlson behauptete in einer Sportsendung, dass Liborio jeden besiegen würde, sogar Rickson.**

**R.G.:** Da gibt es keine offene Rechnung zu begleichen, und ich selbst habe Liborio nie herausgefordert. Ich habe lediglich auf den Kommentar von Carlson geantwortet. Er sagte, dass Liborio Rickson besiegen würde und ich antwortete, dass er dafür erst einmal eine ganze Reihe anderer Kämpfer besiegen müsse, um bis zu Rickson vorzustoßen. So stellte ich mich ihm zur "Verfügung" ohne ihn direkt herauszufordern - es war schlicht und ergreifend eine Antwort auf die Worte von Carlson. Doch danach kochte die Gerüchteküche. Ich denke, dass Liborio und ich in gleicher Weise an einem Kampf interessiert sind. Liborio kehrt wieder in den Ring zurück. Er ist ein harter Brocken und ich respektiere ihn aufrichtig. Wenn er also wieder antritt, werden wir uns über kurz oder lang gegenüberstehen. Darauf hoffe ich inständig - nicht mehr und nicht weniger.

**K.I.: Du bist für viele ein Idol. Wer aber ist das Idol von Royler Gracie?**

**R.G.:** Mein großes Idol war und ist mein Cousin Rolls Gracie. Mit ihm trainierte ich schon von Kindesbeinen an. Rolls war enorm schnell, was mich schwer beeindruckte. Rickson bewundere ich ebenfalls, aufgrund seiner Fähigkeit blitzschnell das Blatt zu wenden. Fast immer gelingt es ihm, seinen Gegner zu irgendeiner Aktion zu provozieren, die er dann im Handumdrehen für sich ausnutzt. Neben diesen beiden ist da selbstverständlich noch mein Vater, über den ich im allgemeinen wenig Worte verliere, für den ich aber sehr viel empfinde.

**K.I.: Erzähl' uns doch etwas über die Begegnung zwischen Royce und Wallid...**

**R.G.:** Sieht man in der Zeit auf das Jiu-Jitsu in Brasilien zurück, so ist das, was Royce geschaffen hat und wofür sein Name steht, unübertroffen. Royce schaffte etwas, das nur wenigen gelang. Das Jiu-Jitsu über die Grenzen Brasiliens hinweg weltweit bekannt zu machen. Was Wallid angeht, so handelt es sich hierbei um einen völlig entgegengesetzten Fall. Wallid hielt seinen Namen immer in Ehren. Trotzdem hält er aber einem Vergleich als Kämpfer mit Royce nicht stand. Möge Wallid mir verzeihen, aber nicht einmal auf technischer Ebene ist er annähernd mit Royce zu vergleichen. Royce ist ihm technisch einfach überlegen und ich muss hier nicht die Niederlage von Royce kommentieren, aber ich denke, dass alles im Leben seine Bewandtnis hat und in jenem Kampf war das Glück auf Wallids Seite, vor allen Dingen weil Wallid sich besser vorbereitet hatte. Ich stand damals nicht in direkten Kontakt mit Royce als er sich auf diese Begegnung vorbereitete. Ich kann nur eins zu diesem Kampf sagen: Wallid gewann den Kampf, weil er entschiedener vorging und Royce nicht unbedingt alles aus sich herausholte.

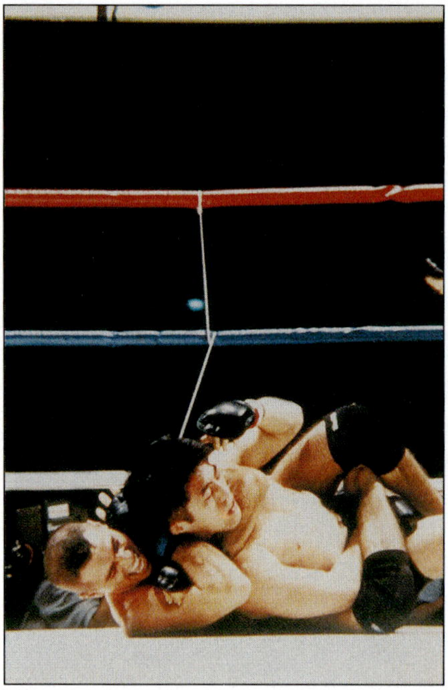

*Disqualifikation des Japaners Asahi bei den Japan Vale-Tudo Open.*

Ich glaube, wenn Royce und Wallid 100 Mal gegeneinander antreten würden, dass Royce 99 Kämpfe gewinnen und nur diesen einen Kampf verlieren würde, den jetzt eben schon die ganze Welt gesehen hat.

**K.I.: Wallid meinte, dass wenn sich Royce nicht stellt, käme eben Rickson an die Reihe. Was denkst Du über diesen potentiellen Kampf?**

**R.G.:** Wallid macht gerne Marketing. Meiner Meinung nach hätte Royce erst gar nicht gegen ihn antreten sollen. Hier in Brasilien gibt es eine Menge Leute, gegen die er vornehmlich antreten sollte bevor er Weltmeister wird. Er muss dazu wieder an den Jiu-Jitsu-Wettämpfen teilnehmen und erneut seine Anerkennung als bester Jiu-Jitsu-Kämpfer einholen, etwas wovon Wallid Welten entfernt ist. Wallid besitzt zwar gute Voraussetzung, doch nützen die ihm wenig, wenn er sie auf den entscheidenden Wettkämpfen nicht einbringen kann. Er wird auch nicht der Beste werden, wenn er den Weltmeister herausfordert, so, als ob er der Beste sei. Er ist ganz einfach nicht der Beste der Welt, war es nie und befindet sich nicht einmal annähernd auf dem Weg dazu es zu werden. Dafür muss er erst noch sehr viel trainieren. Ich kann hier nicht für Rickson antworten, doch denke ich, dass Wallid erst einmal wieder in den Ring zurückkehren muss. Rickson wird nicht direkt auf Wallid zugehen, das glaube ich nicht.

**K.I.: Es geht das Gerücht um, dass Du Deinem Gegner absichtlich Deinen Arm "überlässt", weil Du genau weisst, dass er ihn nicht richtig zu packen bekommen wird. Wie erreichst Du diese Beweglichkeit?**

**R.G.:** Das ist mein kleines Geheimnis und so soll es auch bleiben (lacht).

**K.I.: Alle Welt weiß, wie sehr Dir das Wellenreiten gefällt. Surfst Du denn so richtig oder bist Du eher ein "Sonntags-Surfer"?**

**R.G.:** Ich bin vom Surfen total begeistert! Für mich bedeutet es Entspannung pur und wirkt wie eine Therapie auf mich. Klar bin ich mehr oder weniger ein "Sonntags-Surfer", doch surfe ich mit großer Begeisterung und es bereitet mir enormen Spass, im Wasser zu sein.

**K.I.: Ist es wahr, dass Du auf einer Urlaubsreise auf die Fidji-Inseln von Kannibalen angefallen wurdest?**

**R.G.:** Nicht ganz. Das war einer meiner besten Urlaube meines Lebens. Man sagt, dass die Einwohner der Inseln Nachfahren von Kannibalen seien und anscheinend stimmt das auch. Man erzählt sich, dass wenn ein Schiffbrüchiger an das Ufer geschwemmt wurde, er manchmal von den Urgroßvätern der jetzigen Einwohner aufgegessen wurde.

Ich hatte Gelegenheit, mit den Einwohnern zu trainieren. Eines Tages kamen einige von ihnen an den Strand und wir gaben dann dort eine kleine Jiu-Jitsu-Vorführung. Sie wahren total begeistert, besonders weil es sich für sie um etwas ganz neues handelte. Sie sind alle sehr stark gebaut und ziemlich schwer und als sie sahen wie ich den einen oder anderen von ihnen zu Boden brachte, wollten sie immer mehr sehen. Was mich amüsierte war, dass sie Fotos von Rickson hatten und sich daraufhin unzählige Male mit uns ablichten ließen.

**K.I.: Als Nachfahren von Kannibalen wäre es ihnen wohl nicht schwer gefallen, Dich als "kleine Mahlzeit zwischendurch" zu verspeisen ...**

**R.G.:** Ich denke, wenn zwei oder drei von ihnen es auf mich abgesehen hätten, wäre ich auch mit meinem Jiu-Jitsu in ernste Schwierigkeiten geraten ...

**K.I.: Wen würdest Du in einem VALE-TUDO-Finalkampf bevorzugen: Mark Kerr oder Waimea?**

**R.G.:** Da muss ich nicht lange nachdenken: Mark Kerr!

*Carlson erbte die Begeisterung für die Hahnenkämpfe von seinem Vater Carlos, dem Mann, der das Jiu-Jitsu vom Grafen Koma erlernte und es dann seinem Bruder Helio beibrachte.*

# CARLSON GRACIE

# Carlson Gracie: Von den Hahnenkampfarenen auf die Jiu-Jitsu-Tatami

"Tabano", "Corrido", "Pollo de Agua" .. wo er wohl diese Ausdrücke her hat, für die Carlson schon bekannt ist und die Einzug in die Sprache des Brazilian Jiu-Jitsu hielten?

Carlson führte uns in seine geliebte Welt der Hahnenkämpfe unter der Bedingung ein, dass wir sein Hobby nicht kritisieren. Und nachdem wir ihm versicherten, dass wir keine "negative Publicity" betreiben würden, öffnete er uns die Pforten zum größten Hahnenkampf-Club in Rio. Wir wollen hier feststellen, das es nicht unsere Absicht ist, darüber zu urteilen, ob das, was wir dort sahen gut oder schlecht ist. Unser Anliegen ist lediglich Parallelen zwischen dem Hahnenkampf und dem Jiu-Jitsu-Zirkus aufzuzeigen. Ein extravaganter Bericht unseres Mannes in Brasilien, der zwei, auf den ersten Blick so verschiedene Felder, miteinander verknüpft.

Ohne zu übertreiben kann man, wenn man sich auf einem Hahnenkampf befindet, sagen, dass es so ist, als ob man bei einem Jiu-Jitsu-Wettkampf ist: "Na los, gib's ihm. Lass ihn dir nicht entwischen!" "Los, los, mach ihn fertig, dieses Insekt!"

Ich trat zusammen mit Carlson Gracie in die Arena der Hahnenkämpfe und jeder grüßte ihn respektvoll, denn auch er war seinerzeit ein erfolgreicher Züchter von Kampfhähnen, bevor er selbst ein "Kampfhahn des Rings" wurde. Eduardo Topete meinte dazu: "Ein Kämpfer wie Carlson muss erst noch geboren werden".

Text und Fotos:Marcelo Alonso

*Von oben nach unten:*
***Der Eingang zum besten Hahnenkampf-Club in Rio de Janeiro. Hahnenkämpfe sind in Brasilien seit den 50er Jahren verboten. Das Schild besagt: "Atmen Sie tief ein! Sie betreten den besten Hahnenkampf-Club der Welt. Ihr Besuch ist uns eine Freude"***
***Die Hähne kämpfen bis zum Tod oder bis zum Ende der Kampfzeit.***
***Verarztung eines Hahns nach einem Kampf.***

Carlson streitet nicht ab, dass die Hähne für ihn stets auch eine Quelle der Inspiration waren und noch immer sind. "Für mich ist der Hahn das mutigste Tier im gesamten Tierreich". Er kämpft aus reinem Instinkt heraus und hört erst auf, wenn er das Bewusstsein verliert", erklärt uns der Hahnenkampf-Fan, und erläutert uns auch gleich, warum er nichts für Feiglinge übrig hat: "Ein feiger Hahn widert mich an, stellen Sie sich dann erst meine Gefühle gegenüber einem feigen Mann vor!" Carlson ist nicht der erste Gracie, der die Hähne für sich entdeckt hat. Nicht umsonst war das erste "Wappentier" seiner Akademie ein Hahn (jetzt ersetzt durch Bulldoggen). Die Verbindung der Gracie-Familie zu den Hahnenkämpfen begann mit Carlos Gracie. "Die erste Hahnenkampfarena in Rio hieß "Academia", und weißt du auch warum? Weil sie sich genau hinter der ersten Gracie-Akademie in der Marques de Abrantes Straße 117 befand", erklärt uns Herr Topete. Man sagt sich, dass Carlos, da er ein erfolgreicher Hahn-Trainer war, auch des öfteren eine persönliche Herausforderung ausgesprochen bekam. Es geht außerdem die Geschichte um, dass er sogar eine Henne zu einer "Kampfhenne" ausbildete, die einige der besten Kampfhähne besiegte. Ob nun wahr oder nicht, Tatsache ist jedenfalls, dass später sein Bruder Helio und sein Sohn Carlson bewiesen, dass sie sehr gut trainiert waren und auch sehr viel stärkere Gegner besiegen konnten.

Durch seine Verbindungen in der Welt der Hahnenkämpfe kamen sehr schnell sehr viele Kunden in seine Jiu-Jitsu-Akademie, um zu sehen, wie dort trainiert wurde. Ein gutes Beispiel ist der ehemalige brasilianische Meister Alberto dos Santos, Sohn von Antonio dos Santos.

"Er (Antonio dos Santos; Anm. der Redaktion) trainierte meine Hähne und ich unterrichtete seinen Sohn Albertinho im Jiu-Jitsu", erinnert sich Carlson. Carlson gewann so mit seinen "Schwarzgurt-Hähnen" einiges Geld bei den Hahnenkämpfen und der junge Alberto lernte Jiu-Jitsu - ein gerechter Tausch! Bulova, Alcipao, Piolho do Cao, Belzebur und Swastika - Albertino gewann alles, was es zu gewinnen gab und errang 1993 schließlich in der Schwarzgurt-Klasse den Brasilianischen Meistertitel.

Die Verbindungen zwischen den Hahnenkämpfen und der Welt des Jiu-Jitsu hören hier aber nicht auf. "Die japanischen Hähne gelten auch als sehr starke Kämpfer. Trotzdem verlieren sie regelmäßig gegen ihre brasilianischen Artgenossen. Die japanischen Hähne lassen schnell nach, wenn sie nicht einen schnellen Sieg erringen können. Nichtsdestotrotz bin ich überzeugt, wenn man einen brasilianischen Hahn mit einer japanischen Henne kreuzt, dass man dann einen der besten Kampfhähne erhält", erklärt uns der Experte Carlson.

*Carlson mit einem Kampfhahn. Beachten Sie, wie sorgsam er mit dem Tier umgeht.*

## Die "Carlson-Legenden"

Eine der Legenden, die sich um Carlson ranken, dreht sich um ein mysteriöses Heilmittel - das "Savagallo". Eine antiseptische Tinktur aus verschiedenen Kräutern, die er bei seinen Kampfhähnen auftrug, so sie sich denn verletzt hatten. Ein wahres "Wundermittel". "Immer wenn einer meiner Kämpfer über Schmerzen klagt, trage ich ihm etwas "Salvagallo" auf. Das ist wie ein Zaubermittel. Einmal verletzte sich Carlao an der Augenbraue bei einem IVC-Wettkampf. Acht Stiche! Ich trug ihm etwas vom "Salvagallo" auf und am nächsten Tag war die Wunde schon vernarbt", erzählt uns Carlson.

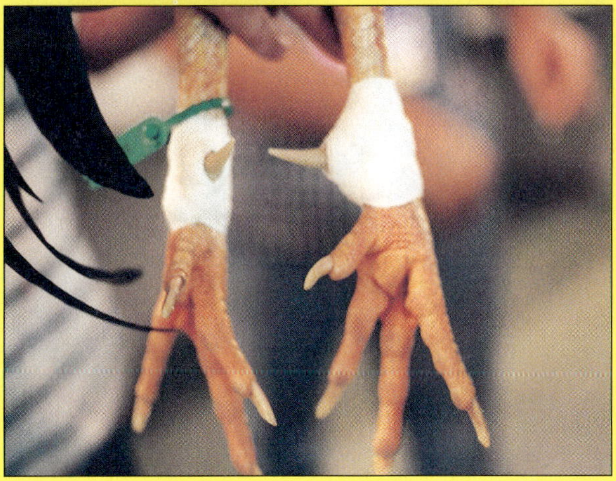

*Carlson mit seinem Freund Apaga Vela.*

*Vor dem Kampf werden die Hähne "ausgerüstet".*

## Warum der Spitzname "Apaga Vela" (Mach' die Kerze aus!)?

"Calunga, Antonio dos Santos und Carijo kehrten in einem VW Käfer und mit 12 Hähnen im Kofferraum von einem Hahnenkampf in Macae nach Hause zurück. In stockdunkler Nacht blieb der Wagen stehen und die drei verbrachten Stunden mit erfolglosen Versuchen, den Wagen wieder in Gang zu bringen. Da hatte Antonio die Idee mit einer Kerze "bewaffnet" mal unter den Wagen zu sehen. Als er gerade unter dem Wagen war, kam einem der Gedanke, dass der Wagen ja auch Benzin verlieren könnte und schrie: "Mach die Kerze aus!" Da war es aber schon zu spät und das Auto ging in Flammen auf. Antonio konnte sich noch vor dem Feuer retten und auch die zwölf Hähne kamen mit dem Leben davon. Das Auto aber brannte bis auf die Karosserie aus!"

## Flugzeug-Hähne!

Apaga Vela und ich gingen zur Einweihungsfeier eines Hahnenkampf-Clubs in Brasilia. Wir nahmen zwei unserer Hähne mit, die dort ihr Glück versuchen sollten. Einer der beiden trat schließlich nicht an, der andere aber brachte uns eine anständige Prämie ein. Soviel, dass ich meinte, dass wir doch mit dem Flugzeug nach Hause zurückkehren

***Carlson Gracie, Carlsons Vater, der Mann, der das Jiu-Jitsu und den Hahnenkampf nach Rio brachte.***

könnten, denn die Busfahrt ist lang und anstrengend. Gesagt, getan. Wir erwischten einen internationalen Flug, der von New York nach Rio unterwegs war. Also stiegen wir ins Flugzeug ein, mitsamt unserer Hähne, die wir vorsorglich getarnt hatten. Der Hahn, der gekämpft hatte, verhielt sich völlig friedlich. Derjenige aber, der nicht angetreten war schrie aus vollem Halse. Eine Amerikanerin, die hinter uns saß, regte sich ziemlich auf und hätte beinahe die Stewardess gerufen. Aber schließlich ging doch alles glatt über die Bühne. Das Schwierigste war dann allerdings Apaga Vela, der noch nie ein Flugzeug aus der Nähe sah, geschweige denn in einem saß, davon zu überzeugen, dass wir nur zwei Stunden für den Rückflug gebraucht hatten, wohingegen unsere Anreise im Bus doch 18 Stunden dauerte - für ihn etwas völlig Unverstellbares.

***Der Hahn und die Bulldogge (Symbole der Carlson Akademie)***
***Carlson pflegt seinen Jungs Spitznamen seiner erfolgreichen Kampfhähne zu geben.***

## Wie im VALE-TUDO

Die Hahnenkampfarena und das Prozedere ähnelt in vielen Details dem VALE-TUDO "Kampfplatz". Vor dem Kampf werden die Kampfhähne gewogen und in drei Gewichtsklassen eingeteilt: Leichtgewicht (61 cm - 2600 gr.), Mittelgewicht (65 cm - 2900 gr.) und Schwergewicht (74 cm - 3600 gr.).

Bevor sie in den Ring gelassen werden, werden den Hähnen scharfe Sporen an die Beine gebunden, mit denen sie sich im Verlauf des Kampfes angreifen. Ein Kampf geht über drei Runden, á 15 Minuten Kampfzeit, mit jeweils fünf Minuten Pause zwischen den Runden.

Liegt ein Hahn für 30 Sekunden regungslos am Boden, gilt er als besiegt "Tuco" (Knockout). Fliegt er aus dem Ring, so gilt er als "corrido" und damit hat er für alle Tage seinen Ruf als Kampfhahn verspielt. Die "Verlustrate" liegt bei etwa 4 Tieren in 30 Kämpfen. Carlson wird nicht müde, den Hahnenkampf in Schutz zu nehmen und zu verteidigen: "Es liegt in der Natur des Hahns zu kämpfen. Die durchschnittliche Lebenserwartung eines Zuchthuhns liegt bei 72 Tagen. Ein Kampfhahn lebt zwischen 15 Monaten und 5 Jahren. Danach geht er in "Pension" und wird zur Zucht herangezogen. Außerdem schaffen die Hahnenkämpfe Arbeitsplätze". Argumente, die allerdings nicht ausreichen, dieses Spektakel zu legalisieren. Wie in vielen andern Ländern ist auch in Brasilien der Hahnenkampf verboten.

Text und Fotos: Marcelo Alonso

ACADEMIA GRACIE DE JIU-JITSU S/A

Diploma

É conferido êste Diploma de Professor de Jiu-Jitsu ao Sr. João Alberto Barreto.

por ter concluido com aproveitamento o referido curso.

Rio de Janeiro, [illegible]

DIRETOR SUPERINTENDENTE

DIRETOR PRESIDENTE

# João Alberto Barreto, Pionier des Gracie Jiu-Jitsu

Wenn man vom Vale-Tudo spricht, ist der Name, der stets fällt, der Name Gracie. Eine Verbindung, die mit Helio begann, danach kam Carlson und dann Rickson und Royce. Sie haben gemeinsam sieben Jahrzehnte realen Kampf im Ring und damit die Überlegenheit des Vale-Tudo demonstriert. Was viele Leute nicht wissen bzw., vergessen ist, dass viele Schüler während all der Jahre dazu bereit waren, ihr Blut zu geben, um die Namen ihrer Meister zu verteidigen. In dieser Hinsicht hat niemand mehr getan als João Alberto Barreto. Während der zwölf Jahre, in denen er bei Helio Gracie lebte, besiegte er Dutzende von Kämpfern im Vale-Tudo und wird daher von der Familie Gracie als einer der besten und technisch versiertesten Kämpfer aller Zeiten angesehen.

**Kampfkunst International: Ist es richtig, dass der Vater Ihrer Mutter Graf Koma mit Carlos Gracie bekannt machte?**

**João Alberto Barreto:** Ja, das ist richtig. Mein Schwiegervater, Dr. Samuel Pinto, war Arzt in Belem de Para und ein guter Freund von Carlos Gracie. Zu jener Zeit hatte Gãstao (der Vater von Carlos) eine große Familie und viele Kinder. Er war Geschäftsmann, doch hatte er nie viel Geld und lebte in schwierigen Umständen. Carlos war sehr jung und arbeitete noch nicht. Mein Schwiegervater, der über große finanzielle Mittel verfügte, schrieb ihn in der Akademie von Graf Mitsuo Maeda Koma ein. Er sagte, dass Graf Koma sehr von Carlos beeindruckt war, denn er hatte viel Talent, war intelligent und ein sehr guter Kämpfer. Carlos war eng mit Graf Koma verbunden, der Graf selbst war einer der stärksten Kämpfer seiner Zeit und forderte alle Kämpfer in Belem heraus, die sich ihm stellen wollten.

**KI: Soll das heißen, dass Graf Koma so etwas wie einen Vale-Tudo in jener Zeit veranstaltete?**

**JAB:** Mein Schwiegervater erzählte mir, dass eines Tages ein Capoeira-Meister, „Pe de Bola" - er war sehr bekannt in Belem - die Herausforderung annahm. Koma und er trafen sich wie verabredet, und es waren viele Zuschauer zugegen. Man wollte diese noch nie zuvor gesehene Art von Kampf erleben. Zum Gruß verneigte sich der Japaner, und Pe, der dies noch nie gesehen hatte, regierte darauf, indem er ihm ebenso zum Gruß die Hand gab. Der Japaner hat wahrscheinlich gedacht, dass der Kampf jetzt schon losginge, schnappte sich die Hand und drückte zu. Pe ging auf beide Knie und bat ihn, damit auszuhören. Allein schon wegen eines Händedrucks! Dies wird wahrscheinlich der erste Vale-Tudo in Brasilien gewesen sein.

**KI: Was machte der Graf in Brasilien?**

**JAB:** Darüber gibt es eine Reihe von Legenden. Eine davon erzählt, dass Koma ein Admiral für eine Mission zum Amazonas war – ein Gebiet, das die Japaner in jenen Tagen sehr interessierte, denn sie dachten daran, einzumarschieren, wenn sie den Krieg gewonnen hatten. Doch diese Version kann nicht bestätigt werden, denn es existiert kein Dokument, welches das bestätigt. Ich glaube, dass er in Wahrheit eine Akademie gegründet hat, um zu überleben.

**KI: Haben Sie die Familie Gracie also aufgrund Ihrer Frau kennengelernt?**

**JAB:** Als ich meine Frau kennenlernte, war ich bereits Ringer. Wir waren Kollegen in der Fakultät, und ich kannte sie durch die Tochter von Carlos Gracie, Rose Gracie.

**KI: Wie lernten Sie die Familie Gracie kennen?**

**JAB:** Helio wurde durch einen Typ aus Bahia herausgefordert, er hieß Caribe. Seine Leute hatten hier in Rio kein Studio für Ringkämpfe. Sie suchten deswegen meinen Vater auf, der Direktor des Taubstummeninstituts in einem Stadtteil von Rio war. Mein Vater hatte dort ein Gym geschaffen, wunderschön und geräumig, und er gab ihnen so die Möglichkeit, Jiu-Jitsu zu trainieren. Dies war mein erster Kontakt mit dem JJ. Ich hatte keine Ahnung, was das eigentlich war.

Helio gewann den Kampf gegen Caribe mit Leichtigkeit und sagte zu ihm, dass er im Falle einer Revanche mit beiden Händen auf dem Rücken festgebunden kämpfen würde. Nach dem Kampf kamen alle in mein Haus. Ich war fünfzehn und Schüler auf der Militärschule. Mein Vater, der stolz darauf war, dass ich ein Athlet war, bat mich, mich Helio und Carlos gegenüber zu zeigen, damit diese meinen guten körperlichen Zustand sehen konnten. Carlos fragte mich, ob ich Jiu-Jitsu erlernen wolle, und ich sagte zu.

Zwei Tage später stellte ich mich im Gym vor, und Carlos ließ mich mit Trota trainieren, der bereits drei Monate mit dabei war. Ich verlor natürlich, denn ich hatte keine Ahnung, um was es ging. An diesem Tag sagte Carlos nichts zu uns, doch am nächsten Tag rief er mich an und sagte mir, dass mir das Jiu-Jitsu leicht fallen würde. Ich begann, täglich zu trainieren und kam sehr schnell voran, vor allem in technischen Dingen. Nach einem Monat des Trainings besiegte ich dann bereits Trota. Carlos brachte mich zusammen mit Trota zum „Diario de Noche" (ein Abendblatt), um mich als kommenden Meister zu präsentieren, der innerhalb von weiteren drei Monaten jeden Amateur in Rio herausfordern würde.

**KI: Nach nur drei Monaten im Jiu-Jitsu?**

**JAB:** Als die drei Monate um waren, erneuerte ich die Herausforderung, doch niemand nahm an. Ich trainierte weiterhin täglich, und Carlos Gracie brachte mich dazu, mit den Schülern von Helio zu trainieren, wodurch ich begann, diese zu besiegen. Ich hatte Talent und außerdem war ich sehr stark und überzeugt von dem, was ich tat, denn ich hatte die Disziplin des Militärkollegs inne. Vielleicht gefiel ich Helio deswegen so gut, der mich letztlich von Carlos wegzog. Helio veranstaltete jeden Sonntag in seinem Haus in Teresopolis einige Wettkämpfe. Dort war auch der Meister von Teresopolis, den man den „Japaner" nannte (in Wirklichkeit war er kein Japaner, er hatte nur leicht mandelförmige Augen).

Helio wettete mit Carlos, dass ich den „Japaner" nicht besiegen würde. Carlos willigte ein, und behauptete, dass ich den „Japaner" an jedem Ort bezwingen würde. Am Montag darauf brachte Helio den „Japaner" zur Akademie „Gracie", die in Flamengo (Stadtteil von Rio) ihren Sitz hatte. Wir machten einen sehr ausgeglichenen Kampf und es gab keinen Sieger. Deswegen brachte Carlos Gracie eine neue Wette ins Spiel. Das nächste Mal in Teresopolis, aber erst in 15 Tagen. Der zweite Kampf verlief sehr gut für mich, und ich besiegte den Japaner zweimal durch Armhebel bzw. Würgegriff. Zu der Zeit trainierte ich, alles in allen, vier Monate Jiu-Jitsu.

Danach lud mich Helio ein, sein Assistent zu werden, und ich ging täglich zu seinem Haus, um ihm beim Unterricht zu helfen. Ich war um sieben Uhr morgens dort, aß um 11:30 Uhr, und danach ging ich ins Militärkolleg.

**KI: Haben Sie im Hause von Helio Gracie gelebt?**

**JAB:** Ich lebte zwischen meinem sechzehnten und achtundzwanzigsten Lebensjahr dort. Zuerst in der Akademie, danach einige Zeit in „Praia de Flamengo" und zuletzt in der Straße Bolivar. Helio und Margarida (seine erste Frau) sind wie meine zweiten Eltern. Meine Eltern

JOÃO ALBERTO, PINTA DE CAMPEÃO

As quatro preliminares agradaram, sem dúvida, ao numeroso público que lotou o Maracanãxinho. Talvex pelo frenesi, pela expectativa formada em tôrno da luta principal. Entretanto, é justo que se ressalte a grande performance de João Alberto, que "executou" o baiano Cláudio de Sousa de forma dramática. Tem pinta de campeão.

lebten in Sao Paulo, weswegen mich Helio einlud, bei ihm zu leben. Ich teilte die Wohnung mit Rolls, der damals sechs oder sieben Jahre alt war. Ich sah, wie er groß wurde. Helio mochte mich sehr und ich war sehr diszipliniert und befolgte strikt seine Anweisungen. Er hat sich immer sehr um seine Schüler gesorgt, er ist einzigartig, es gibt einen solchen Menschen nicht noch einmal. Ich lernte alles bei ihm. Ich nahm alles auf, was er mir beibrachte und er war mein großes sportliches Vorbild. Meine charakterliche, technische und psychologische Ausbildung habe ich einzig ihm zu verdanken.

**KI: Wie war Ihr Debüt im Ring?**

**JAB:** Im Vale-Tudo trat ich das erste Mal im Jahre 1958 an. Es gab in Oros / Carea einige Überschwemmungen und die Gracies dachten daran, fünf Kämpfe zu veranstalten, um das eingenommene Geld als Hilfe dorthin zu schicken. Der Ring wurde hinter dem Tor von Maracana aufgebaut, und wir fünf Kämpfer aus der Akademie Gracie gewannen mit Leichtigkeit. Ich siegte durch Würgegriff, Carlson bezwang Passarito, Vigio (Helio) und Armando (Wiedt) gewannen ebenfalls.

**KI: Begannen sie von da an häufiger zu kämpfen?**

**JAB:** Vor diesem Kampf hatte ich bereits Kämpfe im Jiu-Jitsu bestritten, die Vorausscheidungskämpfe von Helio mit Kato und danach Helio mit Kimura. Im ersten kämpfte ich unentschieden gegen den Japaner Asayama, im zweiten besiegte ich Sergio Carneiro, der ein ausgezeichneter Schüler von Aroldo Brito war.

In Niteroi machte ich einen Vale-Tudo, dort bezwang ich den Gegner ebenfalls durch einen Würger. Danach siegte ich über Maracazinho durch Würgegriff, dies war der Auftaktkampf zwischen Carlson und Valdemar Santana.

Damals präsentierte sich Helio als Kandidat für das zur Verfügung stehende Sportministerium, und wenn es etwas zu tun gab, war ich immer zur Stelle und gab mit ihm Vorführungen. Wir machten ungefähr 80 davon, alles an öffentlichen Stätten, jeden herausfordernd. Einmal flüsterte mir jemand aus einer Ecke her zu: „Mit einem Stock in der Hand haue ich Euch zu Brei!". Helio gab mir grünes Licht und ich besiegte diesen Menschen zweimal hintereinander.

**KI: Stimmt es, dass Sie jeden Tag im TV- Programm „Helden des Rings" kämpften?**

**JAB:** Das war 1959 im Sender TV Continental, dem Jahr, an dem ich in die Fakultät für Rechtswissenschaften eintrat. Ich ging aus der Fakultät direkt zum Kampf. Zu dieser Zeit war ich frisch verheiratet und meine Frau erwartete unser erstes Kind. Als das Programm herauskam, riefen mich die Gracies an und fragten mich: „Schau mal João Alberto, hier können wir dich groß 'rausbringen. Du wirst den Hauptkampf machen". Ich begann also zu kämpfen und musste mich Luis Vinagre, Pedro Montanha, Virgulino und Peruano stellen. Es war ein Ring wie beim Boxen, mit Seilen, im Gym „Club Flamengo". Die Kämpfe wurden direkt übertragen. Es war reinstes Vale-Tudo, das gleiche wie heute, mit drei Runden á fünf Minuten. Ich gewann alle meine Kämpfe, es gab kein einziges Unentschieden.

**KI: Man sagt, dass das Programm abgesetzt worden sei, weil Sie einen schweren Bruch provoziert hätten?!**

**JAB:** Ich kämpfte mit einem Meister aus Flamengo, Jose Geraldo, und ich brachte bei ihm einen Kimura an. Er hielt ihm stand. Ich zeigte dies dem Ringrichter an, doch Geraldo wollte nicht abschlagen. Als er entwischen wollte, drückte ich zu und brach ihm den Knochen. All das wurde direkt übertragen und die Presse reagierte scharf darauf, denn die damalige Gesellschaft war sehr konservativ und sah dies als sehr gewalttätig an. Evandro Carlos de Andrade, Chef vom Tagesblatt „Globo" schrieb in einem Artikel: „..., ich bin gegen diese Art von Gewalt, doch manchmal verrate ich mich selbst, denn die Kämpfe von João Alberto gefallen mir sehr."

**KI: haben Sie den Kampf von Helio gegen Valdemar Santana gesehen?**

**JAB:** Helio verlor gegen Valdemar, denn er war krank, er hatte Grippe, Husten und Probleme mit den Ohren. Doch die Umstände ließen ihn kämpfen, eine Sache, die er besser nicht getan hätte. Santana ging 18 Mal in den Ring und verließ ihn wieder, solch einen Respekt hatte er gegenüber Helio. Er wurde von einem Psychiater beraten, Valdemar Dutra, ein Bruder von Eloi Dutra (Vizegouverneur des Staates), einem großen Freund der Familie Gracie. Die Familie mochte diesen Psychiater nicht, die Motive sind mir unbekannt. Valdemar stand seinem Großmeister gegenüber. Moralisch und psychologisch war er nicht in der Lage gegen Helio anzutreten, denn dieser war ja sein Lehrer. Doch durch den Psychiater dazu motiviert, kämpfte er doch. Trotz seiner großen Stärke und seinem Können, das wir ihm ja beigebracht hatten, und obwohl Valdemar den Kampfstil von Helio kannte, hielt Helio 3 Stunden und 45 Minuten durch und hatte am Ende keine Kraft für nichts mehr. Valdemar hob ihn hoch, warf ihn zu Boden und trat Helio ins Gesicht. Aus meiner Sicht tat er dies nicht wegen schlechten Charakters, sondern aus Angst. Carlos gab danach bekannt, dass Valdemar nun zwischen Carlson, Helio und mir zu wählen hätte, und logischerweise wählte er Carlson.

**KI: Haben Sie mit Valdemar Santana trainiert?**

**JAB:** Ich lehrte ihn. Er war immer an meiner Seite. Wir trainierten immer gemeinsam in der Akademie und ich besiegte ihn immer. Ich trickste ihn immer aus, er wusste einfach nicht, was ich als nächstes vorhatte. Ich fintierte, täuschte zum Hals an, schnappte aber seinen Fuß, oder ich täuschte an, seinen Fuß zu greifen, und schnappte ihn dann am Arm. Mit Carlos war dies eine andere Sache. Mit ihm hatte ich mehr Schwierigkeiten, denn er konnte nie verlieren.

**KI: Ist es wahr, dass zwischen Ihnen und Carlson einen große Rivalität herrschte?**

**JAB:** Im Jiu-Jitsu waren wir im Training gleichwertig, aber im Vale-Tudo war Carlson einfach unbesiegbar. Er hatte zwar keinen athletischen Körper, doch war er unglaublich stark. Er wog damals 76 kg, etwas mehr als ich. Helio und Carlson gingen immer bis zum Äußersten, weswegen wir immer auf Wettkämpfe vorbereitet waren. Die Akademie war eine Schule der Samurais. Carlson, Jorge Frances, Robson, Algenio, Severiano und ich schliefen in der Akademie Gracie. Wir waren sehr gute Freunde, Brüder, doch innerhalb des Rings war dies eine andere Sache.

**KI: Wie nahmen die Gracies Ihre Entscheidung auf, eine eigene Akademie zu gründen?**

**JAB:** Das war 1963. Helio wollte nicht, dass ich mich von ihm trenne, doch mir erschien, dass es an der Zeit war, und er verstand meine Sicht der Dinge und war sehr freundlich zu mir. In dieser Epoche galt ich als der beste Trainer der Akademie. Helio hatte volles Vertrauen in mich, und seine Schülerinnen hatten nur bei ihm oder bei mir Unterricht.

**KI: Gab es damals schon Graduierungen in Form von Gürteln unterschiedlicher Farben?**

**JAB:** Nein. Wir trainierten damals mit einem dunkelblauen Gurt. Der rote Gurt wurde als Ehrenauszeichnung durch den Verband an große Meister verliehen. All dies kam, weil ich in meiner täglichen Kolummne des „Jornal dos Sports" (Sportjournal) einen Artikel mit der Überschrift „Gegenangriff" veröffentlichte. Während all der Jahre hatte ich eine Politik des gegenseitigen Respekts innerhalb der Kampfkünste verfolgt, und ich schrieb über den Individualismus eines jeden Stils und die Anerkennung der Kampfkünste.

**KI: Erscheint Ihnen das JJ immer noch als die beste „reine" Kampfkunst?**

**JAB:** Nach meinem Verständnis ist es das effizienteste Kampfsystem, denn es vereint alle Kampfformen. Sein System ist zerstückelt worden in Karate, Tae Kwon Do etc., doch es ist ein System des Gleichgewichts, wie das des Judo. Und es ist ein Bodenkampfsystem. Intelligenz und Logik des Systems sind phantastisch, denn alle Kämpfe enden auf dem Boden. Bedauerlicherweise hat unser heutiges Jiu-Jitsu seine Tugenden verloren. Es wurde viel Technik entwickelt, doch nicht im Hinblick auf ein schnelles Beenden des Kampfes, so dass es heutzutage einem speziellen olympischen Freistilringen mit Greiftechniken ähnelt. Hin und wieder sieht man einen Fußhebel, oder einen Bein- und Kniehebel. Man hat zum Beispiel das System der Würgetechniken mit Kimono vergessen. Ich sehe niemanden mehr mit diesen Würgetechniken gewinnen. Egal ob „Montada" oder nicht, ich sehe das nicht mehr. Die Beinhebel sind vom modernen JJ vergessen und als „JJ der unteren Stadtviertel" abgetan worden. Ich möchte Dir gerne Beinhebel zeigen, in jeder Position. In jeder Position die Du magst, werde ich bei Dir einen Beinhebel anbringen.

**KI: Wen würden Sie als größten Kämpfer aller Zeiten und den Besten der Moderne bezeichnen?**

**JAB:** Wir haben mehrere große Kämpfer zurzeit. Doch wer mir als wahre Revolution erscheint, ist Wanderlei da Silva, der für mich der Modellathlet des Vale-Tudo ist. Wenn er in den Ring tritt, ist er wie ein Mike Tyson. Er kämpft um zu siegen. Es scheint, dass er eine Philosophie des Angriffskampfes hat, basierend auf dem Traumatisieren seiner Gegner, wie im Muay Thai, doch er hat auch technische Kenntnisse aus dem Wrestling und trägt den dunkelvioletter Gurt im Jiu-Jitsu.

Der größte Kämpfer aller Zeiten? Ich möchte mehrere nennen: Carlson Gracie, er war ein Monster, Helio, Vigio, der exzellent war, Robson Gracie, der in seiner Klasse unbezwingbar war, und natürlich Rickson und Royce, die die Welt ins Staunen versetzten.

**KI: Viele Leute glauben, dass Sie und Cesar Maia (der damalige Bürgermeister von Rio de Janeiro; Anm. der Redaktion) schuld daran sind, dass der internationale Vale-Tudo von 1995, in dem Rickson in Rio kämpfen wollte, nicht zustande kam. Was geschah damals wirklich?**

**JAB:** Als Scorzelli Rickson nach Brasilien bringen wollte, um den internationalen Vale-Tudo zu veranstalten, rief er mich an, und lud mich ein, als Schiedsrichter mit dabei zu sein, wenn Rickson gegen den

Gewinner der Veranstaltung kämpfen würde. Ich riet ihm deswegen, dass er vorher einen nationalen Kampf machen sollte, damit ein weiterer Brasilianer an der internationalen Veranstaltung teilnehmen könne (und dessen Sieger sich Rickson stellen sollte). Ihm gefiel diese Idee, und Scorzelli sagte mir, dass er mich am Ende der internationalen Veranstaltung bezahlen wolle. Er sagte mir, dass Bürgermeister Cesar Maia als Schirmherr fungieren und die Athleten und mich bezahlen würde. Eine Sache, die, wie ich später feststellen musste, nicht wahr war, denn Cesar Maria hatte Scorzelli kein Geld zugesagt. Zum Schluss befanden wir uns in der peinlichen Situation, die damals zu Tage trat. Ich versuchte immer noch, einige Probleme zu lösen, die nicht in meinem Aufgabenbereich lagen, doch es war unmöglich, da ich keine Autorisierung dafür hatte. Ich war lediglich ein technischer Verantwortlicher für das unmittelbare Kampfgeschehen. So wie alle Welt sah auch ich mich vereiert. Trotzdem zahlte ich aus meiner eigenen Tasche viele Kämpfer aus, die kein Geld erhalten hatten. Scorzelli hätte zahlen müssen, nicht ich! Er zahlte mir nicht die versprochenen 40.000 US-$ Grundgehalt, und selbst bis heute habe ich keinen Cent davon gesehen.

**KI: Weswegen machten Sie dann nach all dem Ärger den UVF in der Metropolitan?**

**JAB:** Nach all dem Geschehenen dachte ich mir, dass ich etwas tun müsste, um den Ruf für Rio und Brasilien zu erneuern, als Miura auf mich zukam. Er wollte Kämpfe in Brasilien und Japan austragen. Wir machten einen Vertrag und veranschlagten drei Veranstaltungen im Metropolitan und eine in Japan. Das war, als ich damals Carlao, Wallid, The Pedro, Hugo, Johil, Ebenezer und andere bei mir hatte, die zum ersten Mal in Japan kämpften.

**KI: Wie geschah es, dass Sie der Vertauensmann des Shooto in Brasilien wurden?**

**JAB:** Flavio Behring, der ein Schüler von mir in der Akademie Gracie und ein guter Freund war, kontaktierte einen japanischen Reporter (Manato Takashima), der dann nach Brasilien kam, um das Land kennen zu lernen, und er kam zu mir, um sich über die Geschichte des Jiu-Jitsu in Brasilien zu informieren. Er kam mit seiner Frau in mein Haus und machte eine Reportage mit mir. Durch Miura und Takashima, der meine Verbindungen zum Shooto erheblich stärkte, war es möglich, dass wir einen internationalen Vale-Tudo auf die Beine stellen konnten, der bewies, dass Brasilianer in Japan kämpfen konnten.

**KI: Wen haben Sie als Repräsentant des Shooto nach Japan geschickt?**

**JAB:** Ich habe viele geschickt. Alexandre Pequeno, ein großer Meister, der in Japan für 1.000 US-$ zu kämpfen anfing. Intelligenterweise verstand er genau, was zu tun war und wie er sich zu verkaufen hatte. Heute ist er einer der bestbezahlten Kämpfer und hält seit mehr als zwei Jahren den Meistergürtel inne. Brasilien sollte vor ihm den Hut ziehen, denn er ist der beste Kämpfer der kleinen Klassen. Brasilianer sind dem Japaner körperlich sehr ähnlich. Beide gehören zu keinem großen Volk, eher zu einem kleinen. Es fehlen kleine Idole, und keine Saurier wie wir sie sonst sehen. Die Kämpfe der kleinen Klassen sind technisch viel phantastischer als die der großen und auch viel dynamischer.

**KI: Sie geben keinen Unterricht mehr im Jiu-Jitsu, nicht wahr?!**

**JAB:** Nein. Ich habe 1980 damit aufgehört, doch mein Bruder, Alvaro Barreto, hat noch seine Akademie an der Copacabana. Heutzutage widme ich mich anderen Dingen. Ich bin Rechtsanwalt und

Sportpsychologe, Koordinator und Lehrer der Universität „Veiga de Ameida", bin anerkannt in angewandter Psychologie, Professor der körperlichen Ausbildung des Militärs an der UFRJ, in der Schule für Körpertüchtigung und in der PUC. Ich bin kurz davor ein Buch herauszugeben: „Psychologische Vorbereitung von Spitzenathleten". Ebenso bin ich Präsident der SOPERJ (Psychologische Sozietät des Sports des Staates Rio de Janeiro).

**KI: Stimmt es, dass Sie vor Rorion in die USA gingen?**

**JAB:** Ja. Das war im Jahr 1963. Ich war der erste Brasilianer, der den Yankees Gracie Jiu-Jitsu zeigte, denn das Brasilianische Jiu-Jitsu ist Gracie. Ich kämpfte im YMCA in Washington, gab in West Point eine Vorführung, beim FBI, in der Seeakademie in Anapolis und im New York Athletic Club, wo ich zwei Herausforderungen gewann: Jiu-Jitsu vs. Judo (gegen einen Polizisten des Staates New York) und Jiu-Jitsu vs. Karate (gegen einen französischer Meister). Als Rorion in die USA ging, bat mich mein Großmeister Helio Gracie darum, ihm ein Empfehlungsschreiben auszustellen, das ich dann auch auf Englisch anfertigte und ihm mitgab. Jahre später erinnerte er sich daran und lud Helio, Vigio und mich ein, Schiedsrichter in der ersten Ausgabe der Ultimate Fighting Championship zu sein.

**KI: Wie würden Sie die Geschichte des Vale-Tudo in Brasilien unterteilen?**

**JAB:** In drei Phasen: die erste mit Helio Gracie zwischen 1930 und 1943. Damit begann das allgemeine Interesse für einen neuen Kampf, und Jiu-Jitsu war das effektivste Kampfsystem der Welt und konnte sich mit jedem anderen Kampfstil messen. Dank dieser Tatsache konnte man zu jener Zeit auch die ersten wahren Kämpfe auf Veranstaltungen sehen. Helio und Carlos verteidigten immer die Ehre der Kämpfe. Dann kam die zweite Phase zwischen 1950 bis 1960, die mit jenem Vale-Tudo in Oros begann, zu dem ich von der Familie Gracie geschickt wurde. In dieser Phase kamen auch Carlson, Robson und Vigio auf. Die letzte Phase begann 1980, mit jenen persönlichen Herausforderungen (JJ gegen Muay Thai, JJ gegen Freistilringen usw.), die damit das Vale-Tudo erneut in Brasilien einführte. Was danach kam, weiß jeder: Rorion Gracie brachte den Vale-Tudo in alle Welt, machte den Ultimate Fighting, der seinen Bruder Royce unsterblich machte.

# Carlson Gracie
# Eine Legende im Vale-Tudo

Tapferkeit, Ausgeglichenheit und eine großartige Technik. Dies sind die Charakteristiken, die Carlson Gracie bei seinem Debüt in einem Kampf gegen einen 30 kg schwereren Gegner auf Betonboden vorzeigte.

Dank dieser Fähigkeiten blieb Carlson Gracie über 20 Jahre hinweg in 19 Kämpfen für den Namen der Familie Gracie unbesiegt. Bis heute ist noch kein anderes Mitglied der Familie so oft in den Ring gestiegen wie er. Aber auch außerhalb des Rings ist er erfolgreich. Auch wenn sie nicht mehr mit ihm auf einer Wellenlänge liegen, so ist doch ein großer Teil der brasilianischen Kämpfer der NHB-Szene direkter oder indirekter Schüler von Carlson Gracie, so z.B. Minotauro, Ze Mario Sperry, Murilo Bustamante und Vitor Belfort.

**Kampfkunst International: Was denkst Du über die Idee von Stadtrat Arselino Tato, den Vale-Tudo in Sao Paulo zu verbieten?**

**Carlson Gracie:** Das ist absurd. Dieser Typ will nur, dass man über ihn redet. Jeder weiß, dass Brasilien eines der Länder in der Welt ist, aus dem die besten Kämpfer kommen. Wie will also jemand diese Sache unterbinden? Das ist, als ob man in den USA Basketball abschaffen wollte. Völlig absurd!

**K.I.: Sprechen wir doch über Deine Anfänge in den NHB-Kämpfen. Stimmt es, dass Du Dein Debüt gegen Valdemar hattest?**

**C.G.:** Nein. Viele glauben das zwar, aber dem ist nicht so. Ich kämpfte erst gegen Valdemar, nachdem ich bereits mehrere Kämpfe bestritten hatte. Mein erster Kampf ging gegen Capoeira, einem der stärksten Kämpfer aus Rio. Er war Mitglied in der Mannschaft von Cirandinha, in Leblon. Das waren Menschen, die dauernd Ärger machten und immer mit dem ganzen Stadtviertel im Streit lagen, sie schüchterten alle ein. Ein Vater gab ein Fest für seine 15 jährige Tochter und sie kamen und beendeten das Fest auf ihre Weise. Deswegen entschied ich mich, einen von ihnen herauszufordern. Ich war erst 17 Jahre alt, weswegen mein Vater mein Alter ändern musste, wodurch ich plötzlich 21 wurde. Wir kämpften auf einem Hof mit Betonboden, hinter dem Feld „Campo del Vasco", in Sao Januario. Ich gewann schnell, ohne unten liegen zu müssen. Wir kamen ins Grappling, ich fiel auf ihn, durchbrach seine Deckung, gab

*Er feiert die ersten Panamerikanischen Meisterschaften im Jiu-Jitsu mit seinen Schülern Wallid, Belfort und Mannschaft (1995).*

danach alles und schaffte die Submission. Danach verpasste ich ihm eine Serie von Faustschlägen. Der Kampf dauerte vier oder fünf Minuten.

**K.I.: Wie kam es zum Kampf zwischen Helio und Valdemar?**

**C.G.:** Valdemar repräsentierte die Akademie 20 Jahren lang. Er war wirklich ein harter Brocken und wir waren gute Freunde. Er brauchte

Geld und lernte just einen Veranstalter kennen. Damals gab es schon den Aluminiumpalast, wo die Kämpfe im Pro-Wrestling stattfanden. Valdemar wurde von einigen der dortigen Athleten herausgefordert und nahm an. Es war ein echter Kampf und verlieh ihm einen guten Ruf. Doch man erzählte Helio davon und dieser sagte, dass es an diesem Ort nur getürkte Kämpfe gebe. Valdemar sagte ihm, dass er Geld bräuchte, denn seine Mutter hätte Probleme, und wenn Helio ihm das benötigte Geld gebe, dann würde er nicht kämpfen. Aber es kam anders und er kämpfte. Als Konsequenz daraus warf ihn Helio aus der Akademie, hieß ihn alles Mögliche, und das war dann auch der Grund für den angesprochenen Fight.

**K.I.: Wie war der Kampf zwischen Helio und Valdemar?**

**C.G.:** Helio benahm sich wie ein Held, kämpfte drei Stunden und vierzig Minuten. Ohne Unterbrechung! Es gab keine Runden. Helio gab alles was er hatte. Er war 44 oder 45 Jahre alt und Valdemar war ein Tier, 24 Jahre jung und sehr gut trainiert. Es war fast ein Straßenkampf. Ich war der Erste, der in den Ring stieg, mit gerade mal

fünfzehn Jahren. Helio war ein Held. Er kämpfte mehr als drei Stunden mit diesem Typen. Auch wenn er den Kampf verlor, so wurde er doch zum Helden. Nach dem Kampf sprach ich mit Valdemar: Du bist mir sehr sympathisch, doch Du bist zu einem Problem für mich geworden. Jetzt müssen wir kämpfen. Im Ring musst Du aufpassen, denn dort werden wir Feinde sein. Zu dieser Zeit war ich der einzige Mann, der die Familienehre verteidigen konnte, alles andere waren Frauen. Da war zwar noch Robson, der so alt wie ich und ein guter Kämpfer war, doch er war zu leicht mit seinen 56 kg. In seiner Klasse kämpfte er viel und besiegte jeden. Er war wirklich gut. Aber klar war, dass er sich mit niemandem messen konnte, der 90 kg oder 100 kg wog, so wie ich das konnte. Deswegen verteidigte ich die Familie Gracie zwanzig Jahre lang in neunzehn Kämpfen.

**K.I.: Wie war der erste Kampf zwischen euch beiden?**

**C.G.:** Dieser Kampf wurde groß beworben und wir füllten das Stadion Maracanazinho mit 20.000 Zuschauern. Weitere 5.000 Fans mussten

VITÓRIA DA TÉCNICA SÔBRE A FÔRÇA BRUTA

Na noite de sábado, no Maracanã, os Gracies puderam tirar, através de Carlson, uma forra de Waldemar Santana. Numa luta que empolgou a cidade, o filho de Carlos pôde mostrar que a técnica vence a fôrça bruta. O jovem lutador, de fato, após 4 «rounds» de uma competição que deveria durar seis, surrou o «Pantera Negra» de tal maneira que êste teve de desistir da contenda. Vemos na gravura, da esquerda para a direita, duas fases da luta, e Carlson, limpinho, sem um arranhão, sendo carregado por fãs, após o extraordinário sucesso

A NOTICIA

EDIÇÃO MATUTINA

*„A Noticia", eine Brasilianische Zeitung jener Zeit, schreibt auf der Titelseite über den Sieg von Carlson gegen Valdemar.*

***Der erste Sieg von Carlson über Valdemar füllte das Maracanãzinho im Jahr 1956 mit mehr als 20.000 Zuschauern, was ihm mehrere Berichte auf den Titelseiten der Brasilianischen Zeitungen einbrachte.***

draußen vor dem Stadion warten. Der Kampf war auf sechs Runden mit je zehn Minuten angesetzt. Wir kämpften 39 Minuten und es war ein erbitterter Kampf. Ich machte ihn alle, warf ihn aus dem Ring und er kehrte nicht zurück. Er verlor eine Minute vor Ende der vierten Runde. Der Kampf begann stehend, im Schlagabtausch und mit einigen Tritten hier und da. Er brachte mich einmal zu Boden. Ich stieß ihn von mir und stand auf. Dann gab es weitere Tritte und Schläge. Der Kampf wurde wirklich erbittert geführt. In der dritten Runde bemerkte ich, dass er schwächer wurde. Ich kämpfte insgesamt sechs Mal gegen Valdemar. Viermal gewann ich und zwei Mal gab es ein Unentschieden. Ich glaube, zwei Kämpfe gewann ich durch Schiedsentscheid. Valdemar war ein wirklich schwerer Gegner. Wir hatten zwei Unentschieden, weil wir keine Schiedsrichter hatten. Wären welche anwesend gewesen, so hätte ich alle sechs Kämpfe gewonnen. Er war immer so schlüpfrig mit seinen Techniken und sehr geschickt.

**K.I.: Stimmt es, dass Du den Bodenkampf bevorzugt hast?**

**C.G.:** In den 19 Kämpfen musste ich mich nur einem stellen, der leichter war als ich, weswegen ich immer auf dem Boden landete, obwohl es auch dort niemand geschafft hat, mich zu bezwingen.

**K.I.: Welcher Stil ist heutzutage Deinem am ähnlichsten?**
**C.G.:** Der Stil von Minotauro. Er greift immer vom Boden aus an und ist im Stand sehr aggressiv. Ich denke, dass der Stil von Minotauro dem meinigen sehr ähnlich ist. Er hat von Assad gelernt, der ein Schüler von De La Riva ist, und seine jetzigen Lehrer, auch wenn es Verräter sind, sind es gute Lehrmeister und wurden von mir ausgebildet. Minotauro ist zurzeit einsame Spitze, der weltbeste Kämpfer. Er hat eine außergewöhnliche Technik und ist auch noch sehr stark.

**K.I.: Nach dem Kampf mit Capoeira, wer war der nächste an der Reihe?**
**C.G.:** Der zweite Kampf ging gegen Passarito, einem sehr starken Typen, einem Champion aus dem brasilianischen Freistilringen, der ebenso Brasilianischer Meister im Judo und Brasilianischer Boxmeister war. Stell Dir nur vor, welchem Monster ich entgegentrat! Er wog 96 kg und ich nur 72 kg. Das Ergebnis war ein Unentschieden. Der Kampf fand hinter dem Maracana statt. Eine Stunde Kampf und keiner gewann. Zu Beginn des Kampfes wurde ich auf die Tatami geworfen und verletzte mir dabei das Genick, doch niemand bemerkte etwas. Ich verbrachte 90 Tage mit einer Halskrause. Dies war mein erster Kampf mit Passarito. Der nächste ging auch gegen ihn. Die Kampfregeln lauteten: Kampf bis zur Aufgabe, jede Runde á 30 Minuten. Der Kampf dauerte zweieinhalb Stunden! Als er aufgab, konnte er nicht mehr laufen. Ich hatte ihn regelrecht zerstört und der Kampfrichter ließ ihn nicht weiter kämpfen. Er verbrachte zwei Wochen im Krankenhaus. Zwei Wochen Krankenhaus mit Sauerstoffbehandlung, um sein Leben zu retten. Ich habe ihn dann dort besucht.

**K.I.: Weshalb bezeichnest Du Ivan Gomes als Deinen größten Gegner?**
**C.G.:** Weil es der einzige Kampf war, wo ich wirklich in Gefahr war. Er war ein unglaubliches Monster. 100 kg Muskeln und ein riesiges Kämpferherz. Ich denke, würde er heutzutage noch kämpfen, würde es für jeden eine schwierige Sache werden.

**K.I.: Glaubst Du, er könnte auch jemanden wie Wanderlei besiegen?**
**C.G.:** Er war wesentlich schwerer als Wanderlei. Er wog 100 kg. Er würde ohne Zweifel gewinnen. Er war sehr stark, ein echtes Monster, ein Verrückter.

**K.I.: Wie war der Kampf mit ihm?**

**C.G.:** Ich lernte ihn im Ring kennen, in der Stadt Recife. Das war 1968 und ich war 22 Jahre alt. Das einzige, was ich wusste, war, dass er ein Schüler von meinem Onkeln Jorge gewesen war und bereits viele Siege errungen hatte. Durch seine Erscheinung (1,74 m/ 100 kg) dachte ich zuerst, dass er einfach nur dick sei. Ich erinnere mich, dass er in den Ring stieg, sein Cape auszog und mein Vater von seinem Körper schwer beeindruckt war. Er glich dem „Unglaublichen Hulk". Der Kampf ging bis zum Letzten, drei Runden mit je zehn Minuten pro Runde, von Beginn bis Ende mit Vollgas. Stehend, am Boden, stehend, usw. Ein sehr gewalttätiger Kampf. Ich trat so heftig gegen sein Bein, dass er für eine Woche im Krankenhaus landete. Das sagte er selbst später zu mir, und auch, dass seine Beine einen Monat lang Blutergüsse gehabt hätten. Auch meine Beine waren voll mit Wasser durch die vielen ausgeteilten Tritte. Das war wirklich ein schwerer Kampf für mich, doch ich hatte ihm etwas voraus und gewann so durch Punkte.

**K.I.: Wie wurdet ihr Freunde?**

**C.G.:** Eines Tages kämpfte er gegen Juanez, einen riesigen Farbigen. Er machte ihn innerhalb einer Minute platt und an diesem Tag rief er mich an und bat mich, dass ich doch zu ihm ins Hotel kommen solle. Dort sagte er mir dann, dass er gerne von mir lernen würde, da er sich immer noch nicht darüber im klaren war, wie ein so dünner Stecken wie ich ihn hatte besiegen können. Er sagte mir, dass er treu sein und mich niemals herausfordern werde. Ich sah ihm an, dass er ein ganzer Kerl war. Danach lud ich ihn nach Rio ein und eröffnete in der Strasse Toneleiros eine Akademie. Ich lehrte ihn und ihm gefiel was ich ihm bot. Er verbrachte zweieinhalb Jahre in Rio und ging später nach Japan.

**K.I.: Wieso nach Japan?**

**C.G.:** Einmal kam eine Gruppe von Pro-Wrestlern und forderte uns heraus. Er stellte sich vor uns und nahm an. Es waren einige der besten ausländischen Kämpfer. Ich glaube es waren an die zwanzig Kämpfer. Ivan und ich nahmen die Herausforderung an, doch sie kniffen schließlich. Deswegen beschlossen wir, zu einer ihrer Trainingsstunden zu gehen, auf einer Terrasse im Stadtviertel von Lapa. Wir gingen dorthin und sagten ihnen, dass wir mit ihnen trainieren wollten. Sie könnten angreifen wie sie wollten und wir würden uns verteidigen. Sie nahmen an.

*Mit seinem Vater Carlos und seinem Onkel Helio Gracie, nach dem Sieg über Cirandinha.*

Am Ende des Trainings hatte Ivan sieben von ihnen platt gemacht und ich acht oder neun. Sie waren absolut beeindruckt von uns und luden uns ein, Teil ihrer Mannschaft zu werden. Ich lehnte selbstverständlich ab, doch Ivan kam aus dem Innern des Staates Paraiba und für ihn war es eine einzigartige Gelegenheit, die Welt kennen zu lernen und er willigte ein, Pro-Wrestling zu machen. Er reiste durch die Welt, machte Pro-Wrestling und auch einige regellose Kämpfe. Er verdiente gut, und später zog er in den Norden Brasiliens, kaufte sich eine Finca und starb dort im Alter von wenig mehr als vierzig Jahren.

**K.I.: Ist es wahr, dass Ivan Dir früh morgens im Training eine Schelte verpassen wollte, wenn Du nachts aus warst?**

**C.G.:** Er hatte immer eine Überraschung für mich parat. Wenn ich mich nicht gut fühlte, wegen Grippe oder so, schlief ich nicht in der Akademie, sondern woanders.

**K.I.: War das auch so, als Joao Alberto Dich erwischte?**

**C.G.:** Helio Gracie war gegen mich und ich war außer Form, weswegen ich erneut begann zu trainieren. Deswegen schnappte mich Joao Alberto. Als ich wieder in Form war, machte ich mit ihm ein echtes Kampftraining. Er machte das gleiche mehrere Male mit mir, doch Joao Alberto ist ein guter Freund von mir.

*Carlson in einem seiner sechs Kämpfe gegen seinen Erzrivalen Valdemar.*

**K.I.: Während der siebzig Jahre Geschichte der Familie Gracie, wie würdest Du die Gewichtung der Familienmitglieder vornehmen?**

**C.G.:** Zuerst kommt mein Vater (Carlos Gracie), denn mit ihm beginnt alles. Zu seiner Zeit besiegte er alles und jeden. So war er auch Boxmeister in der Leichtgewichtklasse, hier in Rio de Janeiro. Danach würde ich Helio Gracie setzen, der auch seine Verdienste hat. Er kämpfte viel, gerade in harten Kämpfen. Danach würde ich mich nennen und dann Royler, denn er hat die härtesten Gegner besiegt. Royler ist ein echter Krieger. Er ist sehr leicht und stellte sich mehrere Male den Schwergewichtlern. Danach würde ich Royce und Rickson benennen. Royce war wichtiger als Rickson, denn er kämpfte gegen die schwierigsten Gegner.

**K.I.: Wer wird in Zukunft den Namen Gracie verteidigen?**

**C.G.:** Da habe ich keine Ahnung. Ich sehe niemanden Vale-Tudo machen. Sie kämpfen nur im Jiu-Jitsu! Es gibt viele Gracies, doch sie kämpfen nicht. Da gibt es Renzo, einen guten Kämpfer. Er kämpfte bereits gegen harte Burschen. Doch in dieser neuen Generation sehe ich keinen, der das könnte. Sie sind gut im Jiu-Jitsu, doch einen, der sich den heutigen Titanen stellen kann, sehe ich nicht. Es gibt viele Gracies, doch ich möchte sie im Ring sehen. Ich habe einen Sohn, doch er ist zu leicht. Er wiegt nur 75 kg. Deswegen glaube ich nicht, dass er das Risiko eingehen wird.

**K.I.: Was bedeutet Helio für die Geschichte des Vale-Tudo?**

**C.G.:** Helio ist ein Mythos, alle wissen das. Er sollte auf einem Podest stehen, regungslos, beobachtend.

**K.I.: Wie ist Deine heutige Beziehung zur Familie Gracie?**

**C.G.:** Ziemlich gut. Es gibt zwischen uns keine Art von Feindseligkeiten. Wir hatten zwar in den Veranstaltungen des Jiu-Jitsu einmal welche, und das ist auch logisch, denn jeder hat seine eigene Akademie. Ich würde jedoch niemals einen Schüler vorbereiten, um gegen einen Gracie im Vale-Tudo zu kämpfen. Da müsste es sich schon um einen besonders speziellen Fall handeln. Doch Jiu-Jitsu ist ein Sport.

**K.I.: Aber wie begann denn überhaupt die Rivalität mit der Familie Gracie, und wann hast Du Dich von ihr getrennt?**

**C.G.:** Ich war wenig älter als zwanzig und hatte mit der damaligen Graduierung acht Kämpfe bestritten. Dann entschied ich, mich mehr zu bewegen und meine eigene Akademie zu eröffnen. Die Rivalität begann jedoch erst, als es ein Problem mit meinem Bruder Rolls gab. Als ich ging fragte ich ihn, ob er mit mir kommen würde. Helio hatte bereits einige Probleme mit mir, warum weiß ich allerdings nicht. Ich glaube, er war neidisch auf meinen Ruf. Danach geschah das mit der berühmten Trainingsstunde. Ein Schüler aus Barrada, Cicero, der ein sehr guter Lehrer in der Akademie war, dominierte Rolls während des Trainings völlig. Er konnte ihn zwar nicht zur Aufgabe bringen, doch in einem Wettkampf hätte er haushoch nach Punkten gewonnen. Danach begann Rolls, mit mir zu trainieren. Er hätte eigentlich in der Akademie von Helio unterrichten sollen, stattdessen trainierte er mit mir. Und er wurde zu einem echten Phänomen. In seiner Gewichtsklasse gab es niemanden, der im

*Valdemar Santana und Ivan Gomes, die beiden schwierigsten Gegner von Carlson Gracie.*

**Das Carlson Team. 1994 hatte Carlson das beste Kämpferteam Brasiliens um sich geschart. Heutzutage möchte der Meister einen neuen Mannschaft mit Nordamerikanern schaffen.**

Jiu-Jitsu besser war als er. Er war wesentlich besser als Rickson. Sie trainierten immer auf Wettkämpfe und Rolls gewann immer. Helio ärgerte sich darüber. Rickson war gut, doch Rolls war einfach besser. Damit begann die Rivalität. Außerdem wurde damit begonnen, die Wettkämpfe zu klassifizieren. Man ließ nur zwei Kämpfer pro Akademie zu und ich gehörte zur Akademie Gracie. Und was geschah bei den Ausscheidungskämpfen? Nur mein Schüler klassifizierte sich. Alle von mir hätten gewinnen können, doch man ließ nur zwei zu. Doch damals gab es nur die Akademie von Helio Gracie in der Stadt, meine war in Copacabana. Später überzeugte Helio meinen Bruder Rolls und er trennte sich von mir. Er lebte mit Helio und begann, dessen Methoden in meiner Akademie einzuführen. Ich sagte ihm aber, dass ich nur meine

Methoden zulassen würde. Da wir Teilhaber waren, entschieden wir uns, die Akademie zu teilen. Er gab dreimal die Woche Unterricht in einem der beiden Räume der Akademie. Er wählte für sich die besten Tage. Montag, Mittwoch, Freitag trainierte er im oberen Raum und Dienstag, Donnerstag und Samstag im unteren. Später, bei den Ausscheidungskämpfen, gewannen nur meine Schüler. Dadurch begannen auch Rivalitäten zwischen den Schülern, weswegen ich entschied, damit aufzuhören, lediglich ein Gracie zu sein, und setzte meinen Namen auf meine Akademie. Dadurch konnten auch seine Schüler Vorkämpfe gewinnen.

**K.I.: Was waren die echten „Klassiker" unter den Kämpfen der Schule Gracie bzw. Carlson?**

**C.G.:** De La Riva vs. Royler, Clovis vs. Royler, Marcelo Behring vs. Cassio Cardoso, Wallid vs. Royce,. Cassio verlor in seinem ersten Kampf gegen Behring durch Punkte, und im zweiten Kampf, der eine Stunde andauerte, gewann er locker. Ich erinnere mich, dass mir Royler eine unvernünftige Nachricht zuschickte. Er war Federgewicht und ich hatte keinen Schwarzgurt in dieser Klasse, der mit ihm hätte kämpfen können. Er sagte, dass er in den nächsten Kämpfen auch im Leicht- bzw. Mittelgewicht starten und alle meine Schüler besiegen würde. Ich antwortete ihm, dass ich zwei Braungurte hätte, die kurz vor dem Schwarzgurt stehen, und die ihn besiegen könnten. Deswegen verlieh ich De La Riva den höheren Grad und der besiegte ihn locker nach Punkten. De La Riva kämpfte dreimal gegen ihn und siegte zweimal, das dritte Mal wurde er betrogen.

**K.I.: So wie Du sprichst, siegst Du immer. Nenne mir doch einmal einen Kampf, bei dem Du verloren hast.**

**C.G.:** Niemand kann alle besiegen. Natürlich habe auch ich verloren. In 100 Kämpfen gegen die Akademie Gracie dürfte ich aber ca. 95 gewonnen haben.

**K.I.: Rickson hat niemals gegen einen Deiner Schüler gewonnen?**

**C.G.:** Rickson hat immer gewonnen. Doch er war immer schwerer. Von meinen Schüler kämpfte er lediglich gegen Peixotinho und Buchau.

*Carlson mit Wallid in der Ecke von Navalhada.*

Peixotinho ging in seine Klasse hoch und Rickson in die absolute. Vor dem Kampf mit ihm absolvierte Peixotinho drei Kämpfe je zehn Minuten und gewann alle. Rickson hatte hingegen nur einmal gekämpft, lediglich eine Minute lang. Danach stellte er sich Peixotinho. Als ich mit Helio sprach, der damals der Präsident der Federation war und ihm sagte, dass ich jemanden hätte, der mit Rickson im ersten Kampf hätte kämpfen können, schwieg er zuerst und sagte danach, dass ich mich an die Regeln zu halten hätte. Ich protestierte und argumentierte, dass Rickson nun gegen einen bereits müden Mann antreten werde, doch er ging nicht darauf ein. Was hätte ich machen können? Mein Mann hielt acht Minuten durch, dann erwischte ihn Rickson mit einer Submission.

**K.I.: Bist Du zu Deiner Zeit auch in andere Schulen gegangen um andere Stile herauszufordern?**

**C.G.:** Nur einmal. Taekwondo-Meister Lee demütigte einmal einen kleinen Jungen, der bei uns trainierte. Er gab ihm eine Ohrfeige, deswegen trafen wir uns. Joao Alberto wollte ihm eine Abreibung verpassen, doch es geschah nichts. In einer solchen Situation mussten wir einfach in die Schule gehen und dem Typen eins auf die Nase geben. Das soll ein Lehrer sein, der ein Kind schlägt, nur weil es eine andere Kampfkunst betreibt als er? Der Vater des Jungen war beim Militär und wollte den Koreaner mit einer Waffe töten. Ich sagte zu diesem Vater, dass er das nicht bräuchte, sondern dass wir das auf unsere Weise machen würden.

**K.I.: Wie hast Du gegen Euclides Pereira verloren?**

**C.G.:** Ich habe gewonnen, auch wenn das Schiedsgericht ihm den Sieg zusprach. Das war mein vorletzter Kampf. Euclides hatte Waldemar besiegt, doch immer gegen Ivan Gomes verloren. Ich hatte klare Vorteile, schnappte ihn in der ersten Runde von hinten, doch er flüchtete sich außerhalb des Rings. Dort blieb er eine Weile, um sich auszuruhen, was bis zur Bahia protestierend aufgenommen wurde. Das ganze geschah in Fonte Nova, im Zentrum des Stadions.

**K.I.: Wie ist das heutzutage mit Deiner Mannschaft?**

**C.G.:** Ach ja, ich bin über die brasilianischen Kämpfer schon enttäuscht, nachdem man mich so verraten hat. Doch ich trainiere z.Z. eine Mannschaft von sechs bis sieben Kämpfern. Danach gehe ich nach Los Angeles und Chicago, wo ich möglicherweise zehn Monate bleiben werde, um die Kämpfer von meinem Sohn zu trainieren (Carlson Jr.). Wir werden diese in aller Ruhe auswählen, denn hier gibt es schon zu viele Verräter. Wir trainieren diese Menschen und später hintergehen sie uns. Über die brasilianischen Kämpfer bin ich sehr enttäuscht. Mit Ausnahme dieser Gruppe, die ich momentan betreue. Ich werde mit ihnen einen Vertrag machen, schriftlich, gefilmt und fotografiert. In den USA haben die Schüler noch richtig Freude und ich werde sie trainieren, damit sie die Lügner hier in Brasilien besiegen werden.

**K.I.: Nenne uns doch einige Namen des neuen Teams um dich.**

**C.G.:** Wir haben Baruk (80 kg), Diego (80 kg), Assad (70 kg), Gustavo, einen alten Schüler von „Big Head" (Braungurt), der mich im Training wirklich beeindruckt. Er wiegt 100 kg reine Muskelmasse. Dann haben wir noch Navalhada, Wallid, Jacao (70 kg), Bratt (88 kg), Violettgurt und ein wahres Phänomen. Dann haben wir noch Pimpolho, Abi Rihan u.v.m. Auch die Mannschaft für das Jiu-Jitsu kommt gut voran.

Wenn ich hier bin, trainiere ich diese Leute und wenn ich reise, dann macht das Manimal, De La Riva, Casquinha, Osiris oder Assad.

**K.I.: The Pedro trainiert nicht bei Dir?**
**C.G.:** Nein. Ich habe nichts gegen ihn, er ist ein sehr sympathischer Mensch. Er ging nach Russland, um dort zu kämpfen, dort mögen ihn alle. Aber er ist nicht Teil der Mannschaft Carlson Gracie.

**K.I.: Stimmt es, dass man Dich eingeladen hat, Marcelo Novaes zu trainieren, damit er gegen Vitor in der TV-Serie „Der Klon" kämpfen kann?**
**C.G.:** Das haben die Tageszeitungen so veröffentlicht, doch mich hat man bisher noch nicht darum gebeten... Ich denke allerdings, dass dies eine interessante Sache wäre.

**K.I.: Aber im wirklichen Leben hat man Dich eingeladen, um Chuck Lidell und Tito Ortiz zu trainieren, damit diese gegen Murilo und Vitor kämpfen können, nicht wahr? Was geschah genau?**
**C.G.:** Ich nahm nicht an. Ich war zwar bereit, sie zu trainieren und bin mir sicher, dass sie gewonnen hätten, doch wir kamen zu keiner vernünftigen Übereinkunft. Außerdem verletzte sich Vitor und konnte sowieso nicht kämpfen. Doch eine Woche vor dem Kampf sprach ich mit Fabiano Iha, und der gab alle Ratschläge an Chuck weiter, damit dieser Murilo schnappen konnte. Er machte exakt das, was ich ihm geraten hatte, und gewann den Kampf.

**K.I.: Einmal hast Du gesagt, dass Du gesehen hättest, wie Tito Ortiz trainiert, und wenn er nicht mit Dir trainieren würde, dann würde Vitor den Kampf gewinnen.**
**C.G.:** Genau so war es. Bei diesem Training sah ich, dass er ein unglaubliches Potential hat und sehr beweglich ist. Doch im Stehen ist er technisch überhaupt nicht gerüstet. Zum anderen ist Vitor heutzutage vollkommen steif. Er hat so viele Steroide genommen, dass er das, was er einmal machen konnte als er noch mit mir trainierte, überhaupt nicht mehr hinbekommt. Ich weiß nicht, was geschehen ist, aber Tito Ortiz ist kein schlagkräftiger Puncher wenn er steht. Wenn er gegen Vitor kämpfen wird, so habe ich eine Strategie für ihn parat, damit er Vitor fertig machen kann. Ich bin mir darüber absolut sicher.

**K.I.: Stimmt es, dass in Deiner Zeit die Tageszeitungen Deine Kämpfe auf das Titelblatt setzten und Du und Helio gerne bei Politikern gesehen wurdet?**

**C.G.:** Ja, das stimmt. Damals dachten die Leute in Rio an nichts anderes. Wir kamen im „Diario da Noite", im „Ultima Hora", „Diario de Noticias" und auch im „Jornal dos Sports" groß raus. Sogar Figueiredo war ein Fan von mir. Einmal ging ich ins „Barra Grill" und er hatte eine ganze Gruppe um sich versammelt. Er stand auf und kam zur Begrüßung auf mich zu. Er sagte mir, dass ich der einzige Mensch sei, für den er aufstehen würde um zu reden. Das gleiche passierte mir zu Beginn meiner Karriere mit Jango Goulart. Er kam sogar, um meine Kämpfe zu sehen. Andreazza war auch ein großer Freund von Helio. Er trainierte bei ihm in der Akademie.

**K.I.: Warum erfahren Deiner Meinung nach Weltmeister wie Minotauro oder Wanderlei nicht die gleiche Aufmerksamkeit von der Presse wie Du damals?**

**C.G.:** Damals war das ein Nationalfieber. Ich denke, wir sollten den Namen der Sache ändern, denn man gibt nicht alles. Alle Kämpfe haben ihre Regeln. Auch zu meiner Zeit gab es welche. Tiefschläge, Beißen, Angriffe zu den Augen, etc. waren verboten. Deswegen gab es auch niemals einen Toten oder Schwerverletzte. Egal, ob es sich um einen Wettkampf der Kampfkünste oder um ein sogenanntes Turnier im „Free Fight" handelte. Wir müssen den Namen der Sache ändern.

**K.I.: Was denkst Du über „Die Helden"?**

**C.G.:** Es ist alles gut am Laufen. Dieses Jahr gedenke ich vier Veranstaltungen der „Heroes" (Helden) zu machen. Agora verhandelt nur mit anständigen Leuten. Das letzte Mal wurde ich hereingelegt. Niemand zahlte mich aus. Ich flog in die USA, um die Kämpfer zu bezahlen und machte mehrere Lehrgänge. Ich verlor dabei 9.000 US-$. Möglicherweise richte ich die nächste Veranstaltung selbst in Bahia oder in Pocos de Caldas aus.

KIMONOS

# Renzo Gracie

Mit dem Namen Gracie geboren zu werden, und das auch noch in der gleichen Generation wie Rickson und Royce, ist kein leichtes Los. Falls doch, was würde Renzo Gracie dazu sagen? Nachdem seine Vettern die weiche Kunst des BJJ populär machten, indem sie alle Gegner von Japan bis in die USA besiegten, wurde Renzo der aktivste Kämpfer der Familie.

Unerschrocken und immer auf der Suche nach neuen Herausforderungen hat er sich niemals seine Gegner ausgesucht, sondern sich allen gestellt, den besten Kämpfern seiner Zeit, wie Maurice Smith, Taktarov, Sakuraba und Dan Henderson, so dass er heute einen unvergleichlichen Rekord von 17 Kämpfen mit nur 3 Niederlagen verzeichnen kann.

Mit nur einem Kampf weniger als sein Onkel Carlson und noch weit davon entfernt, Rentner zu werden, hat Renzo das Zeug dazu, in die Geschichte einzugehen als der Gracie mit den meisten Kämpfen im Vale-Tudo.

Er lebt seit sieben Jahren in New York, doch zu den VII. Weltmeisterschaften im Jiu-Jitsu reiste er nach Rio de Janeiro. Unser Korrespondent vor Ort nahm die Gelegenheit wahr und interviewte ihn.

**Kampfkunst International: Wie beginnt ein Gracie zu trainieren?**

**Renzo Gracie:** Ich begann zu Hause, mit meinem Vater (Robson Gracie, anm. der Redaktion), spielend, im Alter von fünf Jahren. Mein Vater gab Unterricht in der Akademie Gracie, und meine Mutter begann, mich öfter dorthin zu bringen. Nach Hause kam ich dann immer mit meinem Alten. Es war wie ein Spiel. Später trainierte ich dann mit meinem Onkel Rolls. Mit ihm übte ich, bis ich den Orangegurt hatte, dann kam er bei einem Unfall mit dem Flugdrachen ums Leben. Danach trainierte ich mit Carlinhos weiter, der eigentlich mein richtiger Meister ist. Carlinhos gab mir auch den Schwarzgurt. Aber ich erinnere mich liebevoll an Rolls, und das tue nicht nur ich, sondern alle seine Schüler.

**K.I.: Welches sind die wichtigsten Kämpfe, die du als Schwarzgurt bestritten hast?**

**R.G.:** Als Schwarzgurt machte ich gute Kämpfe. Ich hatte das Glück, mich mit guten Leuten treffen zu können, wie Alexandre Paiva (Alliance), Wallid. Gegen Murilo Bustamante trat ich nicht an, da wir nicht die gleiche Gewichtsklasse hatten. Ich machte einen guten Kampf gegen Castello Branco, ich wog 66kg und er 93kg (Gelächter); das war in der „Absoluto". Der Kampf ging 2:0 für ihn aus. Einer, der am besten in Erinnerung gebliebenen Kämpfe war das Finale der Brasilianischen Meisterschaft 1993 gegen De La Riva. Dieser Kampf nahm mich echt mit. Ich gewann mit einem Raspado, es fehlten nur noch zwei Minuten bis

*Der Kampf mit Eugenio Tadeu im Pentagon Combat (1996).*

zum Ende. Da wir gerade über De La Riva sprechen, es war eine Augenweide, ihn mit seinen 38 Jahren zu sehen. Er kämpfte in seiner letzten WM mit einer unglaublichen Jugendlichkeit. Es gefiel mir echt, mit ihm zu kämpfen. Heutzutage gibt es so viele eisenharte Gegner, ohne Ende! Fredson Paixao hatte einen echten Klotz von Typen vor sich, und so kämpfte er richtig gut. Er kontrollierte die ganze Zeit die Situation, in einigen Momenten hatte er Angst. Nach dem Kampf sagte ich ihm, dass es mir so gefallen hatte, ihn kämpfen zu sehen, dass ich mir am liebsten meinen Kimono angezogen und selbst gekämpft hätte.

**K.I.: Was hat dir an dieser letzten WM am meisten gefallen?**

**R.G.:** Jacare, der hat mir gut gefallen. Schon seit langer Zeit komme ich nicht mehr hierher. Seit 1995 habe ich keinen Wettkampf mit Kimono in Brasilien mehr gesehen. Den einzigen, den ich zu Gesicht bekam, war Saulo. Pe de Pano habe ich noch nie im JJ gesehen, nur in Abu-Dhabi, ohne Kimono. All diese jungen Kerle, und ich kenne keinen von denen. Ihr Niveau hat mir sehr gefallen, sie sind super ausgebildet. Roger hat eine spektakuläre Vorführung gegeben, machte einige phänomenale Kämpfe, obwohl ihm nur Schränke gegenübergestellt wurden, vom Anfang bis zum Ende.

**K.I.: Die Familie Gracie ist im JJ gut repräsentiert. Siehst du für das Vale-Tudo jemanden mit Potential?**

**R.G.:** Ich denke, das eine ist die Verlängerung des anderen. Ich denke, der Weg dieser Knaben wird im Vale-Tudo sein, dort ist die Professionalität des JJ, da ist es möglich, Geld zu verdienen und das Leben in diesem Sinne zu leben. Hinsichtlich des Geldes, das ist im Vale-Tudo. Ohne Zweifel sind da Rodrigo, Crosley, Roger, Rolleszinho, Igor – der sich gerade ernsthaft vorbereitet – Kayron, der Sohn von Carlinhos, der mit seinen 16 Jahren schon zehn Kilo mehr wiegt als ich. Alle sind groß. Sie haben eine neue Ernährung erfahren, und die Mannschaft ist gebaut. Mein Sohn Ruran ist mit seinen sieben Jahren der Größte seiner Klasse in den USA. Als ich einmal mit ihm beim Arzt war, stellte dieser fest, dass, gemessen an der US-amerikanischen Durchschnittsgröße, 98% der Siebenjährigen kleiner sind als er. Die Frucht ist schlecht, aber der Samen gut (Gelächter).

**K.I.: Wie war das mit deinem berühmten Kampf gegen Wallid? Worin hast du dich geirrt? Alle Welt glaubte, dass du der klare Favorit bist, denn du warst der bessere Techniker...**

**R.G.:** Wo ich mich geirrt habe? Im Gewicht, er wog 88kg und ich 70kg. Den Kimono festkrallend konnte er sich den Sieg sichern. Er machte überhaupt nichts, nicht einen Angriff. Ich wollte ihn so schnell wie möglich schnappen und den Kampf beenden. Das war eine gute Lehre. Ich lernte dort, den Kampf zu kontrollieren. Nicht zu verlieren, nicht hinauszustürmen, um den schnellen Sieg zu suchen.

**K.I.: Aber im Vale-Tudo hast du das gleiche mit Eugenio Tadeu gemacht...**

**R.G.:** Das stimmt, ich wollte nur drauf loshauen und schnell siegen...

**K.I.: Eugenio gab uns ein Interview, in dem er versicherte, dass dein Vater Robson die Lichter hat ausschalten lassen, gerade als er kurz vor dem Sieg stand.**

**R.G.:** Ich würde gerne wissen, wie er hätte gewinnen wollen. Nur ich habe ausgeteilt, ich habe keinen einzigen Schlag eingefahren bekommen, nur ich habe ihm eingeschenkt. Das gleiche passierte mit dem Japaner Oyama, im Pride 21. Ich war der einzige, der austeilte, und dann sagt man, dass ich verliere. Ich ging in den Ring mit einem gesunden Gesicht, und mit einem gesunden Gesicht habe ich den Ring verlassen.

Zu behaupten, mein Vater hätte das Licht gelöscht, ist absurd. Er war im Moment des Radaus mit mir im Ring! Das Durcheinander haben die angezettelt. Sie kamen mit 200 Mann einmarschiert. Die traten mich. Traten mich gegen das Gitter. Das Fernsehen hat nur einen von den vielen Fußtritten veröffentlicht. Ich weiß nicht wieso, vielleicht, weil man die Gewalt nicht zeigen wollte. Als ich zuschlug, filmte mich die Kamera von hinten. Als ich mit Rechts schlug, wurde das von der linken Kamera aufgenommen. In all dem Wirrwarr wollten sie nicht die Gewalt zeigen. Als ich dann mit Links austeilte, wurde ich von rechts gefilmt. Wenn ich heute die Aufnahmen anschaue, frage ich mich, was zum Teufel ist das denn? Man sieht nicht einen Faustschlag!

**K.I.: Jeder, der mir über den Kampf zwischen Rickson und Hugo berichtet, erzählt mir ein neues Detail. Wie war der Kampf denn wirklich?**

**R.G.:** Rickson ging in die Akademie Boqueirao, wo die Leute vom Luta Livre trainierten. Alle wussten das. Er ging hin, um zu kämpfen. Mit dabei waren Marcelo Behring und Rillion. Alle waren dort, Marco Ruas, Hugo, Denilson, Marcelo Mendes, die Mannschaft war komplett anwesend. Rickson sagte zu ihnen: „Da gehen Gerüchte über mich um, wer der König des Vale-Tudo ist. Ich will euch nur sagen, der König bin ich, und ich bin gekommen, um es euch zu zeigen". Sie begannen zu diskutieren, wer sich in Zukunft mit Rickson messen solle. Ich war nicht dabei, man hat mir das alles später erzählt. Hugo setzte seinen Namen auf die Liste, damit später ein Kampf zustande kommen konnte: „Heute in zwei Monaten treffen wir uns!" Noch zwei weitere setzten ihren Namen auf die Liste, doch Rickson sagte: „Machen wir's doch einfach so: Reihen wir euch drei doch gleich hier und jetzt auf, und ich kämpfe gegen einen nach dem anderen". Die anderen waren aufgeregt: „Nein, nein, erst in zwei Monaten...". Rickson willigte schließlich ein und bestätigte: „Gut, in zwei Monaten treffen wir uns". Er ging in die Staaten und verbrachte dort die zwei Monate. Er kam zurück und rief mich an, um mir zu sagen, dass die zwei Monate um seien und wir sie nun treffen würden: „Die zwei Monate sind verstrichen und ich bin bereit!". Wir alle wussten, dass sie am Strand waren, also gingen wir dort hin, damit Rickson mit ihnen kämpfen konnte. Rickson ging auf sie zu und sagte: „Meister, die zwei Monate sind um. Seid ihr bereit?", und er gab Hugo eine Ohrfeige. So begann der Kampf. Später erzählte Eugenio, dass er Hugo habe kämpfen sehen und den Kampf stoppen wollte, und dass er begann, alle Welt

*Gegen Oleg Taktarov im Extreme Fighting (1995).*

herauszufordern, Gracie oder nicht Gracie, und niemand habe akzeptiert. Eugenio ist der verlogenste Typ, den ich je gesehen habe (Gelächter). Was der erzählt ist so falsch, dass es schon wehtut. Er hat überhaupt niemanden herausgefordert. Mein Kampf mit Eugenio konnte nur stattfinden, weil ich ihn verfolgt habe. Der wollte mit gar niemandem kämpfen. Am Strand war er richtig verängstigt! So kam es, dass ich auch noch mit Marcelo Mendes eine Schlägerei hatte. Ich schenkte ihm dermaßen Faustschläge ins Gesicht ein....

**K.I.: Und beim Kampf zwischen ihm und Royler, warst du da anwesend?**

**R.G.:** Ja, das war ein guter Kampf. Eugenio bat fünfmal um eine Auszeit, bevor das Unentschieden bekannt gegeben wurde. In dem Augenblick, wo er ein bisschen Müdigkeit verspürte, bat er um das Time Out. Und er kämpfte lediglich gegen 62 kg, er selbst wog mehr als 80kg...

**K.I.: Da wir gerade über Eugenio Tadeu sprechen: Er muss sich mit Marcelo Giudicci messen, einem Schüler deines Bruders Ryan, und zwar beim nächsten Meca. Was erwartest du von diesem Kampf?**

**R.G.:** Junge! Giudicci ist aus Eisen! Da es Eugenio gefällt, im Stehen Schlagabtausche zu machen, muss er aufpassen, dass er nicht ausgeknockt wird.

***Oben links:***
***Chuck Norris (Foto aus Privatarchiv) auf einem Lehrgang Anfang der 90er. Stehend: Royce, Relson, Rorion, Chuck Norris, Rillion und Roulker. Kniend: Royler, Renzo, Rickson und Carlos.***
***Oben rechts:***
***Im Kampf mit Wallid Ismail (1993), der Kampf dauerte eine Stunde.***

**K.I.: Welches war dein bester Vale-Tudo?**

**R.G.:** Der Kampf gegen Maurice Smith gefiel mir sehr gut, auch der mit Sakata bei „Rings". Ich habe mir beide mit dem Armhebel geschnappt. Was mir dabei am meisten gefiel war, dass ich als Außenseiter angesetzt war (Anm. d. Red.: Die Regeln des „Rings" bevorzugen die „Strikers"). Sie stellten ein komplettes Schema auf, dachten, sie könnten mich besiegen, und dann gingen sie gesenkten Hauptes nach Hause. Sie steckten mich in eine aussichtslose Lage und dachten: „Mit diesen Regeln kann er nicht gewinnen". Jeder der beiden wog über 100kg, schlagen am Boden war nicht erlaubt, man musste wieder aufstehen. Ich wog damals 79kg, und sie dachten: „Kann das gut gehen?". Das war einer der phantastischsten Kämpfe, die ich je hatte. In einer Veranstaltung schnappte ich mir gleich beide.

**K.I.: Wie viele Kämpfe hast du im Vale-Tudo gemacht?**

**R.G.:** Bis jetzt 17. Den ersten habe ich mit einem gewissen Alvarelli in San Paulo bestritten. Ein harter Kerl, widerstandsfähig – aber er musste ordentlich einstecken. Ich erwischte ihn mit einem Würger. Der zweite Kampf war der World Combat. Ich machte drei Kämpfe in einer Nacht. Zuerst bezwang ich Ben Spickers, dann Phil Bedict und schließlich James Warrring. Der dritte Vale-Tudo war der Extreme Fighting, bei dem ich

*Links:*
*Er überreicht seinem Sohn Ruran Gracie (der jetzt 7 Jahre alt ist) dessen ersten Gürtel.*

*Unten:*
*Der Sieg seines Schülers Ricardão in einem russischen Vale-Tudo wird gebührend gefeiert.*

Taktarov ausknockte. Das ging damals so schnell, dass ich mich gar nicht richtig daran erinnern kann. Dann kam Eugenio (im Pentagon Combat), und von dort ging's direkt zum Pride. 17 Kämpfe im Vale-Tudo, 13 Siege, 3 Niederlagen, 1 Unentschieden.

**K.I.: Du hast gegen Dan Henderson, Sakuraba und jetzt gegen Oyama verloren...**

**R.G.:** So ist es. Aber gegen diesen Oyama sehe ich das nicht als Niederlage an. Der Typ war den ganzen Kampf über am Abhauen. Nach dem Kampf wurde Sakuraba gefragt, was er dazu meine, dass nun ein weiterer Japaner einen Gracie besiegt habe. Sakuraba antwortete nur: „Sehen Sie, ich glaube, das Schiedsgericht hat nicht den gleichen Kampf gesehen wie ich, denn den Kampf, den ich gesehen habe, hat ganz klar Renzo gewonnen“. Ich habe später erfahren, dass der Meister von Oyama diesen aus der Akademie geschmissen hat, weil er auf so eine beschämende Weise gewonnen hatte. Nicht einen Schlag gab er mir. Nur einen einzigen Tritt habe ich abbekommen. Und das ist für mich keine Niederlage. Diesen Kampf habe ich gewonnen.

**K.I.: Könnte nicht die Tatsache, dass du ihn angespuckt hast, zu Deiner Niederlage beigetragen haben?**

**R.G.:** Man sagt das, aber ich glaube es nicht. In den Regeln wird nichts darüber gesagt, dass man den Gegner nicht anspucken darf. Ich habe das gemacht, weil er mir keinen Respekt zollte, er drehte es so hin, als ob ich am Weglaufen sei, nicht er.

**K.I.: Und den Kampf mit Sakuraba, siehst du den als eine Niederlage an?**

**R.G.:** Ohne jeden Zweifel. Ich kam in den Armlock und er brach mir den Arm.

**K.I.: Du hast nicht nur die Niederlage akzeptiert, sondern bist auch noch ans Mikrophon gegangen und hast wahre Lobpreisungen auf ihn ausgesprochen...**

**R.G.:** Ich bin halt so. Ich bin Realist, ich laufe nicht wie ein Träumer durch die Gegend, der sich selbst anlügt. Ich gehe da hin und zeige wer ich bin. Es wird so kommen, wie ich einmal sagte: „Ich werde als alter Mann sterben, der sich in die Hosen macht, aber ich werde wissen, wer ich war und was ich tat. Und was ich tun konnte“.

**K.I.: Was meinst du zu Wanderlei in seiner Gewichtsklasse?**

**R.G.:** Wanderlei ist phantastisch. Das sehen die Leute jetzt erst. Ich habe ihn

*K.O. Sieg gegen Taktarov im Extreme Fighting 1995.*

gesehen, da wog er nur 78kg, in Sao Paulo. Da wusste ich schon, dass dieser Junge ein außerordentliches Potential hat. Die Bereitschaft, mit der er kämpfte... Alle seine Kämpfe waren spektakulär. Ohne Zweifel, er ist bis 90kg die Nr. 1. Wer ihn von da wegbringen will, muss ordentlich ranklotzen! Und er muss sich Verdienste erwerben, so wie er es getan hat. Einen guten Schützling zu suchen, ihn für den Wettkampf fit zu machen und zu schauen, ob er gewinnt, das alleine ist es nicht. Welcher Brasilianer hat einen Kampf mit Cro Cop gemacht, einen reinen Kampf im Stehen, und ist keinen Millimeter zurückgewichen? Das muss man sehen, und ihn dafür bewundern. Selbst als die Regeln gegen ihn ausgelegt wurden, war er dort. Gegen einen Typ mit fast 10kg mehr Gewicht, selbst bei einem reinen Schlagabtausch gab er sich nicht eine Blöße. Das hat er wirklich gut gemacht. Auch Arona gefällt mir sehr gut. Und ein weiterer, bei dem ich nicht müde werde, zuzuschauen, ist Murilo Bustamante. Es wird schwierig werden, ihm den Gürtel im Ultimate abzunehmen.

**K.I.: Glaubst du, dass die Führung von Rudimar für die Verfassung der Chuteboxe wichtig ist?**

**R.G.:** Kein Zweifel. Rudimar ist ein exzellenter Trainer. Schau dir nur seinen Kampfstall an, wie viele Talente er dort hat! Das ist phantastisch! Alle, die daraus hervorkommen, sind knallharte Burschen. Da gibt es Wanderlei, Ninja, Pele. Wer ist phantastischer im Kampf als Pele? Jeder Kampf ist ein Spektakel. Oder dieser junge Knabe, Anderson Silva, der ist jetzt schon ein steinharter Brocken.

**K.I.: Wie kam dir der Kampf von Minotauro gegen Bob Snapp, den Giganten von 171kg Gewicht, vor?**

**R.G.:** Noch nie in meinem Leben habe ich etwas Vergleichbares gesehen. Bob zeigte, dass er wesentlich härter war als man erwartet hatte, doch ich wusste, dass Minotauro ihn schaffen würde. Er hatte vorher schon oft gezeigt, dass er der Größte im Schwergewicht auf der Welt ist, doch mit dem Sieg über diesen Giganten von 171kg hat er dies noch einmal unterstrichen, er ging nur deswegen dort hin! Minotauro ist der lebende Beweis für die Effektivität des Jiu-Jitsu. Seine Siege werden durch pures Jiu-Jitsu gemacht. Ich erwarte baldigst seinen nächsten Kampf. Es ist immer eine Show.

**K.I.: Was denkst du über den Kampf von Royce?**

**R.G.:** Das war ein riesiger Fehler von zwei Schiedsrichtern. Es genügt, den Film zu sehen, um festzustellen, dass Royce bei der Unterbrechung des Kampfes durch den Schiedsrichter überhaupt nicht versteht, was da eigentlich abgeht. Jeder, der kämpft, weiß, dass man für die Würgetechnik

***Barra Gracie – mit dem Barra Gracie von Team 1994, als berühmte Schwarzgurtträger wie Marcelo Feitosa, Ricardo Almeida und Nino Schiembri noch den Blaugurt trugen.***

„Hesekiel" die Arme gestreckt halten muss. So kommt man zum Würgen. Yoshida hat das aber nicht gemacht, er war in das Metier von Royce eingedrungen, der seinerseits völlig ruhig war. Mit einer Hand wehrte er die Mount ab, mit der anderen die Würgetechnik.

**K.I.: Ich weiß, dass sich Royce, Royler und Helio nach diesem Kampf mit den Veranstaltern trafen. Was wurde bei dieser Versammlung vereinbart?**

**R.G.:** Man vereinbarte, die Aufzeichnung zu analysieren, die Tatsachen festzustellen und danach das Ergebnis zu annullieren. Bedauerlicherweise kam es anders. Yoshida ist einer der größten Judokas in der Geschichte Japans, er übte Druck aus, und es blieb bei dem Ergebnis, was völlig absurd ist.

**K.I.: Nach diesem Kampf von Royce und dem von dir, hast du da das Gefühl, dass die Japaner ein Komplott gegen die Familie Gracie aushecken?**

**R.G.:** Ich glaube nicht an Komplotte, aber daran, dass sie uns die Sache schwierig bis unmöglich machen, das schon. Wer ihnen nicht dient, der läuft Gefahr, dass man den Sieg einem anderen schenkt.

**K.I.: Die Familie Gracie war immer entschiedener Gegner der sogenannten „Marmeladenkämpfe". Wie wurde Deine Teilnahme am Inoki Bombaye aufgenommen?**

**R.G.:** Nein, so war die Geschichte nicht. Ich mache keine Weicheiersachen. Ich wurde eingeladen, um eine Vorführung mit Inoki zu geben. Eine Vorführung, wohlgemerkt. Ich habe immer gesagt, dass dies eine Darbietung war, dass es kein Kampf ist. Inoki ist 58 Jahre alt... Er hat einen phantastischen Namen, hat mit Mohammed Ali gekämpft, war Senator in Japan. Da werde ich nicht hingehen und einen Kampf machen, da mach ich kein Showcatchen. Es wäre ein Showringen, wenn Coleman und ich ein Geschäft machen würden und verabredeten, dass wir dies als Kampf verkaufen. In Japan war das absolut klar. Ich glaube, auch deswegen achten sie mich dort so sehr. Wegen meiner Aufrichtigkeit. Als sie mich fragten: „Und dein Kampf mit Marcio Feitos in Abu Dhabi?" antwortete ich: „Er hat mir den Sieg geschenkt. Er hat es zugelassen, dass ich ihn besiegte. Marcio kämpft in der Akademie Barra Gracie. Oder glauben Sie, dass man jemanden in fünf Sekunden besiegen kann? Weder ich noch sonst jemand glaubt das". Als ich befragt wurde, trat Stille ein, so als ob ich etwas verbergen würde und man genau hinhören müsste. Als ich aber wie eben geschildert antwortete, schaute mich der Japaner an und sagte: „Wir werden das nicht veröffentlichen, denn die Leute könnten sich eine falsche Meinung über Sie bilden, so als würden Sie eines Tages nur noch Showcatchen machen“. Ich sagte ihm, dass der Prinz verlangt hatte, dass wir beide kämpften. Wenn ich das nicht getan hätte, hätte ich gegen den Gegner antreten müssen, den Marquinhos besiegt hatte. Ich habe ihm einfach erzählt, was geschehen ist.

**K.I.: Wie würdest du die Reihenfolge der Gracies bezüglich deren Wichtigkeit ansetzen?**

**R.G.:** Alle Gracies waren wichtig. Ich glaube nicht, dass eine Kette stark sein kann, wenn sie nur aus einem Glied besteht. Ich denke, alle Kettenglieder waren wichtig, um der Familie die bekannte Form zu geben. Und es macht mich glücklich, ein weiteres Glied davon zu sein.

**K.I.: Welches ist dein großes Kämpferidol?**

**R.G.:** Da gibt es mehrere. Ich habe das Glück gehabt, alle persönlich kennen zu lernen. Meinen Onkel Helio, Carlson, meinen Vater, Rolls. Da gibt es Rickson, ohne jeden Zweifel. Rickson ist ein klasse Typ, er war immer für mich da, um mir Tipps zu geben. Er hat immer eine absolut ausgefeilte Technik gezeigt. Dann gibt es noch den verwegenen Sperling Royler. Niemand in seiner Gewichtsklasse kann ihn besiegen. Royler ist einer der phantastischsten Kerle, die ich je gesehen habe. Selbst heutzutage ist bis 67kg niemand in der Lage, ihn zu bezwingen.

**K.I.: Wenn du aufhörst zu kämpfen, was wirst du dann tun?**

**R.G.:** Ich denke, ich werde zukünftige Kämpfer ausbilden. Ich habe bereits eine starke Mannschaft, doch ich möchte sie noch besser machen. In New York bin ich gerade dabei, eine neue Akademie aufzumachen, die eine viel größere Infrastruktur für das Training aufweisen wird. Es wird alles geben: Muay Thai, ... alles. Davon wird man noch reden hören.

**K.I.: Wie viele Schüler und Akademien hast du z.Z. in den USA?**

**R.G.:** Zur Zeit sind es ca. 350 Schüler. Nur eine Akademie gehört mir. Eine andere habe ich an Cachorrao abgegeben, die andere ist von Matt Serra. Dann ist da noch Rodrigo, der gerade seine eigene Schule eröffnet hat. Ich habe nur eine einzige. Ich bin der einzige arbeitende Brasilianer (Gelächter), ich habe sieben Tage die Woche gearbeitet, doch als meine Frau zu protestieren anfing, habe ich es auf sechs Tage heruntergeschraubt.

Mai 2003. Text: José Maurício Costa & Marcelo Alonso
Fotos: Privatarchiv Reila Gracie

# Carlos Gracie

Carlos Gracie, der große Wegbereiter des modernen Jiu-Jitsu, verstarb vor vierzehn Jahren. Er war der erste Brasilianer, der an die Effektivität dieser weichen Kunst glaubte und er führte diese in sein Land ein. Nachdem er das Wesentliche dieser Kampfkunst durch den japanischen Immigranten Mitsuyo Meda („Graf Koma") um 1920 gelernt hatte, gab er sein Wissen an seine jüngeren Brüdern Oswaldo, Gastao, George und den Jüngsten, Helio Gracie, weiter, wodurch der Clan der „Gebrüder Gracie" geschaffen war.

In den 92 Jahren seines Lebens machte sich Carlos Gracie immer wieder stark, um die Familie und das Jiu-Jitsu zusammenzuhalten, ebenso widmete er sich der Verbreitung seines Wissens über natürliche Ernährung.

Wäre er nicht 1994 verstorben, hätte er 2002 seinen 100. Geburtstag erlebt! Und um dies nachträglich zu feiern, haben wir seine Tochter Reila Gracie interviewt, welche ein Buch herausgeben wird, in dem sie die gesamte Familiengeschichte und die Geschichte ihres Vaters erzählen wird.

## Der Mentor des Brasilianischen Jiu-Jitsu

Alles begann im Staat Para, in den Zwanziger Jahren des vergangenen Jahrhunderts, als ein japanischer Auswanderer namens Mitsuyo Maeda die Grundlagen des Jiu-Jitsu an den damals jungen Carlos Gracie unterrichtete. Zu jener Zeit beschäftigte man sich in Japan mit der Entwicklung des Judo und der Generation eines Herrn Maeda – welcher sich diplomatischen Aufgaben unter dem Namen „Graf Koma" widmete – war die letzte, welche Jiu-Jitsu in Japan erlernt hatte.

Der junge Carlos war ganz von der Effizienz dieser Kampfmethode überzeugt, verstand sie sehr gut und beschloss etwas für diese Zeiten in Brasilien Unerhörtes zu tun – er widmete sich dem Jiu-Jitsu als Lebensform. Er begann seine Brüder zu motivieren und zu trainieren und schuf so ein unschlagbares Team: „Die Gebrüder Gracie". Der Ruf der Familie Gracie begann sich um 1925 in ganz Brasilien zu verbreiten, als Carlos und seine Familie nach Rio de Janeiro zogen und die erste Schule für Jiu-Jitsu in diesem Land eröffneten, in der Rua Marques de Abrantes, Nummer 106, im Barrio Flamengo.

Carlos lehrte mit nur 23 Jahren und Dank der Hilfe seiner Brüder Oswaldo, Gastao, George und Helio (damals 12 Jahre alt) den Brasilianern das

Jiu-Jitsu. Er war Adept der Praxis, dass man jede Theorie in eben der Praxis umzusetzen und zu prüfen hatte, so dass er auf Herausforderungen anderer Kämpfer jener Zeit einging, um die technische Überlegenheit des Jiu-Jitsu zu überprüfen. Auch wenn es Dokumente seiner Kämpfe gibt, so war seine größte Stärke doch die Arbeit außerhalb der Tatami.

Es wird erlaubt sein zu sagen, dass Carlos Gracie der intellektuelle Kopf der Familie und Impulsgeber für viele Dinge war. Mystisch veranlagt und mit einer nicht zu leugnenden strategischen Veranlagung ausgerüstet schuf er eine sehr enge Beziehung zu den Medien, vor allem den Zeitungen, wodurch er erreichte, dass die Zeitungen immer auf der ersten Seite über die Geschehnisse der Familie berichteten. Er erstellte die Regeln und kümmerte sich um die Kampfverträge. Naturliebhaber in Person, hinterließ er viele Nachkommen. Er hatte 21 Kinder: Carlson, Robson, Geysa, Rose, Sonja, Oneika, Reyson, Reylson, Rosley, Rolange, Rocian, Carley, Carlyon, Rolls, Carlos, Karla, Clair, Reila, Rilion, Crolin und Kirla. Selbst die Namensgebung wie „Rolls", „Sonja" und „Rilion" war ein charakteristischer Teil seiner Strategie, um die Familie noch bekannter zu machen.

Mit Ausnahme von Gastao Gracie, der sich rein auf den Unterricht in der Akademie konzentrierte, akzeptierten alle anderen Brüder Herausforderungen anderer Kämpfer und stellten sich Kämpfen im Ring und auf der

*Das erste brasilianische Buch über Jiu-Jitsu – Herausgeber: Carlos Gracie.*

*Einer der ersten Vale-Tudos in Brasilien – ca. 1930, Carlos Gracie gegen Manuel Rufino.*

Matte. Mit der Zeit entwickelte der Benjamin der Familie, Helio, eine ausgeklügelte Technik und perfektionierte so das durch Carlos Gracie gelehrte Jiu-Jitsu, wodurch er zum Großmeister der Familie wurde. 1952 kaufte Carlos Gracie eine Immobilie in der Avenida Rio Branco, im Zentrum von Rio de Janeiro, und gründete zusammen mit Helio die berühmteste Akademie Gracie aller Zeiten.

In den siebziger Jahren sah er seine Arbeit in guten Händen und widmete sich nur noch distanziert den Familienangelegenheiten. Er wollte sich mehr dem Thema Ernährung widmen und schuf schließlich die bekannte „Gracie-Diät" – ein weiterer Beweis, dass er seiner Zeit weit voraus war. Carlos war bereits damals der Überzeugung, dass man sich gesund ernähren und viel Sport betreiben sollte, also viele Jahre bevor das Thema an sich Aufmerksamkeit erregte.

Wenige Monate vor seinem Tod hatte er das Glück zu sehen, wie sein Neffe Royce Gracie sein Jiu-Jitsu in der Welt triumphieren ließ, gewann jener doch in den ersten Ausgaben des Ultimate Fighting Championship und schuf so ein wahres „Jiu-Jitsu Fieber" in aller Welt, wodurch er Hunderten von professionellen Kampfkunstlehrern einen Markt öffnete, die aus der Quelle der Familie Gracie getrunken hatten. Die Japaner

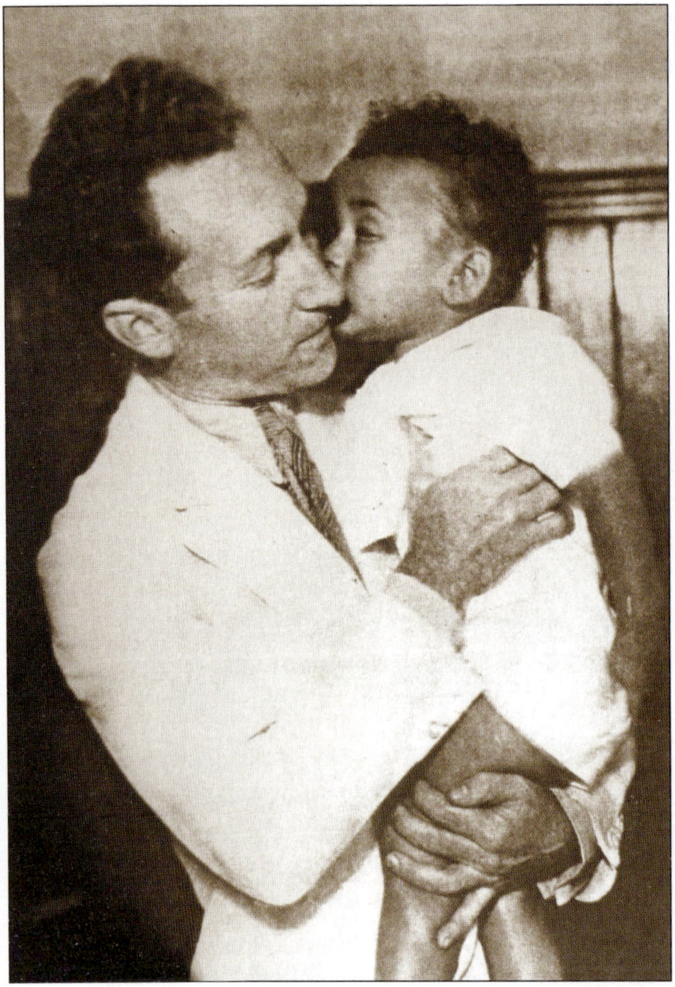

*Carlos mit seinem ältesten Sohn, dem legendären Carlson Gracie – in Windeln!*

verstanden später den Fehler, den sie 100 Jahre zuvor begangen hatten, als sie sich von dieser weichen Kunst abwendeten, was der Familie Gracie diente, das sogenannte „Brasilianische Jiu-Jitsu" zu gründen. Heutzutage sind es die Japaner, die von uns lernen wollen.

## „Mein Vater schuf den Vale-Tudo" - Reila Gracie

Die Geschichte von Carlos Gracie wurde 2003 in einem Buch herausgegeben, das seine Tochter, Reila Gracie, verfasste. Reila Gracie sucht darin die Wurzeln der Familie in Schottland, erzählt über die Ankunft des Jiu-Jitsu in Brasilien und den Umwandlungsprozess, den diese Kunst durchmachte, als sie an ihren Vater weitergegeben wurde. Reila beschäftigte sich mit der Herausgabe des Buches seit 1999 und erklärt, dass das Buch einige „weiße Flecken" in der Geschichte der Brasilianischen Jiu-Jitsu schließen wird.

**Kampfkunst International: Was bringt dich dazu, ein Buch über die Familie Gracie zu schreiben und deinen Vater als Familienführer hinzustellen?**

**Reila Gracie:** Man kann die Geschichte meiner Familie nicht ohne die meines Vaters sehen. Er war der große Mentor der Familie Gracie. Er war es, der Jiu-Jitsu an seine Brüder lehrte und mit allem begann.

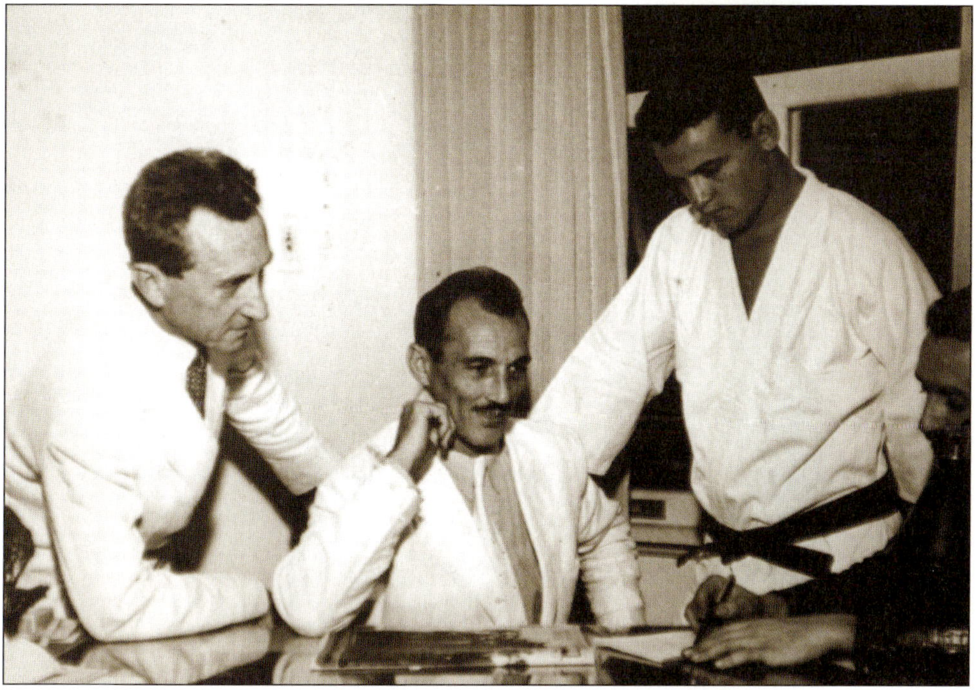

***Carlos und Helio legen die Details für einen erneuten Kampf zwischen Carlson und Waldemar Santana fest.***

Und er war es, der mit der gesamten Strategie begann, diesen Kampf zu verbreiten: Er organisierte Herausforderungen, Kämpfe, definierte die Regeln, nahm Kontakte zu den Zeitungen auf und schloss die Verträge ab. Bis zu den siebziger Jahren, als er sich langsam zurückzog, unternahm niemand etwas, ohne ihn vorher zu fragen. Ich entschloss mich zum Schreiben des Buches als ich verstand, dass man die Geschichte meiner Familie langsam aber sicher zu vergessen begann und manchmal entstellt erzählte.

**K.I.: Welche bisher unbekannten Neuheiten stehen in deinem Buch?**

**R.G.:** Wenige Menschen wissen zum Beispiel, dass mein Vater im Vale-Tudo gestanden hat. Er hat den Vale-Tudo geschaffen, definierte die Ausrichtungen und Regeln der ersten Kämpfe, die in Brasilien abgehalten wurden. Und er hat selbst an einigen teilgenommen. All dieses werde ich in meinem Buch mit Fotos und Zeitungsberichten jener Zeit belegen, mit Aussagen von Leuten, die damals mit ihm gekämpft haben. Ich werde belegen, dass ihm alle seine Brüder viel

*Eines der ersten Fotos mit Kimono von Carlson und Helio.*

zu verdanken haben, und die gesamte Familie ihm für seine große Arbeit dankbar sein muss.

**K.I.: Sprechen wir über die „Gebrüder Gracie"...?**

**R.G.:** Auch wenn er der Wegbereiter des Jiu-Jitsu war, so hat mein Vater doch immer den Kampf als Möglichkeit angesehen, die gesamte Familie zusammenzuhalten, weswegen er die „Gebrüder Gracie" als Kampftruppe geschaffen hat. Das war in den zwanziger Jahren, als er die Grundlagen des JJ an seine Brüder Oswaldo, Gastao, George und Helio weitergab. Alle, mit Ausnahme von Gastao, der sich ausschließlich auf den Unterricht konzentrierte, alle haben im Vale-Tudo gekämpft, um so die Überlegenheit der Techniken des JJ auszuprobieren. Hinsichtlich dessen wird es im Buch eine weitere „Neuheit" geben: George Gracie war derjenige der Brüder, der die meisten Kämpfe gemacht hat. Mein Vater war der Entdecker und Wegbereiter und Helio war sein bester Schüler. Als Carlos mit dem Jiu-Jitsu begann, war Helio gerade einmal sechs Jahre alt. Er wuchs in jenem Ambiente auf, sah seine Brüder trainieren und übte sich mit ihnen. Er hatte eine sehr wichtige Bedeutung für die Entwicklung des Jiu-Jitsu, und wurde immer durch seinen älteren Bruder beraten. Selbst die berühmte Akademie in der Avenida Rio Branco war eine gemeinsame Sache zwischen meinem Vater und meinem Onkel Helio. Mein Vater kaufte die Immobilie und Helio war der sichtbare, didaktische Kopf der Schule. Als ich mit dem Schreiben des Buches begonnen habe, konnte ich mir gar nicht vorstellen, dass es soviel Zeit in Anspruch nehmen würde, doch ich versichere, dass ich es mit größter Sorgfalt niedergeschrieben habe. Dadurch können dann die wirklich vorgefallenen Tatsachen gut nachvollzogen werden. Ich habe die wahre Geschichte des Jiu-Jitsu wiedergeben.

**K.I.: Welchen Unterschied siehst du zwischen dem Jiu-Jitsu deines Vaters und dem, das man heute unterrichtet?**

**R.G.:** Die Schule meines Vaters lehrte die Technik in Verbindung mit einer starken Moral. Er forderte von seinen Schülern Vorzeigepersonen zu sein. Sie rauchten nicht, tranken nicht und waren für ihren guten Charakter bekannt. Es war eine Schule für die Gesellschaft, ein Ideal, um die Menschen besser zu machen. Er pflegte zu sagen, dass die Größe eines Kämpfers im Ring entwickelt wird und dass man immer den Gegner zu respektieren habe. Zu Beginn der 80er Jahre begann die Welt einen schnelleren Rhythmus zu leben, die Zeit für die Reflektion schwand dahin und die Familie Gracie und das Jiu-Jitsu waren nicht dagegen gefeit. Rolls wurde darauf vorbereitet, die Rolle meines Vaters zu übernehmen, verlor man doch sehr viel durch seinen Tod. Man brauchte jemanden, der die Familie intakt hielt.

**K.I.: Welchen Schluss ziehst du zu 100 Jahren Carlos Gracie?**

**R.G.:** Mein Vater war ein Visionär. Er zweifelte niemals an der Kraft des Jiu-Jitsu, sogar sein Leben hat er ihm gewidmet. Er war immer motiviert, um den Menschen eine bessere Lebensqualität geben zu können. Er war ein Pionier in der Verbreitung des Sports und eines gesunden Lebensstiles, vor allem der Ernährung. Eigentlich müsste er nachträglich eine Auszeichnung seitens der Brasilianischen Sportgemeinde erhalten. In Wirklichkeit habe ich dieses Buch geschrieben, um seine wahre Bedeutung aufrechtzuerhalten und weiterzugeben.

*Rorion an der Seite der Statue seines Vaters im Gracie Museum.*

# Rorion Gracie

Nachdem er die Welt der Kampfkünste dank seines Bruders Royce von der Effektivität des Gracie Jiu-Jitsu überzeugt hat, denkt nun der Gründer des UFC, Rorion Gracie, über weitere revolutionäre Projekte nach.

Nachdem er überraschend das Gracie Museum eröffnet hat, in dem die Geschichte der wichtigsten Personen der Familiengeschichte sowie die Anfänge des UFC vorgestellt werden, möchte der älteste Sohn von Helio Gracie eine neue Veranstaltung für Submission planen, damit die Ursprünge des UFC wieder hergestellt werden. Ebenso ist er dabei, ein Buch zu beenden, in dem er die Geschichte seines Vaters Helio sowie die der ganzen Familie erzählt.

Nachdem wir die Details seines Gracie Museums bewundern durften, gab uns Rorion folgendes Interview.

**Kampfkunst International: Sie haben bereits an einigen Wettkämpfen des JJ teilgenommen und die neune Regeln getestet. Wie war das Resultat?**

**Rorion Gracie:** Die durchschnittliche Rundenzeit war acht Minuten, die Ergebnisse glänzend und alle Kämpfer waren sehr zufrieden damit. Ich wollte ein offensives JJ anbieten, das die Wettkämpfer dazu bringt, etwas zu riskieren, sie sollten nicht mehr einen Punkt erzielen und sich dann über die Zeit retten. Heutzutage sehen wir viele Champions mit dieser Taktik oder sie gewinnen durch die Interpretationen durch den Schiedsrichter. Meistens weiß der Sieger, dass der Kampf, hätte er nur eine Minute länger gedauert, verloren gegangen wäre. Diese Situationen dürfen einfach nicht bei einem Stil entstehen, der bekannt für seine effektiven Griffe und für Submission ist.

**KI: Wie unterscheidet sich das neue Regelwerk?**

**RG:** Das größte Ziel ist die Submission, so dass es kein Limit gibt. Die einzige Möglichkeit durch Punkte zu gewinnen liegt darin, 12 Punkte Vorsprung zum Gegner zu haben, das zeigt dann die absolute Überlegenheit. Mount und Mount über den Rücken zählen 4 Punkte, seitliche Mount 3 Punkte, dies sind die einzigen Möglichkeiten zu punkten. Wir werden aber jetzt auch für Fußfeger einen Punkt geben.

**KI: Weshalb geben die Niederwürfe keine Punkte?**

**RG:** Der Niederwurf scheint mir im JJ nichts wirklich bedeutendes zu sein. Manchmal ist der Kämpfer gut im Ringen oder im Judo, er schiebt noch einen

***Fotos und Reportage: Marcelo Alonso***

Faustschlag nach und vermeidet so den Bodenkampf, kann also wieder aufstehen, doch Bodenkampf ist die Hauptidee des JJ. Dadurch werden wir sehr gute Kämpfer heranbilden, welche Meister im JJ sein werden. Es handelt sich um einen Wettkampf für JJ, also muss der Kämpfer auch zeigen, dass er JJ kann.

**KI: Carlos Gracie sagte einmal, wenn er an einer Weltmeisterschaft mit seinen Regeln teilnehmen würde, könnte die Veranstaltung eine Woche anstatt zwei Tage dauern. Möchten sie dazu einen Kommentar abgeben?**

**RG:** Er glaubt, dass dies so lange dauert, aber ich habe die Erfahrung gemacht, dass dem nicht so ist.

**KI: Wie viele Athleten haben an ihrem Wettkampf teilgenommen?**

**RG:** Zirka 150 Kämpfer in zwei Tagen. Es ging um zehn Uhr morgens los und endete um 15 Uhr Nachmittags - an beiden Tagen. Es gab lange Kämpfe, aber auch sehr viele kurze, da jeder die Submission suchte. Die durchschnittliche Kampfzeit betrug acht Minuten. Wir hatten vier Wettkampfflächen. Wenn Carlinhos schnell beenden möchte, dass muss er einfach mehr Matten im Dojo aufstellen.

**KI: Möchten Sie sagen, dass Carlos Gracie die Sache einmal ausprobieren sollte?**

*Unter Tausenden von alten Zeitungen kann der Besucher diese Perle finden, auf dem der junge Carlson mit seinem Onkel Helio trainiert.*

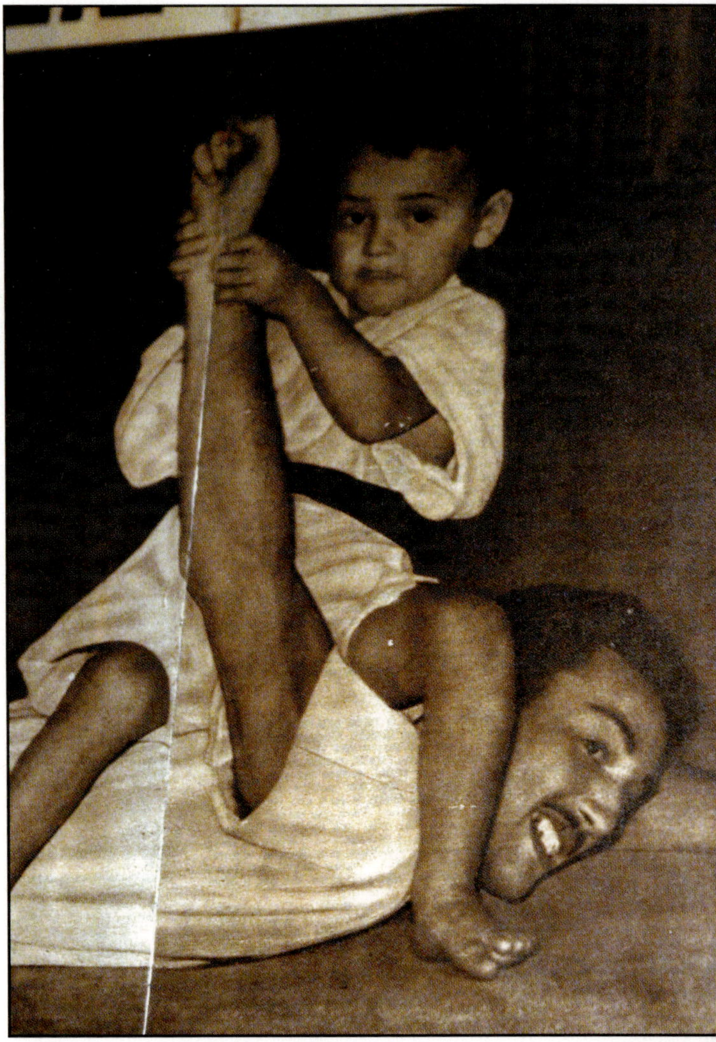

**RG:** Mir würde es gefallen. Er ist Präsident der CBJJ und deswegen denke ich, er sollte es ausprobieren, nicht weil Rorion ihm das empfiehlt, sondern weil es um JJ geht. Ich weiß, dass er sich um die Verbesserung und den Wachstum des JJ in der Welt sorgt. Die Regeln müssen echte Champions heranwachsen lassen und keine Wettkämpfer, welche einen Punkt erzielen müssen, um den Kampf zu gewinnen. Guy Mialot hat an einer europäischen Meisterschaft mit unseren Regeln teilgenommen und die Regeln waren ein voller Erfolg.

**KI: Aufgrund des Problems mit dem Zeitlimit haben Sie und Royce den UFC verlassen. Jetzt wo sie sich getrennt haben verhandelt Royce über eine Rückkehr. Welche Meinung vertreten Sie dazu?**

**RG:** Ach, das wusste ich gar nicht. Wenn er denkt, bereit für den Kampf zu sein, nun, dann wird er schon mit seiner Erfahrung wissen, was gut für ihn ist.

**KI: Wussten Sie nicht, dass der UFC dabei ist, die alten Idole wieder zurückzuholen?**

**RG:** Ich habe etwas darüber gehört, aber ich habe die letzten 25 UFC's gar nicht mehr angesehen.

**KI: Fühlen sie sich enttäuscht, da Sie die Veranstaltung geschaffen haben?**

**RG:** Selbstverständlich. Ich rief die UFC mit einer Vision ins Leben, und plötzlich wurde alles über den Haufen geworfen. Klar, dass ich darüber nicht begeistert bin. Man lädt mich immer ein und stellt mir einen Sitzplatz zur Verfügung, aber ich will keine Zeit verlieren. Der UFC bedeutet mir heute nichts mehr.

*Der erste GI, den Helio Rorion überreichte. Rorion gab diesen an seinen ersten Sohn Ryron weiter.*

**KI: Denken Sie, dass durch das Auftreten der alten Idole gezeigt wird, dass ihr Ereignis besser war?**

**RG:** Die Zeitschrift Forbes hat die ersten Ausgaben des UFC als den größten Erfolg des Franchise für das Pay-Per-View bezeichnet. Zu meiner Zeit ereichten wir 300.000 Haushalte und heute kommt man höchstens auf 40.000. Als man Ken Shamrock reaktivierte, kam man, glaube ich, auf 90.000.

**KI: Heutzutage sind die MMA sehr viel populärer in den USA als damals. Weshalb waren die ersten Veranstaltungen im PPV erfolgreicher?**

**RG:** Weil es etwas völlig neues war, basierend auf einem Vergleich der Stile. Die Idee war, die reinen Stile zu vergleichen. So wollten die Fans des Karate ihren Stil gegen einen Judoka sehen, der wiederum von Tausenden von Anhängern angefeuert wurde. Jeder Kämpfer vertrat seine Welt und wir zeigten, dass JJ die kompletteste Kampfkunst der Welt ist. Diese großen Erfolge bewegten die Kampfkünstler, die sich sorgten, ob sie überhaupt kampffähig wären oder nicht und ob sie gegen einen Spezialisten des JJ im realen Kampf bestehen könnten. Also begannen alle JJ zu trainieren, um im Achteck überhaupt überleben zu können. Alle fingen an, JJ zu trainieren, auch wenn viele andere Namen einsetzten, wie Submission Fight oder American Submission. Vor kurzem lass ich einen Artikel über jemanden, der „Bodenkampf-Karate" unterrichtet. Einfach unglaublich...

Aber das Wichtigste war, dass die Leute anfingen, JJ zu lernen, denn dies war mein Hauptziel als ich vor 25 Jahren hierher kam. Ich wollte der Welt die Bedeutung des Boden kampfes zeigen.

Heutzutage ist der UFC kein Vergleich zwischen Stilen mehr, sondern ein Vergleich zwischen Wettkämpfern. Wir haben heute viele Arten von Steroiden, man drischt auf einander ein, um zu sehen wer der Stärkere ist. Im neuen UFC will man Titanen sehen, wenn der Kampf auf den Boden geht, stehen sie wieder auf, so dass es ihnen egal ist, was der bessere Stil ist, sie wollen wissen, wer am härtesten auf den Gegner eindreschen kann. Heutzutage ohne Zeitlimit zu kämpfen ist keine Bedingung mehr, so wie es früher der Fall war, bis jemand seine technische Überlegenheit zeigen konnte. Deswegen muss ein neues Konzept her, und das ist es, was ich tun werde.

**KI: Denken Sie an eine neue Veranstaltung? Erzählen sie uns bitte davon.**

**RG:** Ich möchte einen Wettkampf machen, der die Ursprünge des UFC wiederherstellt und denjenigen Preise verleiht, die wirklich die Submission

*Das berühmte Haus in Teresopolis, Rio de Janeiro, wo die Familie sich am Wochenende traf.*

beherrschen. Das ist das Wichtigste. Im Oktober habe ich hier in Kalifornien eine Veranstaltung organisiert, und die Kämpfer werden aufgefordert, ihre Qualitäten im Submission zu zeigen. Ich möchte die besten 16 Kämpfer aller Stile vereinen, in einem Wettkampf ohne Zeitlimit. Auf meiner Liste befinden sich bereits große Namen aus Japan, Amerika, Brasilien und Russland.

**KI: Was ist der Unterschied zwischen Ihrer Veranstaltung im Submission und anderen, wie dem ADCC?**

**RG:** Diese wird meine Veranstaltung sein (er lacht). Ich bin hier, um Dinge zu regeln und um andere aufzubauen. Der Unterschied zwischen dem UFC, den ich schuf, und der neuen Veranstaltung, wird wie Tag und Nacht sein, der Unterschied zwischen meiner Akademie und der der anderen ist enorm. Der Unterschied zwischen meiner Submission und der der anderen liegt darin, dass ich sie selbst erschaffen habe und sie produziere.

**KI: Bezüglich den Regeln, was für Unterschiede gibt es dabei?**

**RG:** Unser Hauptziel ist es, zu zeigen wer der Bessere ist. Das Regelwerk muss für alle Veranstaltungen im JJ gleich sein, man kann durch Submission oder durch einen 12 Punkte Vorsprung siegen. Es nehmen 16 Kämpfer teil, ohne Zeitlimit. Die acht leichtesten Kämpfer treten gegeneinander an, und die

***Rorion mit Ryron und Ralek.***

acht auch. Der letzte Kampf wird dann der Sieger der leichten Gruppe gegen den der schweren Gruppe sein.

**KI: Das erste Mal in der Geschichte wurde Royler Gracie durch einen Gegner in der gleichen Gewichtsklasse besiegt. Ein Kommentar zu dem Sieg von Eddie Bravo über ihren Bruder?**

**RG:** Ich habe den Kampf nicht gesehen, aber ich weiß, dass Royler einer der weltbesten Kämpfer ist. Über sein technisches Niveau gibt es keine Diskussion. Aber auch einem Elitekämpfer kann es passieren, dass er zu lange in einer Verteidigungsposition ist, und schon ist es gelaufen. Das kann jedem passieren.

**KI: Zeigt die Tatsache, dass ihr Bruder von einem Nordamerikaner besiegt wurde, dass ihr Traum, JJ dort zu verbreiten, Wirklichkeit geworden ist?**

**RG:** Mein Vater sagte immer: Wenn mich jemand im JJ besiegt, dann zeigt das, dass ich ein guter Lehrer war. Heutzutage hat jeder, der JJ macht, von einem Gracie gelernt oder von einem Schüler eines Gracie. Das ist ein Sieg des JJ. Als ich vor zirka 15 Jahren zum ersten Mal Lehrvideos im JJ kommerzialisierte, fragte ich mich: Darf ich diese Videos wirklich aufnehmen und JJ der Welt anbieten? Vielleicht sollten wir doch besser unser Wissen für uns behalten und weitere 70 Jahre gewinnen. Wer unterrichtet was er weiß, der macht sich dem Schüler gegenüber verwundbar. Ich traf mich mit meinem Vater, mit Rickson, Relson und Royce und kam zu dem Schluss, dass ich die Videos veröffentlichen sollte. Ich denke wirklich, dass die Familie Gracie auf diesem Planeten eine Mission zu erfüllen hat. Unsere Familie hat die ganze Welt beeinflusst, wir haben die Idee der Kampfkünste in der ganzen Welt verändert. Wo wir auch auftauchen, die Menschen kennen uns. JJ ist etwas so wichtiges, das man es mit anderen teilen sollte. Man muss es der Welt zeigen. Stellen Sie sich vor, Sie sind in der Wüste mit einer Flasche Wasser und ein Kerl kommt vorbei und fordert das Wasser. Gibt man ihm das Wasser, kann er sich erholen, Sie töten und die Flasche stehlen. In diesem Fall wäre er der Bösewicht. Geben Sie ihm aber das Wasser nicht, werden Sie der Bösewicht sein.

**KI: Die Mentalität diesbezüglich hat sich heutzutage aber geändert. Akzeptieren Sie, dass ein Jiu-Jitsuka sein Wissen an einen Ringer weitergibt oder würden Sie ihn – wie in der Vergangenheit – als Verräter bezeichnen?**

**RG:** Ich verbiete solche Dinge nicht. JJ ist der einzige Stil, den alle Welt lernen sollte. Ringen gibt es schon seit so langer Zeit und die Karatekas wollten noch nie Ringen lernen. Aber alle wollen heute JJ erlernen.

**KI: Stimmen Sie zu, dass die Mission ihrer Söhne und der anderen Familienmitglieder heute schwieriger ist als die, welche Rickson und Royce vor zehn Jahren hatten?**

**RG:** Die Mission von Royce war eine andere, denn damals wussten die Menschen nicht, was JJ ist, so dass sie auf seinem Niveau nicht mit ihm kämpfen konnten. Heute weiß jeder, was JJ ist und die Jungen finden sich vor einer schwierigeren Aufgabe. Heutzutage muss man den Namen Gracie auf andere Weise sehen. Damals waren wir die Weltbesten, denn niemand kannte den Stil. Dies ist jetzt anders. Die neue Gracie Generation ist sich dessen bewusst und weiß, dass sie noch mehr trainieren müssen, um sich den harten Gegnern zu stellen, die mittlerweile auch das JJ beherrschen. Doch andererseits haben sie nicht die Verpflichtung zu kämpfen, um zu zeigen, dass JJ die Beste Kampftechnik ist.

**KI: Früher sagten Sie, dass JJ für den Vale-Tudo völlig ausreiche. Animieren Sie heutzutage Ihre Kinder zum Cross Training?**

**RG:** Man muss mit dem Lauf der Zeit gehen. Die Gegner lernen JJ. Es ist wichtig, dass sie sich gut auskennen in dem, was sie tun. Ich akzeptiere, dass sie auch andere Stile erlernen, doch die Essenz muss immer JJ bleiben. Wenn sie nicht ausreichend JJ erlernen, werden sie den Beruf wechseln müssen.

**KI: Ihre Meinung über Minotauro?**

**RG:** Ein großartiger Kämpfer mit einem großen Herzen. Er verdient alles, was er erreicht hat.

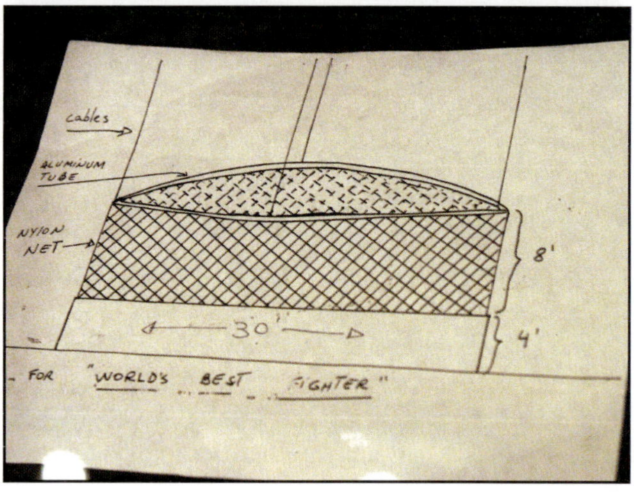


***Oben:* Der Gi, den Helio im ersten Kampf gegen Kimura benutzte.**
***Unten:* Die erste Skizze des Oktogons. Zuerst wollte man ein Becken für Haie oder Krokodile um das Achteck aufstellen.**

*Ralek und Rorion vor einem Poster, das Carlos und Helio im Training zeigt.*
*Unten: Das Museum hat Exponate von allen Gracie's, die am Vale-Tudo teilnahmen, ebenso einen reservierten Platz für die kommenden Generationen wie Ralek.*

**KI: Wie sieht es aus bei Gracie Torrance, nachdem Royce gegangen ist?**

**RG:** Es geht so. Wir haben immer neue Projekte. Diese Akademie ist ein Laboratorium für neue Projekte. Außer der Veranstaltung im Submission habe ich auch noch ein Projekt geplant, um ein Kampfprogramm übers Fernsehen auszustrahlen. Meine drei Söhne Ryron, Rener und Ralek kümmern sich sorgfältig um den Unterricht.

**KI: Man sagt in Brasilien, dass das US-amerikanische JJ veraltet sei. Was meinen Sie dazu?**

**RG:** Wir üben hier das antike JJ von Helio Gracie. Die einzige Möglichkeit zu testen ob es veraltet ist, ist im Ring.

**KI: Wann kam Ihnen die Idee mit dem Museum?**

**RG:** Das Museum ist ein Projekt, das ich viele Jahre geplant habe. Schließlich konnte ich es im Oktober 2002 einweihen, im Beisein meines Vaters, Chuck Norris, Tommy Lee Jones, Richard Norton, den Machados und vielen Gracie's.

**KI: Welches ist darunter ihr Lieblingsstück?**

**RG:** Mir gefällt sehr gut das Haus in Teresopolis, dem Paradies der Gracie. Wir kauften es 1952 und verkauften es Mitte der 80er Jahre. Zum Glück hatte ich viele Fotos davon. Ich zeigte diese einem brasilianischen Künstler und er fertigte danach ein Miniaturhaus an. Dieses Haus ist etwas sehr besonderes für jeden, der es kennen lernen durfte. Das Haus hatte 20.000 Quadratmeter, 21 Zimmer, 18 Bäder, 18 Bedienstete in Uniform und alle 14 Kinder lebten dort, was bedeutete, dass auch wenn „niemand zu Hause" gewesen wäre, immer noch 32 Menschen dort waren. Meine Mutter pflegte das Haus, als sei es ein Luxushotel. Einmal zählte ich 37 Kinder der Familie Gracie. Manchmal hatten wir bis zu 100 Personen eingeladen, die das Wochenende bei uns verbrachten. Das war unglaublich. Wir veranstalteten dort zwei Mal einen Karneval, mit Musikern und zirka 1.000 Gästen. Wir hatten eine riesige Waschmaschine, wo wir pro Woche 650 Gi's der Akademie Gracie wuschen. Die jüngsten Gracie verbrachten ihre gesamten Sommerferien (drei Monate; Anm. der Redaktion) dort. Man sieht auch meine ersten Skizzen zum Achteck. Da war John Milus mein Schüler und wir begannen gemeinsam zu zeichnen. Die erste Idee, die wir hatten, war, den Käfig an Ketten hochzuziehen. Wir dachten sogar daran, ein Becken mit Haien oder Krokodilen in der Nähe des Kampfplatzes aufzustellen. Wir wollten ein

Spektakel Typ Hollywood bieten. Nach vielen Gesprächen einigten wir uns schließlich auf die bekannte Form.

**KI: Hat das Museum Bilder von allen Gracie, die jemals im Vale-Tudo kämpften?**

**RG:** Das habe ich versucht, insgesamt waren es 18 Gracie, die dort antraten, aber leider haben mir nicht alle ein Foto geschickt. Man sieht hier meinen Vater, Carlson, Royce, Rickson, Renzo, Rolls, Rodrigo, Royler, Robin, Charles und mich. Wir haben Platz gelassen für die kommenden Generationen. Die Familie Gracie ist die weltweit größte Familie an Spitzensportlern. Noch nie gab es eine Familie, in der sich so viele Mitglieder derselben Sache gewidmet haben.

**KI: Sie haben sogar ein Register über die Zeit, als Sie in einer Garage unterrichteten?**

**RG:** Ja. An diesem Register sieht man das Wachstum und die Popularität des JJ in der ersten Epoche – 1979 - als ich noch in einer Garage unterrichtete. Zu Beginn hatte ich sehr wenige Schüler, doch mit der Zeit brachten diese immer mehr Freunde mit. Nach einem Jahr hatte ich 120 Schüler, gab 7 Tage die Woche Unterricht, vom 7 Uhr morgens bis 21 Uhr abends, mit 80 Menschen auf der Warteliste. Schließlich eröffnete ich die Gracie Torrance. Wir haben auch eine Abteilung im Museum, die die erste Gracie Akademie in Rio zeigt.

**KI: Ich habe in den alten Verzeichnissen gesehen, dass sogar die Präsidenten Brasiliens dort zu trainieren pflegten.**

**RG:** Präsident Joao Figueiredo, Minister Mario Andreaza, der Gouverneur von Rio de Janeiro, Carlos Lacerda und der Eigentümer von Rede Globo (dem größten Fernsehsender Brasiliens), Roberto Marinho und viele andere waren dort. Tatsache ist, dass ich hier nur ein Prozent von dem Material ausgestellt habe, welches mir zur Verfügung steht. Ich schreibe gerade ein Buch über die Geschichte der Gracies, erzählt aus der Sicht meines Vaters, Helio Gracie, und habe dadurch die Gelegenheit, ein wenig mehr zu erzählen.

*Kyra trainiert mit ihrem Vetter Carlos Robson.*

# Kyra Gracie
# Die Schönheit unter den Raubtieren

Wer denkt, dass sich die Hingabe an den Kampf in der Familie Gracie nur auf die Männer beschränkt, der irrt.

Die schöne Kyra Gracie hat mit diesem Mythos aufgeräumt. Als Enkelin von Robson Gracie, Nichte von Renzo, Ralph und Ryan, ist Kyra die jüngste Hoffnung der Familie. Mit Dutzenden von Titeln in ihrem Lebenslauf hat die Tochter von Flavia Gracie an der Seite von Roger Gracie gezeigt, dass es eine neue Generation in der Familie gibt.

Als Kind erschien es Kyra, dass JJ ein Sport nur für Männer sei. Als Frau hatte man ins Ballett zu gehen. Kann man so etwas begreifen? Heute kann sie sich gar nicht mehr vorstellen, wie ihr Leben ohne diesen Sport aussehen würde. „Für mich kommt zuerst immer das JJ. Danach erst kommt das Studium", sagt sie, und das, obwohl sie im zweiten Jahr des Studiums der Rechtswissenschaften ist. „Ich möchte eines Tages Profi werden. Sollte ich die Möglichkeit bekommen, mir mit JJ den Lebensunterhalt zu verdienen, mit Kämpfen und mit Unterrichten, dann werde ich das tun".

Trotz ihrer jungen Jahre kennt Kyra (1,68 m und 53 Kilo) sehr gut die Last, die es bedeutet, die erste Frau zu sein, welche die wohl traditionellste Familie der Ringkämpfe überhaupt zu vertreten hat. „Jeder kommt zu den Kämpfen und sagt: ‚Schau'n 'ma mal, was die Gracie da macht.' oder etwa: ‚Da kommt die Gracie' und lauter solche Sachen. Deswegen gehe ich nie ohne Vorbereitung zu den Wettkämpfen".

Für den Violettgurt fehlt nicht im Geringsten die Unterstützung der Familie. „Selbst mein Onkel Ryan hilft mir, und der ist der eifersüchtigste von allen. Der setzt mich unter Strom", erzählt sie lachend. Onkel Ryan hilft ihr, wo er nur kann. „Immer wenn er Zeit hat, zeigt er mir eine neue Position". Mit einiger Schüchternheit merkt sie an, dass sie bereits jetzt als Vorbild der jüngeren Gracie's dient. „Keine Ahnung....ich glaube meine kleine Nichte....und da gibt es ja auch noch die anderen, die mir immer sagen, dass sie wie ich sein wollen".

Das sieht ja gar nicht schlecht aus! Seit sie 1996 mit dem Training begonnen hat, hat sie bereits drei panamerikanische Titel gewonnen, vier Brasilianische Meisterschaften und fünf Provinzmeisterschaften. Kyra gefällt es, dass dem weiblichen JJ immer mehr Raum gewidmet wird. „Bei manchen Wettkämpfen muss ich bis zu fünf Mal auf die Matte,

das gleiche Programm also, was die Jungs aus meiner Akademie abspulen müssen“, sagt sie und bestätigt, dass die Japanerinnen die schwierigsten Gegnerinnen seien. „Das waren meine schlechtesten Kämpfe. Sie sind sehr technisch und ziemlich beweglich, was alles kompliziert“.

Kyra mit ihren Onkeln Carlos und Relson Gracie

## Der Einstieg in die Welt des Kampfes

Der wichtigste Anstoß, um in die Welt des Kampfes einzutauchen, wurde ihr mit 11 Jahren durch ihre Mutter Flavia Gracie gegeben. „Ich war zu Hause, und begann Dummheiten zu machen. Ich hatte wirklich nichts zu tun, und eines Tages schickte mich Mama in die Akademie“, erzählt Kyra, die wie jedes Familienmitglied ihren ersten Kimono als Baby bekam. „Ich antwortete: ‚Auf geht's!' und seitdem habe ich nicht einen Tag gefehlt. Ich trainiere jetzt seit acht Jahren“. Die ersten Trainingseinheiten fanden unter Anleitung von Marcelo Yogue statt, der sie auch auf ihren ersten Wettkampf vorbereitete. „Ich war ein Gelbgurt, es gefiel mir und deshalb machte

Kyra mit mehren Verwandten.

Kyra

***Kyra mit ihrer Mutter (Flavia), Großmutter (Angela), Großvater (Robson) und Urgroßvater Carlos Gracie, der Mann, der JJ durch den japanischen Grafen Koma erlernte und die Kunst dann an Helio Gracie weitergab.***

ich weiter", erinnert sie sich.

In der Akademie von Yogue blieb Kyra drei Jahre lang und trainierte danach bei Alexandre Soca bis sie 18 Jahre alt war. Heute übt sie sich mit ihrem Onkel Carlinhos Gracie und dem Weltmeister Marcio Feitosa in der Gracie Barra. Wenn sie kann, entwischt sie in die USA, wo ihre Onkels Ralph und Renzo ihre Schulen haben. „Das habe ich bisher zwei Mal gemacht, immer vor den Panamerikanischen Spielen. 2001 war ich bei Ralph zu Hause in San Francisco. 2002 traf ich mich mit Renzo in New York", sagt sie, ohne zu vergessen, wie schön es ist, mit ihren beiden Onkeln zu trainieren. „Die beiden schenken mir eine besondere Aufmerksamkeit. Sie sehen alle meine Fehler und korrigieren mich".

In den USA war es auch, wo Kyra ihre erste Erfahrung als Lehrerin im JJ sammelte, als sie drei Monate in San Antonio, Texas, lebte. „Ich ging dorthin, um Englisch zu lernen. Da dort aber niemand JJ konnte, musste ich eben Unterricht geben, um trainieren zu können. Ich hatte etwas mehr als zwanzig Schüler in meinem Unterricht".

Dort lernte sie auch den Vale-Tudo Kämpfer Guy Mezger kennen: „Er war außergewöhnlich sympathisch und öffnete mir die Tür zu seiner Akademie" – und so bekam Kyra ersten Kontakt mit dem Boxen. „Das war wunderbar, doch ich will lieber auf der Matte bleiben", erklärt sie, die bereits im Judo gekämpft hat: „Ungefähr drei Monate lang. Nur um mehr Techniken zu sehen und die Falltechniken zu erlernen".

Kyra mit ihrem Freund Ruben, der in einer Akademie der Konkurrenz trainiert.

## Vale-Tudo? Nein!

Irgendwelche Gelüste, sich einmal bei einem Vale-Tudo zu probieren?

„Nein, das Gesicht will ich mir nicht lädieren. Aber wenn es ein Kampf wäre von der Art Royce gegen Yoshida, ohne Faustschläge ins Gesicht, und Tritte nur im Stehen, warum nicht. Man hat mir das bereits einmal angeboten, aber meine Mutter hat mich nicht gelassen", erzählt sie lachend. Immer noch lachend erzählt sie, dass die Koketterie, die sie von ihrer Mutter geerbt hat, sie daran hindert, in einen Ring zu steigen. „Meine Mutter trainierte mit Leka (Vieira) bis zum Blaugurt. Sie musste aufhören, da ihr Haar immer ausgerissen wurde und sie sich die Fingernägel schneiden musste". Sie hingegen geht das Ganze so an: „Ich ziehe mir eine Mütze auf, um mein Haar zu schützen. Und meine Nägel – die müssen eben einfach kurz bleiben".

Trotz ihrer Schönheit und Weiblichkeit, schwört Kyra, dass die Männer meist zu scheu sind, sich ihr zu nähern. „Normalerweise gehe ich mit

meinen Cousinen weg und die Mannsbilder sagen dann meist: ‚Schaut mal, das sind die Gracie-'s – Achtung!'. Oder sie sagen so Sachen wie: ‚Ich lasse mich nicht auf dich ein, denn wenn ich das täte, bekäme ich es mit deiner ganzen Familie zu tun!'". Wer den ersten Pride Bushido im Oktober gesehen hat, der kann sich vorstellen, dass dies zum Albtraum werden könnte. „Die sind aber alle super locker. Am Anfang erscheinen sie nur so hart. Oder etwa nicht?", lacht sie und zeigt auf ihren Freund Ruben Junior (27 Jahre), Schwarzgurt von Manimal. Und plötzlich lässt sie vom Stapel: „Aber jeder hat ihn gut aufgenommen!".

Kyra verheimlicht nicht, dass es ihr gefällt, die Kämpfe im Vale-Tudo zu sehen. „Aber ich werde so nervös, wenn ich dabei bin und das alles direkt mitbekomme, und sehen muss, wie meine Onkels kämpfen müssen. Aber ich liebe es!", strahlt sie voller Enthusiasmus. Ohne zu zögern nennt sie uns ihr Idol: „Das ist mein Onkel Renzo. Er ist derjenige, der die Familie am besten vertritt und sich mit jedem misst". Und sie erinnert sich an ein Gespräch, das sie dieses Jahr mit ihm hatte: Ich fragte ihn, welche Pläne er für dieses Jahr habe und er antwortete: ‚Ich werde mit allen kämpfen'. ‚Und die Börse?', fragte ich. ‚Das ist nicht wichtig, Kind. Ich will nur kämpfen!'" – erzählt sie uns lachend und bestätigt, dass ihr der Kampfstil des Kanadiers Carlos Newton sehr gefällt. „Das ist der typische gute Schlaksige. Ich liebe seinen Stil!".

In Zukunft will sie die Philosophie ihres Onkels Renzo annehmen und bemerkt daher: „Ich will kämpfen. Das ist es, was ich will! Ich werde an allen Meisterschaften teilnehmen, die von meinem Onkel Carlinhos (Brasilianische Konförderation für Jiu-Jitsu) und meinem Großvater Robson (JJ-Verband des Staates Rio de Janeiro) ausgerichtet werden".

Interview: José Maurício Costa
Fotos: Levy Ribeiro

# Robson Gracie
# Der Umstrittenste Aller Gracies

Spricht man über Robson Gracie, dann gehen die Meinungen schnell auseinander. Auf der einen Seite wird er bewundert, auf der anderen Seite hasst man ihn. Eine Grauzone gibt es nicht, man geht immer gleich zu den radikalen Positionen über. Er leugnet diese Tatsache auch nicht, will aber, dass er als ein echter Gracie angesehen wird, der die Familientraditionen verteidigt, so wie sie von seinem Vater Carlos und seinem Onkel Helio verbreitet wurden. Mit 69 Jahren akzeptierte Robson, Vater von Ryan und Renzo, unsere Einladung, um über problematische Themen zu reden, und er zeigte in fast allen Antworten auf unsere Fragen, dass er ein Meister der Taktik ist. Scharfe Sätze und sein Markenzeichen, das Drehen der Brille, sowie harte Worte sind hier vom Bruder von Carlson Gracie zu hören.

**Kampfkunst International: Außer, dass Sie eine umstrittene Person sind, werden Sie auch im modernen Jiu-Jitsu als ein Radikaler angesehen...**

**Robson Gracie:** Die Mehrheit der Leute stempelt mich als Radikalen ab, doch ich komme mir eher wie ein Bewahrer der Dinge vor. Das einzig Wichtige, das ich im Leben habe, ist das Jiu-Jitsu, und deswegen setze ich mich für seine Entwicklung und noch viel mehr für seine Bewahrung ein. Man sagt heute, dass ich radikal sei, da ich mit vielen Dingen, die im JJ stattfinden, nicht einverstanden bin. Man betrachte doch nur einmal die Vielzahl an Details im Regelwerk. Unwichtiges Zeug, die dann auch noch einen Kampf entscheiden. Vorteilspunkte zum Beispiel. Was ist ein Vorteil? Wir müssen einige Regeln ändern. Ich kann mir heute nicht einmal zwei Kämpfe in Folge ansehen.

**K.I.: Was haben Sie dann bei der WM im JJ gemacht?**

**R.G.:** Außer dem JJ habe ich auch noch eine große Hingabe für meine Familie. Ich sah dort meine Enkelin Kyra kämpfen. Anscheinend hat sie wegen meiner Anwesenheit verfrüht den Braungurt bekommen, aber na ja. Sie kämpfte gegen einen Schwarzgurt, und ich wollte eben dabei sein. In einem Moment wollte sie die Deckung der Gegnerin knacken, doch die klammerte sich am Fuß fest und dann fielen beide zu Boden. Hinfallen? Fallen ist Werfen! Das sollte man doch vom Judo gelernt haben. Und das sind auch diese kleinen Details, die das JJ so kaputt machen. Wir müssen damit aufhören. Wir müssen Mechanismen schaffen, um diejenigen aufzuhalten, die den anderen einfach umarmen und sich dann ablegen. Du hast doch gesehen was mit

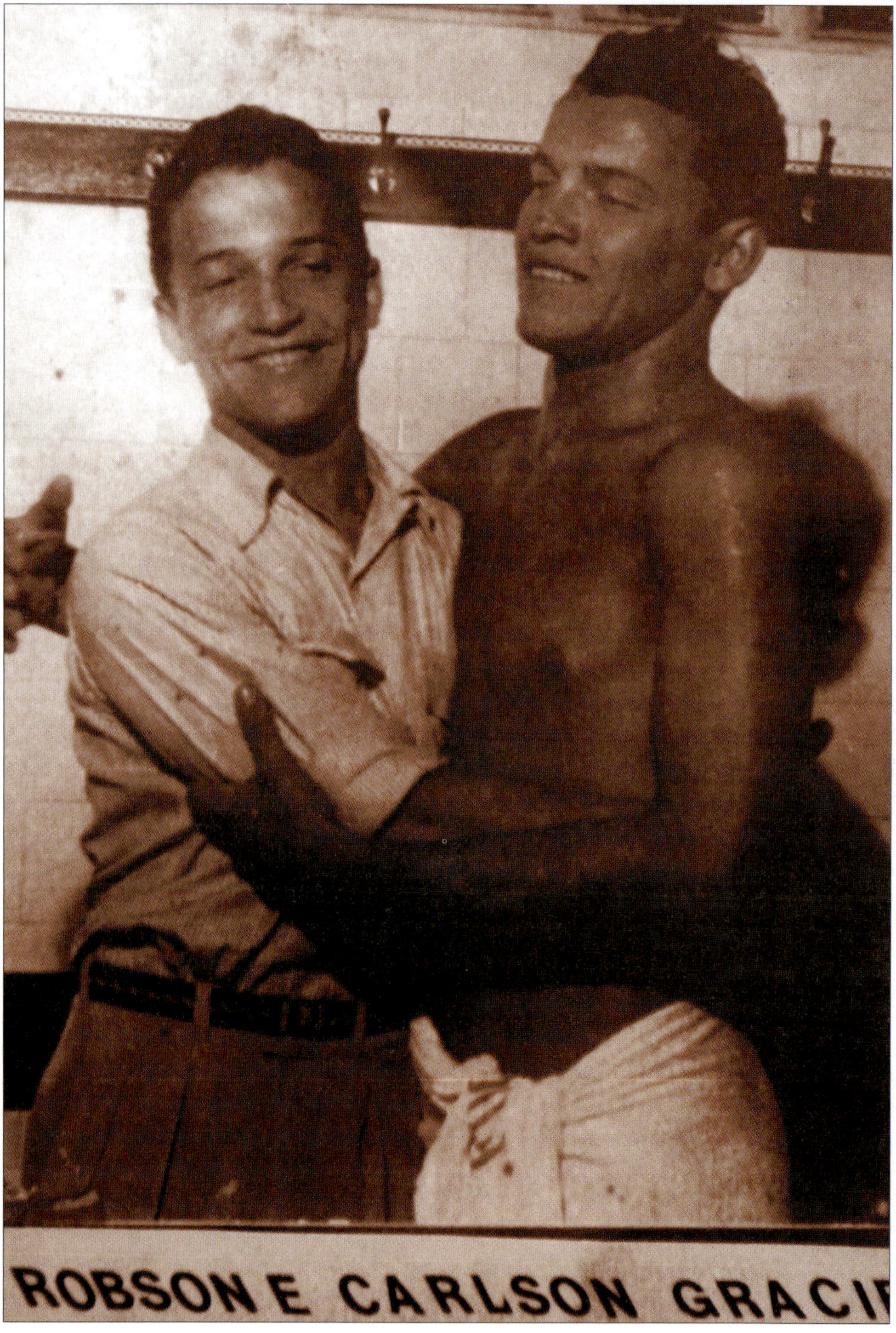


**Robson Gracie mit seinem älteren Bruder und seinem großen Idol, Carlson Gracie, 1952.**

Ronaldo Jacare und Roger (Gracie) passiert ist. Einfach absurd so etwas. Wie kann man so einen Kampf nach dem erfolgreichen Armhebel von Roger und dem Knochenbruch (!) von Ronaldo weitergehen lassen?

**K.I.: Aber sind Sie nicht auch der Meinung, dass Jacare eine Einstellung zeigte, so wie sie von jedem Gracie erwartet wird?**

**R.G.:** Logisch, das kommt ja auch von den Gracies. Tausendfach den Tod wünsche ich dem, und dass er sich als Verlierer erklären soll. Das habe ich Jacare auch nach dem Kampf so gesagt. Und wo war da die sportliche Seite? Oder hat man schon einmal einen Fußballspieler mit gebrochenem Bein weiterspielen sehen? Wo war die medizinische Betreuung? Deswegen werden wir ja auch von anderen oft kritisiert...

**K.I.: Weshalb ändern Sie als Präsident des Verbandes von Rio de Janeiro dann nicht die Regeln?**

**R.G.:** Das werde ich. Ich denke ernsthaft darüber nach, die Regeln zu ändern. Und als erstes nehme ich mir dann die Zeitreduzierung vor.

***Eine geeinte Familie Gracie. Stehend: Rickson, Rolls, Carlos, Hélio, Robson und Maurição; kniend: Royler Carlos Jr., Crolin, Rolker und Royce.***

Ein Schwarzgurt soll sieben oder acht Minuten kämpfen, dann wird man sehen, wie gut er wirklich ist. Es sind so viele Regeln im JJ geschaffen worden, dass der Sinn völlig abhanden gekommen ist. Wer heute ein vorzeitiges Beenden sucht, der wird als Phänomen ausgerufen. Außerdem riskiert der Sportler, durch Punktnachteil zu verlieren. Wir brauchen Stimuli, damit die Kämpfer alles zeigen. Wem gefällt schon ein Kampf der Schwarzgurte, die sich 10 Minuten lang am Boden festkrallen? Mir nicht.

**K.I.: Vor einigen Jahren sagten Sie, dass Sie einen Frankenstein geschaffen hätten und bezogen sich dabei auf Carlos Gracie Jr., seines Zeichens Kopf des Gegenverbandes im JJ.. Sind Sie sich nun beide einig geworden?**

**R.G.:** Ich würde sagen, Frankenstein wird mit jedem Tag größer. Das Problem ist, dass wir in einer Familie von Kämpfern einen Diplomaten haben. Und das taugt nichts. Er ist ein Mann, der die Dinge besänftigen will... er will keine Reibungen. Ich täte alles für ihn, doch ich bin nicht damit einverstanden, wie er die Dinge leitet. Ich erkenne an, dass er eine große Arbeit für das JJ geleistet hat. Er hat Veranstaltungen sowohl in Brasilien als auch außerhalb geschaffen. Er ist exzellent in einem Punkt, und schlecht in einem anderen. Er wendet das Gesetz nicht so an, wie er es sollte - es fehlt ihm an Nachdruck und Disziplin. Er will eine Sache für jeden anbieten. Und was ich nicht dulde, ist die Bevorzugung von gewissen Sportlern und Dinge, wie das Überreichen des Schwarzgurtes des JJ für Wanderlei Silva...

**K.I.: Meinen Sie damit, dass Wanderlei Silva nicht den Schwarzgurt verdient hat?**

**R.G.:** Es ist ohne Worte. Schwarzgurt von was? Niemand in der Familie wurde darüber informiert. Weißt Du, wer Wanderlei den Schwarzgurt gegeben hat? Weißt Du wessen Idee das war? Es hätte Deine sein können, oder die Deines Fotografen, um eine euerer Titelseiten zu füllen. Das wird schon eine hübsche Titelgeschichte werden, oder nicht? Alle Sportler, die mit Wanderlei ausgebildet wurden, erhalten den Schwarzgurt. Da stand ein Ehrenwort auf dem Spiel... Wanderlei ist gut? Er ist exzellent, aber er ist kein Schwarzgurt des JJ. Es kann ja sein, dass er Qualitäten hat, aber wo hat er die bewiesen? Wo? Sag mal jemandem, dass er zu uns in den Verband kommen und einen Schwarzgurt verlangen soll. Man hat mir 10.000 US-$ angeboten, einen Flug erster Klasse in die USA und Unterkunft im 5 Sterne Hotel, damit ich einem unserer Kämpfer den sechsten Dan verleihe, und ich hab's dennoch nicht gemacht. Ich erhalte jeden Tag Angebote von Leuten, die sich einen Schwarzgurt erkaufen wollen.

**K.I.: Haben Sie denn noch nie einen verkauft?**

**R.G.:** Vorher würde ich meine Mutter verkaufen. Da siehst Du mal, wie ernst mir das alles ist.

**K.I.: Sie sagen immer wieder, dass Sie vom JJ finanziell nicht abhängig sind. Welche andere Einkunftsquellen haben Sie denn noch?**

**R.G.:** Da möchte ich nicht ins Detail gehen. Ich sehe das JJ nicht als Geschäft. Im Verband habe ich eine enorme Menge an Mitgliedern für die Wettkämpfe. So ist es schwer für mich, mit der Konkurrenz des anderen Verbandes zu leben, macht er die Mehrzahl der Wettkämpfe doch hier in Rio, und seit neuestem auch noch mit diesem anderen Verband, dem des Olympischen Jiu-Jitsu. Für mich ist das JJ immer noch der Traum eines Kindes, das die Welt herausfordert. Das ist unbezahlbar. Es ist eines der besten Beispiele, die uns der alte Carlos Gracie gab, und es wird von vielen Gracie leider nicht mehr ausgeführt, weil sie nur noch Söldner sind. Die Gracie kämpfen nicht um des Geldes Willen, nein... wir kämpfen aus philosophischen Gründen... Kennst du unsere Genealogie? Wir sind eine Mischung aus Nordirländern und Schotten. Wir sind geborene Krieger.

**K.I.: Und wie hat sich diese kämpferische Seite in Ihrem Leben manifestiert?**

**R.G.:** Ich war schon immer ein Kämpfer, aber im Ring habe ich nur wenig gekämpft... ich machte drei oder vier Kämpfe. Ich war zu leicht...und zu klein. Mein heftigster Kampf war gegen Waldo, den Bruder von Waldemar Santana. Der kam damals in die Akademie und forderte Carlson heraus, doch der Alte sagte, dass er zuerst gegen einen der Schüler zu kämpfen habe. Da waren João Alberto, Helio Vigio, Jorge Frances und Jorge Medhi. Er wählte Medhi aus, doch dieser kniff... er kackte ab. Wir warfen ihn aus der Schule, da hier nämlich kein Platz für Angsthasen ist. Es war ein Gebiet nur für Männer, das Gebiet, wo Männer weinen können, ohne dass es die Mutter sieht. Man könnte meinen, was ich erzähle, wäre schlecht, doch Medhi sagt immer, dass ihm die Gracies nicht gefallen, und jetzt erzähle eben ich, warum dem so ist. Na ja, und dann kam eben ich an die Reihe und kämpfte gegen Waldo.

**K.I.: Er war wesentlich größer als Sie...**

**R.G.:** Und wann hat ein Gracie schon einmal gegen einen Kleineren gekämpft?

**K.I.: Wie war der Kampf?**

**R.G.:** Es waren drei Runden je fünf Minuten ausgemacht. Gleich zu Beginn verpasste ich ihm einen Faustschlag und schon purzelten seine Zähnchen. Keine Ahnung, ob das Kronen oder echte Zähne waren, aber die flogen nur so herum. Aber meine Energie ging schnell zu Ende. Ich hatte zuvor mit Waldemar trainiert und so schaffte er es nicht, in meine Deckung einzusteigen... Das rettete mich. In der zweiten Runde fiel ich kraftlos zu Boden, Waldo setzte sich auf mich und verabreichte mir ein paar Dinger, und jedes Mal, wenn ich in seine Deckung rein wollte, schrie Waldemar: „Mach's nicht, nein... das wird nicht gut gehen". Die Runde endete und ich wußte nicht wo ich war. Ich konnte mich nicht mehr auf den Beinen halten. Doch dann erinnerte ich mich an eine Geschichte, die mir mein Vater vom Zweiten Weltkrieg erzählte hatte. Einige Franzosen verteidigten eine Familie und die Deutschen zielten mit einer 88 mm Kanone auf ihr Haus. Vor dem Schuß tat es dem Deutschen Kommandanten leid und er schickte einen seiner Soldaten mit weißer Fahne, um die Franzosen zur Aufgabe zu bewegen.... Weißt Du, was die Franzosen geantwortet haben? „Scheiß drauf!". Die Deutschen feuerten den Schuss ab und die Franzosen flogen zusammen mit dem Haus in die Luft. Auch ich habe noch nie das Gefühl gehabt, aufgeben zu müssen. Ich riß mich zusammen, ging in die dritte Runde und hielt bis zum Schluß durch. Das ist mein Ruhm.

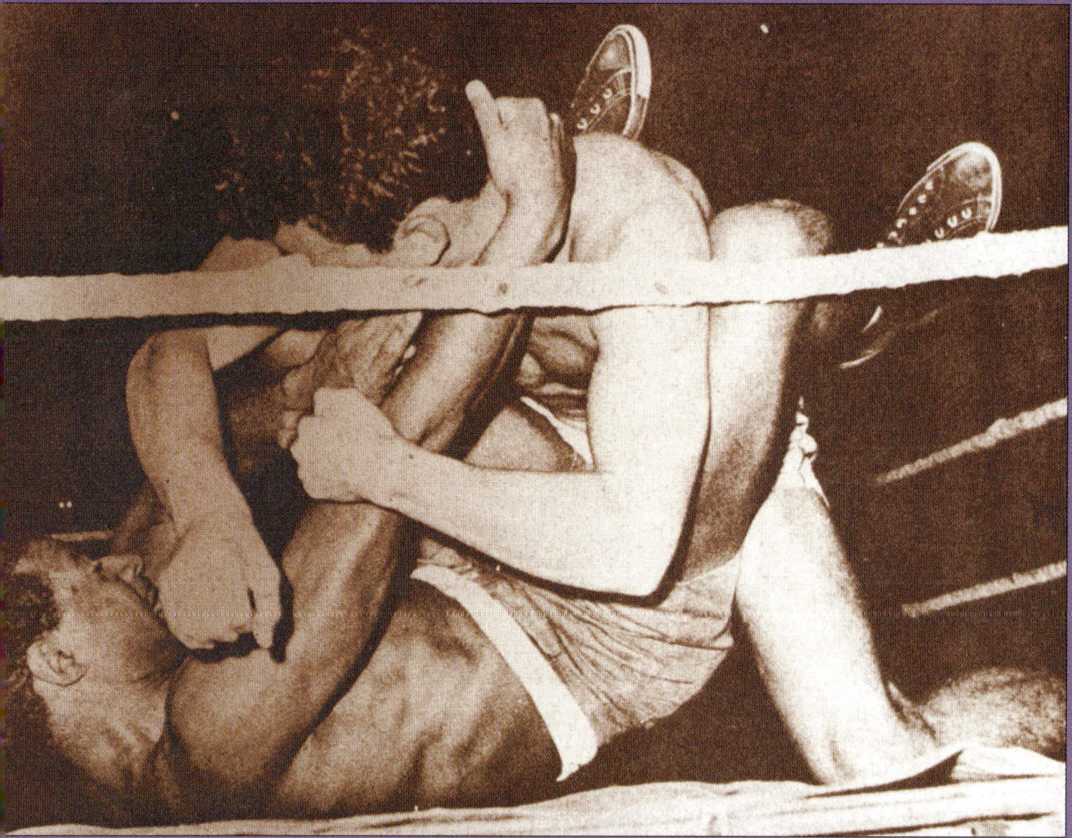

**Oben: Robson Gracie im Kampf, den er gegen Waldo Santana verlor.**
**Darunter: Robson vs. Tatuzinho. Nachdem er Tatuzinho im Vale-Tudo von 1953 besiegt hat, wird er von seinem Onkel Helio beglückwünscht.**

**K.I.: Heutzutage wird das JJ manchmal als eine Kunst angesehen, die von Vandalen und von Straßenschlägern ausgeübt wird. In welchem Moment haben Sie sich in der Führung des Sportes geirrt, so dass es zu dieser Einschätzung kommen konnte?**

**R.G.:** Ich glaube nicht, dass wir uns in etwas geirrt haben. JJ ist ein Kampfsport mit Schlägen. Wer das nicht aushält, der soll verduften. Von Beginn an mussten mein Vater und mein Onkel alle Welt herausfordern, damit man die Effektivität des JJ erleben konnte. Aber wie zeigt man die Effektivität einer Kampfkunst, ohne dass es Prügel gibt?

**K.I.: Meinen Sie also, dass das JJ den Ruf hat, den es verdient?**

**R.G.:** Nein. Es hat den übertriebenen Ruf eines Sportes von Gaunern. Und das ist er nicht. JJ ist ein Sport für Auserwählte. Es ist kein Sport für jedermann. Aber was nicht geht, ist, dass man sich mit der Heuchelei der Schwachen zusammentut. Niemand will ein schwaches Kind, das von aller Welt auf die Ohren bekommt. Andererseits will ich auch keine gewalttätigen Kinder, es sollen eben nur keine sein, die sozial unterdrückt werden. Schau Dir doch nur mal die Traumas an, die diese Kreatur durchmachen wird... Man muss im Leben ein Kämpfer sein, sonst wird nichts aus einem. Man kann ein sozialer Kämpfer sein, ein kämpferischer Arzt, ein kriegerischer Poet. Man darf nur eines nicht sein, nämlich schwach. Das ist es, was mein Alter mir immer wieder sagte.... ich habe einen Sport geschaffen, um einen Schwächling in einen Mann zu verwandeln. Das ist unsere Philosophie.

**K.I.: Ihr Sohn Ryan ist als Randalierer bekannt. Wie kann jemand, der ein schlechtes Beispiel für das JJ ist, nur so oft auf der Strasse kämpfen? Wie nehmen Sie diese Situation hin?**

**R.G.:** Man kann es auch anders sehen.... Weißt Du warum die Akademien voll sind? Weil es Ryan gibt!

**K.I.: Aber niemand will ein Kind haben, das sich ständig auf der Strasse prügelt...**

**R.G.:** Je nachdem. Wo kämpft man denn? Zu Hause? Man sollte nicht überkritisieren. Ryan ist für mich ein Engel, eine Ikone. Schau doch ma, wie die Frauen auf ihn abfahren. Man sagt zwar, dass den Frauen die Schufte gefallen... aber das stimmt alles nicht.

**K.I.: Meinen Sie denn nicht, dass seine Handlungen dazu führten, dass der Sport als ein Sport für Randalierer und Randschichten der Gesellschaft angesehen wird?**

**R.G.:** Nein, denn seit 1930 ist das JJ, die Kämpfer des JJ und die Familie Gracie hoch angesehen, und wir haben noch nie jemandem Probleme bereitet, geschweige denn welche zu jemandem nach Hause getragen. Wer respektiert das nicht?

**K.I.: Wer ist Ihrer Meinung nach der größte Kämpfer und weswegen?**

**RB:** Der größte Kämpfer aller Zeiten heißt Carlson Gracie. Denn er hatte alles, was ein Kämpfer braucht. Ich habe noch niemals einen Kämpfer gesehen, der solch ein gutes Distanzgefühl wie Carlson hatte. Für diese Sachen hatte er wirklich ein angeborenes Talent.

**K.I.: Und wer ist der derzeit größte Kämpfer der Mixed Martial Arts (MMA)?**

**R.G.:** Derjenige, der sich als authentischer Krieger ansieht, wenn er kämpft... Er bekommt eins ab und sein Blick erlischt nicht, er kneift nicht, die Einstellung ändert sich nicht. Und er sucht immer das vorzeitige Ende des Kampfes.

**K.I.: Kommen wir zu den neuen Gracies. Meinen Sie, dass Ihre Familie auch heutzutage auf der Matte und im Ring gut vertreten ist?**

**R.G.:** Klar. Wenn Du mal kurz nachdenkst, dann siehst Du, dass es noch nie so viele Gracies auf einmal im Kampf gegeben hat. In der Zeit von Carlson kämpfte nur er. Ich machte nur drei oder vier Vale-Tudo. Heute haben wir viele Leute, die in verschiedenen Ländern leben. Und noch ein weiterer Sohnemann ist am kommen, Robsinho.... er ist erst 15 Jahre alt, und er wird einigen Leuten das Maul stopfen...

**K.I.: Carlson hat es einmal geschafft, eine gute Kämpfertruppe aufzustellen... Man sagt, dass dies für die Familie ein Problem gewesen wäre... dass er mit einem Kodex gebrochen und ihnen Geheimnisse unterrichtet hätte...**

**R.G.:** Lüge. Das ist Gelaber. Carlson war das Schwarze Schaf der Familie. Er entfernte sich von der Familie und schuf einen neuen Stamm in unserer Nähe. Er verleugnete seine Familie. Warum? Das frage ich mich bis heute. Einmal bin ich erschrocken. Renzo war noch ein Kind, er kämpfte in Niteroi, und plötzlich sehe ich Carlson, wie er einen seltsamen Typen unterstützt, welcher der Gegner von seinem Neffen ist. Als Ryan festgenommen wurde, machte Carlson gegensätzliche Aussagen über seinen Neffen. Mich, der ich meinen Sohn verteidigte, klagte er an, dass ich einen Pakt mit dem Teufel eingegangen sei. Doch heutzutage habe ich ein brüderliches Verhältniss zu ihm. Ich kann nur sagen, dass er ein exzellenter Lehrer... aber ein schlechter Menschenführer war.

**K.I.: Schlechter Menschenführer? Warum?**

**R.G.:** All diejenigen, die er unterrichtet hat, sind heute gegen ihn. Ich weiß nicht, ob er so ein schlechter Steuermann war oder ob jene Menschen es nicht Wert waren, dass er sie ausbildete, hat er ihnen doch viel Aufmerksamkeit und Liebe geschenkt.

**K.I.: Ich gebe Ihnen nun die Möglichkeit, auf drei Kommentare zu antworten, die schon seit langer Zeit durch die Foren der Kampfwelt**

**geistern. Der erste Kommentar lautet: Gracie hat Zulu Geld gegeben, damit er den Kampf im Maracanã gegen Rickson verliert.**

**R.G.:** So was hat einen Namen: Unterhaltung zwischen Travestie und Hure. Wer so etwas gesagt hat, muss ein Travestit und eine Hure gewesen sein. Darauf gibt es keine Antwort, das ist eine Dummheit. Ich habe niemandem Geld gegeben. Wir leben von Herausforderungen!

**K.I.: Assuerio sagt, dass er Geld bekommen hat, um in Bahia gegen Ihren Sohn Charles zu verlieren...**

**R.G.:** Und wer soll ihm dieses Geld gegeben haben? Das ist doch alles ohne Fundament. Vielleicht war's ja sogar ich selbst? Freundchen, ich möchte hier mal etwas klar stellen: Immer wenn Du kämpfen willst, dann komm und versuch doch mal, einen meiner Kämpfer kaufen zu wollen. Das macht keinen Sinn. Diese Veranstaltung gab Verluste ab. Und wenn ich es nicht war, wer war es dann?

**K.I.: Und um die Sitzung abzuschließen, der dritte und letzte Kommentar...**

**R.G.:** Schieß schon los...

**K.I.: Waren Sie es, der die Lichter im Pentagon Combat ausschaltete bzw. die Anweisung dazu gab, als Ihr Sohn Renzo gegen Eugenio Tadeu kämpfte?**

**R.G.:** Licht ausgemacht (Gelächter)... Es war Marco Ruas, der behauptet hat, dass ich das Licht ausgemacht habe. Glaubst Du denn, dass ich jemandem befehlen könnte das Licht auszuschalten? Wer bin ich denn? Ich bin der Schiedsrichter, ich habe den Sieg Renzo gegeben... Renzo war sehr erschöpft, doch wer nach all den Turbulenzen nicht weiter kämpfen wollte, das war Eugenio. Frag doch mal „Paulo“ Borracha.

**„Ich hatte schon Tausende von Schülern, aber Du und Hélio waren die Herausragendsten von allen“**

***Carlos Gracie***

# Pedro Hemetério
# Das wandelnde Jiu-Jitsu Museum

Um den Ruf aufzubauen, im Ring unbesiegbar zu sein, konnte die Familie Gracie stets auf hochklassige Schüler bauen, die sie ihre "Frontlinie" nannten. Der erste Getreue von dem man seit Zeiten von Hélio und Carlos Gracie hört, ist der im brasilianischen Bundesstaat Ceará geborene Pedro Hemetério. Berühmt für seine exzellente Deckung und sein Können, in den Rücken des Gegners gehen, verteidigte Hemetério den Namen der Familie, den er mit 19 Jahren als seinen eigenen annahm, gegen berühmte Gegner. Heute, mit 81 Jahren, von denen er 62 dem Jiu-Jitsu widmete, ist Hemetério zu einer wahren Legende geworden. Der sympathische Meister empfing uns als Eigentümer einer der größten bekannten Hinterlassenschaften des Jiu-Jitsu in seinem Akademie-Museum und verhalf uns dazu einen schon vergessenen Teil der weichen Kampfkunst wieder zu erleben.

Als Carlos Gracie 1943 in Ceará weilte, um aus 77 Kandidaten sechs auszuwählen, erweckte ein 19-jähriger Jüngling seine Aufmerksamkeit. Sein Name war Pedro Hemetério Araújo de Castro. Die Einfachheit mit welcher der schlanke, wenig über 1,60m große junge Bursche neue Techniken erlernte, beeindruckte Gracie. Das Zusammensein mit Carlos, und später auch mit Hélio und Gastão ließ Hemetério schnell zum Teil der Familie werden, und entdeckte so das Jiu-Jitsu als Form sich seinen Lebensunterhalt zu verdienen. Als Carlos Gracie dazu berufen wurde, die Militärpolizei von Ceará auszubilden, wurde Hemetério sein Gehilfe, und von diesem Zeitpunkt an lehrte er Jiu-Jitsu bei der Marine und bei der Luftwaffe, und gab außerdem Unterricht im Sportclub von Ceará.

Im Jahre 1951 wurde Hemetério von Hélio Gracie dazu eingeladen in Rio zu wohnen und hier Unterricht zu geben. Durch ein tägliches Training mit dem Meister verfeinerte er seine Techniken, und bald wurde der begabte junge Mann aus Ceará einer der am meisten respektierten Schüler der Gracie Akademie. Durch das Zusammenleben wurde er zum Zeitzeugen der ersten Lebensstunden des Kleinen Rolls, von Rorion und von Rickson. „Ihre Mutter war beeindruckt. Sobald ich sie im Arm hatte, haben sie sofort aufgehört zu Weinen ", erinnert sich heute der 8. Dan Rotgurt stolz, der bis heute von Hélio Gracie „Cabra de la Peste" („Pest-Ziege") genannt wird.

***Texto und Fotos:* Marcelo Alonso**

***Reproduktionen: Persönliches Archiv Pedro Hemetério***

*Hemetério an der Seite von Carlson und Hélio.*

Nachdem er 4 Jahre lang mit Hélio zusammen war, kehrte Hemetério nach Ceará zurück, wurde aber bald darauf von Gastão Gracie, einem weiteren Familienmitglied, dazu eingeladen, ihm in seiner neuen Schule in San Paulo zu helfen. "Unter Berücksichtigung meiner momentanen Pläne, schlage ich vor Dir 12.000 Reales als Minimum für 120 Unterrichtsstunden pro Monat zu zahlen", steht in dem Brief von Gastão Gracie, den der Meister aus Ceará zusammen mit anderen Reliquien sorgsam hütet.

Hemetério nahm die Einladung an und kam 1956 nach "Tenue – das Land des Regens", und von dort ging er nie wieder weg. Nachdem er 4 Jahre zusammen mit Gastão gearbeitet hat, beschloss der treueste Schüler von Hélio Gracie zwar nach Ceará zurückzukehren, aber eine Gruppe von 10 Schülern erlaubte dies nicht. Diese Schüler halfen ihm im

***Gracie und seine Kinder Carlos, Geisa und Rosa, und sein Neffe Rickson.***

Jahr 1959 die erste eigene Pedro Hemetério Jiu-Jitsu Schule zu eröffnen, in der Strasse "Sete de Abril" (7. April), im Zentrum, wo sie bis 1964 blieb, um von dort aus in die Strasse "9 de Julho" Nummer 282, 8. Stock zu ziehen, wo sie sich noch heute befindet.

## Die Herausforderungen des "Hombre Quiabo"

Während der 4 Jahre, die er zusammen mit Hélio Gracie als dessen Helfer verbrachte, entwickelte sich Pedro Hemetério im Ju-Jutsu sehr weit fort, und wurde an der Seite von Carlson Gracie der vom Meister am meisten ausgewählteste "Testpilot". Die Tatsache, dass er es so ausgezeichnet beherrschte dem Gegner in den Rücken zu gehen und ihn dort zu kontrollieren, brachte die Presse dazu den Mann aus Ceará den "Hombre Quiabo" zu nennen. "Die Leute machten es mir einfach, und ich ging immer in den Rücken des Gegners", erinnert sich der Meister, der ebenfalls dafür bekannt war die Arme des Gegners ausgezeichnet kontrollieren zu können.

Zwischen Rio und Ceará stellte sich Hemetério einem Heer von Herausforderern aus verschiedenen Gewichtsklassen und Stilen, und stellte die Überlegenheit des Gracie Jiu-Jitsu damit unter Beweis. Einer der ersten auf dieser Liste war der japanische Judoka Akio Hyoshira, der es nur 58 Sekunden unter den Griffen der "Cabra de la Peste" des Hélio Gracie aushielt, bevor dieser mit einem Armhebel den Kampf für sich entschied. Ein Monat danach, im April 1952, zog sich Hemetério den Kimono aus, um sich dem ungarischen Riesen Anton Schober zu stellen, der durch den Nordosten des Landes reiste, und 1000 Reales jedem bot, der es schaffen würde ihn zu besiegen. Hemetério nahm die Herausforderung an, und der Kampf fand in der Schule Férnis in Fortaleza statt. Am nächsten Tag las man in den Lokalzeitungen auf der ersten Seite: "Ceará besiegt Europa nach 2 Minuten in der 1. Runde".

Sechs Monate nachdem er den Ungar durch einen Würgegriff im Rücken besiegt hatte, bewies Hemetério Vielseitigkeit, indem er in der vor Publikum strotzenden Fénix-Schule den Arm des japanischen Champions Takeo Yano nach 5 Minuten und 20 Sekunden in der 3. Runde (vorgesehen waren 3 Runden zu je 10 Minuten) schnappte. Nach seinem Sieg, als er schon in der Umkleidekabine war, hörte Hemetério wie ihn der Japaner über die Lautsprecher rief. "Ich dachte zuerst, dass er den Kampf fortsetzen wolle, aber als ich in den Ring stieg nahm er mir den Blauen Gürtel ab, band mir seinen Schwarzen Gürtel um, und sagte dass dies mein wahrer Gürtel sei. Das Publikum spendete viel Applaus.", erinnert sich der Meister sichtlich angetan.

## Hemetério besiegt George Gracie

Um den Namen von Carlos und Hélio zu verteidigen, musste Hemetério sogar gegen George Gracie, den Bruder seiner Meister kämpfen. Seit diesem Zeitpunkt konstruierte die Presse eine Rivalität zwischen den Brüdern, indem sie ständig Hélio und Carlos gegen George stellte, auch bekannt als "Gato Ruivo".

"George fing an zu behaupten, dass er besser sei als Hélio, und am Ende musste ich gegen ihn kämpfen." Erzählt uns Hemetério,

**Beeindruckende Beweglichkeit: Hemetério springt und demonstriert seine Spezialität.**

**Hemetério mit Iván Gomes und Carlson Gracie.**

der in dieser Zeit der beste Schüler Hélios war. Der Kampf war hart, aber er endete mit dem Sieg des Cearaners nach 26 Minuten und 34 Sekunden. Hemetério erzählt uns, dass der Gracie-Bruder auf der Matte abgeschlagen habe, als er ihn mit einem Würgegriff fest im Griff hatte, obwohl George es verneint, aus diesen Gründen abgeschlagen zu haben. "Er hat mich nicht besiegt. Als ich die Last meiner Jahre spürte und mir die Luft ausging, habe ich den Kampf abbrechen müssen.", rechtfertigte sich George Gracie gegenüber der Zeitung "Jornal Última Hora", nichts anderes hätte den Kampf beendet. Aber die Streitigkeiten sollten damit nicht beendet sein. Vier Jahre später erklärte Guanai Vidal, der beste Schüler von George, der auch schon mit Hélio Gracie trainierte, gegenüber der Presse, dass er das wahre Jiu-Jitsu von George Gracie gelernt habe, und lud Hemetério zu sich ein, um alle Zweifel darüber zu beseitigen, und der Schüler von Hélio nahm diese Einladung sofort an. Aufgrund der damaligen schlechten Straßenbedingungen der Vía Dutra, der Straße von Rio nach San Paulo, musste Hélio Gracie sieben Stunden lang reisen um der Begegnung beizuwohnen, die in der Schule von Pacaembu stattfand.

***Rickson und Hemetério.***

Einmal mehr musste Hemetério seinen Meister nicht enttäuschen, er benötigte kaum 33 Sekunden um seinen Gegner zu Fall zu bringen und zwang ihn dann mit einem Armhebel zur Aufgabe. Nach dem Kampf fragte ein Reporter Hélio Gracie wie er sich fühlte, nachdem er so lange reisen musste um einen Kampf von nur 33 Sekunden zu sehen, und der Meister antwortete: "Ich würde die ganze Reise noch einmal machen, um diese 33 Sekunden voll mit Techniken noch einmal zu sehen!"

Im gleichen Jahr stellte sich Hemetério auch dem Ehrfurcht gebietenden Waldemar Santana – ein Jahr nach seinem Sieg über Leopardo Negro – des Schwarzen Leoparden- über seinen Meister, eine Begegnung im Kimono und heiß erwartet vom Publikum in Ceará. "Mein großer Wunsch war es ihn zu besiegen, um diesen Sieg dann Hélio zu widmen, aber leider flüchtete sich Waldemar ständig im Kampf.", erinnert sich Hemetério, der von den Ringrichtern nach 20 Minuten zum Sieger erklärt worden ist, nach einem Kampf, der danach in der Presse "der Kampf der keiner war" genannt wurde.

*Im Vorkampf des Kampfes von Hélio Gracie gegen Kimura besiegt Hemetério den Japaner Sato.*

## Mit gefesseltem Arm

Am 14. Oktober 1950, nach dem Fehlen von Gegnern bei der 1. Jiu-Jitsu Carioca Meisterschaft, kamen Carlson Gracie und Pedro Hemetério mit ihrer Herausforderung an jedermann für einen Kampf mit einem Arm an den Gürtel gebunden, in die Zeitung. Diese Herausforderung kam dadurch zustande, dass viele Schulen flüchteten und sich weigerten gegen Schüler der Gracie Akademie zu kämpfen. "Wir wollten die Lehrer demoralisieren damit die Leute begreifen sollten, dass diese nur Störenfriede sind", sagte Hélio Gracie der Zeitung "Diario da Noite", und richtete die Herausforderung damit an die Lehrer Majia, Cordeiro

*Im Jahre 1958 gegen Waldemar Santana in einer Herausforderung des Jiu-Jitsu.*

*Hemetério und Hélio bei einem Armhebel.*

und Carlson Pereira, die sich aus dem Wettkampf zurückgezogen hatten. Ohne Gegner mussten Carlson und Hemetério am Schluss selbst gegeneinander antreten. "Der Kampf endete unentschieden, aber ich hab den Arm von Carlson als Zeichen des Siegers gehoben. Das war meine Art mich für die Lehren zu bedanken, die die Gracies mir zukommen ließen." Erklärt uns der Lehrer Pedro.

## Das Jiu-Jitsu Museum verlässt San Paulo

Leider hat nach einer fast 90-jährigen Geschichte das Jiu-Jitsu noch immer kein offizielles Museum im Land seiner Entstehung. Das derzeit einzige Sportmuseum befindet sich in Torrance, im Kalifornien, in der Schule von Rorion Gracie. In Brasilien ist das Meiste was Rorion aus

# Die Siege des Pedro Hemetério:

**Juni 1944 –** Cabo Manoel Barbosa - Armhebel
**März1952 –** Akio Hyoshiara in 58 Sekunden - Armhebel
**April1952 -** Anton Schober in 2 Minuten– mata-leão („Löwentöter")
**Oktober 1952 –** Takeo Yano in 25 Minuten und 20 Sekunden - Armhebel
**Dezember 1952 –** George Gracie in 26 Minuten
und 34 Sekunden - Aufgabe
**März 1953 –** Olguín (110kg) – Aufgabe
**Februar 1956 –** Valdemar Santana - Unentschieden
**Dezember 1956-** Guanair Vidal in 33 Sekunden - Armhebel

*Hemetério an der Seite von Carlson und Hélio.*

seiner Schule hinterlassen hat in der Akademie des Pedro Hemetério zur Schau gestellt. Wer in den achten Stock der "Rua 9 de Julho" im Herzen Sao Paulos kommt, in die Schule des treuesten Schülers von Hélio Gracie, findet dort eine beeindruckende Sammlung an Fotos und Zeitungsausschnitten, die von 1941 an den Weg von Hélio, Carlos, Carlson, und natürlich auch den von Pedro Hemetério beschreiben. "Früher widmete uns die Presse viel Raum, und ich spendete viel Zeit alle Artikel auszuschneiden und in zwei große Bücher zu kleben.", erklärt uns stolz der sympathische Meister, der seit nunmehr 40 Jahren die Türen seiner Akademie für Einzel- und Gruppenunterricht geöffnet hat. Leider konnte das "Hemetério Museum" bisher nur von einigen wenigen Schülern und Freunden des Meisters besucht werden, die in das Privileg kamen, seine 160 Quadratmeter große Akademie zu besuchen und in den Genuss kamen, den Meister Hunderte kleine Geschichten zu den Zeitungsausschnitten erzählen zu hören und seine beeindruckende Fotosammlung zu bestaunen, sowie die zahlreichen Widmungen seiner Meister und Idole Carlos und Hélio, sogar in einer kleinen Holzkiste (der Käsesorte Catupiry). Der Respekt Hemetérios vor seinen Meistern ist so groß, dass der Rotgurt mit dem 8. Dan sogar Kassetten mit Telefongesprächen aufhebt, wie zum Beispiel von einem Gespräch in dem Carlos sagt: "Ich hatte Tausende von Schülern, aber Du und Hélio sind ohne Zweifel die herausragendsten gewesen."

Dadurch dass er sehr auf seine Ernährung achtete und von früher Jugend an schon ein Leben als Sportler führte, brauchte Hemetério niemals damit aufhören zu trainieren und zu unterrichten. Sogar Rickson Gracie, der von ihm der beste Kämpfer aller Zeiten genannt wird, beeindruckte die Vitalität des Meisters bei einem Seminar das Rickson 1995 in Sao Paulo gab. "Er verfügt über eine zur Technik proportionalen geradezu skandalöse Kraft. Als ich einmal hinter seine Deckung gelangte sagte er, das Alterchen kann es schon noch wenn es will", erinnert sich stolz der Meister, während er auf ein Foto zeigt, das ihn und Rickson an jenem Tage zeigt, und das strategisch sehr günstig auf der Seite seines Schreibtisches steht.

Nach einem ähnlichen Gedankengang wie ihn schon sein Meister und Idol Hélio Gracie hatte, beschloss Meister Pedro schließlich auch sein Leben vollkommen dem Lehren des Jiu-Jitsu zu widmen, hauptsächlich in Privatstunden. In seiner Schule waren schon Anwälte, Ingeneure und Athleten, und er hat versucht sich an jedem auf eine persönliche Weise zu richten. Er richtete sich an jeden Einzelnen mit einer guten Stimmung und einer ansteckenden freundlichen Art. "Ich habe mein Leben auf dem Tatami verbracht, ich dachte ich könne ohne Jiu-Jitsu nicht leben, aber leider sah ich mich gezwungen eben dies tun zu müssen.", sagt uns der Meister bedrückt, der im vergangenen Jahr eine Infektion erlitt, die sich auf seinen Herzmuskel niederschlug, und ihn zwang mit dem Sport aufzuhören, den er so liebte. Die Unmöglichkeit sich erneut den Kimono anziehen zu können brachte Meister Pedro zu dem Entschluß, zu seinem Geburtsort zurück zu kehren, und den Tempel des brasilianischen Ju-Jutsu in der Strasse des 9. Juli zum Verkauf auszuschreiben. Was den Verkauf der Möbel betrifft, versichert Hemetério dass er die Akademie mit der gesamten Inneneinrichtung weitergeben wird. Er hinterlässt uns nur die allerwichtigste Reliquie, die zwei Bücher die einen großen Teil seines Lebens erzählen, und von dem Sport, den er über alles liebt.

Reportage: André Araújo
Fotos: Marcelo Alonso

# Royler Gracie

Dadurch, dass er der einzige Gracie ist, der sich drei Generationen lang auf dem Tatami jedem stellte, hat Royler Gracie einen großen Teil der modernen Geschichte des Jiu-Jitsus (JJ) im Leichtgewicht geschrieben, vier Weltmeistertitel erobert und dazu noch denkwürdige Kämpfe abgeliefert. Ohne Kimono ist der Sohn von Meister Helio Gracie ebenso eine Legende. Er siegte in Abu Dhabi und wurde zwei Mal als technisch bester Kämpfer der Veranstaltung geehrt. Außer seinen Siegen auf der Matte, hat er das Abenteuer auch im Vale-Tudo gesucht, wo er auf vier Siege, zwei Niederlagen und ein Unentschieden blicken kann. Auch wenn er darüber nachdachte, im ADCC 2005 zu starten und über eine neue Teilnahme am Vale-Tudo verhandelte, war er doch kurz davor, sich vom Ring und von der Matte zurückzuziehen.

**KAMPFKUNST International: Du bist der einzige Gracie, der sich drei Generationen des JJ gegenübergestellt hat. Du warst vier Mal Weltmeister bei den Schwarzgurten. Wie siehst Du Deine Geschichte im JJ?**
**Royler Gracie:** Ich sehe mich als Sieger. Ich habe auf der Matte und im Leben wichtige Dinge erreicht. Heute bin ich ein Athlet von internationalem Niveau und habe dem Vale-Tudo zu einem Sprung nach vorn verholfen. Außerdem habe ich in der Familie Gracie eine neue Familie gegründet, die Gracie Humaita, welche groß und mächtig ist. Ich habe mich verwirklicht und bin glücklich.

**KI: Wann werden wir Royler erneut in Aktion sehen?**
**RG:** Wenn dem nichts im Wege steht, würde ich gerne beim nächsten Mal in Abu Dhabi dabeisein, das ist der härteste Wettkampf ohne Kimono den es gibt. Falls ich da kämpfen werde, dann habe ich beste Aussichten. Mit Kimono ist es jetzt schwer geworden eine Meisterschaft zu bestreiten, sollte es sich nicht um einen kombinierten Kampf handeln. Ich habe diese Phase hinter mir gelassen. Ich denke jetzt schon darüber nach, zur Submission zu wechseln…

**KI: Dann denkst du also daran, dich von der Matte zu verabschieden? Aber was ist mit dem Vale-Tudo?**
**RG:** Ich denke, sowohl ich als auch meine Familie haben alles gezeigt, was es zu zeigen gibt. Wir sind bereits Teil der Geschichte.

***An der Seite seines Bruders Rickson Gracie bei einer öffentlichen Rede seines Vaters bei der Jiu-Jitsu WM 2001.***

Vielleicht verliere ich meine Zeit, wenn ich Vale-Tudo mache, da dieser Sport keinen Einfluß mehr auf meine Karriere hat. Doch ich würde noch gerne zwei oder drei Kämpfe machen. Ich habe keine Eile. Ich möchte meine Karriere so beenden, wie ich sei begann: gut! Mit einem spektakulären Kampf.

**KI: Und welche Pläne hast Du, wenn Du dich von den Wettkämpfen verabschieden wirst?**

**RG:** Ich möchte weiterhin Unterricht geben und Champions ausbilden. Dies mache ich schon seit langem, doch ich würde es gerne intensivieren.

**KI: Zurück zum Kimono. Wie waren Deine ersten JJ-Meisterschaften? Erinnerst du dich an dein Debüt?**

**RG:** Bei meiner ersten Meisterschaft war ich Gelbgurt und sieben Jahre alt. Ich verlor gegen einen Sportler vom Mello Tennis Club. Im nächsten Kampf bezwang ich ihn. In jener Zeit gingen wir an die Veranstaltungen, um zu spielen. Ich wusste eigentlich gar nicht, warum ich dort dabei war, ich wollte nur Fußball spielen – bis jemand kam und sagte: Komm zum Kämpfen, jetzt ist Dein Moment!". Danach ging's zurück zum Fußball. Dann gab es da auch noch die Mittagspause, Sandwichs und Erfrischungsgetränke. Das war der Moment, der mir wirklich gefiel!

**KI: Und wie dar das Umfeld der Rivalität in jenen Anfängen?**
**RG:** Es gab nicht viel Rivalität. Doch je mehr wir heranwuchsen und eine Akademie oder einen Sport vertraten, änderten sich die Dinge. Doch die Rivalität bezog sich nur auf die Matte.

**KI: An wem hast du dich im JJ inspiriert?**
**RG:** Rolls war mein JJ-Idol, der Beste aller Zeiten. Ich begeisterte mich an seinem Spiel. Danach begann ich mit Rickson zu trainieren und ein wenig mit Carlinhos (Gracie), doch mir gefiel es sehr, Rolls kämpfen zu sehen. Auch andere Kämpfer gefielen mir, wie Mario Claudio Talarico und Macarrão.

**KI: Wie kamst du zum Judo?**
**RG:** Ich habe recht oft im Judo gekämpft. 1999 wurde ich Brasilianischer Vizemeister im Club Flamengo und im gleichen Jahr vertrat ich Brasilien bei den argentinischen Meisterschaften. Ich nahm auch an den offenen Meisterschaften in den USA und denen Rio teil, alles im Judo. Ich trainierte Judo, um mein JJ zu verbessern. Ich hatte einen Freund, der gar behauptete, dass mich das Judo nach Japan bringen würde, während JJ mich höchstens nach Niteroi bringen würde. Der Gegenteil war der Fall. Im folgenden Jahr reiste ich zehn Mal nach Japan. Der Sport wuchs in Brasilien und in aller Welt. Ich war immer auf dem Schiff namens JJ – wäre dieses Schiff untergegangen, dann wäre ich mitgegangen.

**KI: Wer hat dich auf der Matte am meisten Mühe gekostet?**
**RG:** Ich erinnere mich an viele schwierige Gegner, wie Peixotinho, Cassinho, Pascoal, Márcio Simas, Clóvis, Mário Cupertino, Amaury Bitetti... Ich kämpfte drei Mal mit Ricardo De la Riva. Danach hatte ich weitere gute Gegner, wie Leo Santos, Leo Vieira und Alexandre Soca,

**Von oben nach unten: Scheich Tahrnoon übergibt ihm die Siegertrophäe.**

***Im Finale des ADCC 199 in Abu Dhabi bezwingt er Alexandre Soca (Gracie Barra).***

*In einem Kampf gegen Leo Dalla schlägt er den Punkterekord des Jiu-Jitsu: 64!*

der ehrlich gesagt immer zum Punkten kam. Vinícius Draculino war immer sehr gefährlich. 1997 schnappte er mich im Rücken, nur zwei Minuten vor dem Ende des Kampfes. Ich konnte gerade noch entkommen und aufsteigen. Das Publikum war begeistert.

**KI: Welcher war vielleicht Dein schwerster Gegner?**

**RG:** Peixotinho. Er war Schwarzgurt bei Carlos, sehr gefährlich und bei einem Kampf war er acht lange Minuten in meinem Rücken. Ich schaffte es nur mit meiner Kämpfernatur, ihn 30 Sekunden vor Schluß auf den Rücken zu legen. Das war ein denkenswerter Sieg! Ich bin methodisch und sehe jeden Gegner als den schwersten an, so dass ich jeden Gegner und jeden Kampf so angehe, als sei es das Finale.

**KI: Bezüglich der Kämpfe mit De La Riva – bist Du mit den Ergebnissen einverstanden?**

**RG:** Ich bin nicht der beste Mann, um darüber zu reden, da ich die Dinge immer für mich auslege. Die drei Kämpfe waren sehr schön. Er spielte von unten heraus und ich griff die ganze Zeit über an. Heute,

*Im Haus seines Bruders Rickson in Kalifornien.*

nach so vielen Jahren, ist es schwierig, einen Sieger in einem Kampf zu bestimmen, der fast ein Unentschieden war. Bei seinen Siegen hatte er seinen Verdienst und ich meinen. Ich denke immer noch, dass ich gewonnen habe, doch was wirklich wichtig ist, ist dass wir den Leuten ein gutes Schauspiel geboten haben. Das Publikum hat den Kampf gewonnen.

**KI: Und deine Kämpfe gegen Pascoal und Clovis?**

**RG:** Ich trat gegen Pascoal in der Copa Company an. Royce hatte gegen ihn zuvor verloren und ich hatte ihm zugesichert, dass ich ihn rächen würde. Ich machte ihn platt. Mit Clovis kämpfte ich zwei Mal. Einmal siegte ich nach Punkten, und beim anderen Mal schnappte ich mir seinen Arm. Er schlug nicht ab, der Ellenbogen entzündete sich und es gab eine Blutbeule. Er war ein Krieger und hielt bis zum Schluss durch.

**KI: Du bist in Abu Dhabi bereits zum technisch versiertesten Kämpfer gewählt worden. Worauf führst du das zurück?**

**RG:** Vielleicht, weil ich im Leichtgewicht starte. Das Leichtgewicht lebt von der Technik und dort werden alle Details sichtbar. Die Schwergewichtler hingegen machen eher blutrünstige Kämpfe und da ist es

schwer, Technik zu sehen. Es ist ein Glück, dass ich zum besten Techniker gewählt worden bin.

**KI: Im ADCC 2003 hat dich Eddie Bravo ausgeschaltet. Denkst du an eine Revanche?**

**RG:** Nein – ich denke daran, ihn erneut zu bekämpfen. Was damals geschah war mein Fehler. Ich möchte seinen Verdienst nicht runtermachen, da er ein Athlet ist, der viel trainiert und auch sein Glück hatte. Im Einzelsport darf man sich kein einziges Mal irren, ganz im Gegensatz zum Mannschaftssport, wo man sich täuschen kann und andere bügeln das wieder aus. Kommt er auch nach Abu Dhabi, so hoffe ich, ihn zu treffen. Doch dafür muss er seine Kämpfe gewinnen und ich die meinen. Soweit ich weiss, hat Bravo seit dem Kampf mit mir nicht mehr gekämpft.

**KI: Was würdest Du diesmal gegen ihn anders machen?**

**RG:** Ich werde das gleiche Spiel machen, aber versuchen, mich diesmal nicht zu irren. Ich muss sehr konzentriert sein und darf mich von nichts ablenken lassen. Das ist es.

# Rickson Gracie

Selbst innerhalb seiner Familie ist er als einer der technisch versiertesten Kämpfer des Jiu-Jitsu und Vale-Tudo der Dynastie Gracie angesehen. Rickson Gracie erlitt vor zwei Jahren seine schwerste Niederlage, als er seinen ältesten Sohn Rockson verlor. Ein schwerer Schlag, der den Kämpfer, unbesiegt im Ring und auf der Matte, für lange Zeit aus der Welt des Kampfes entfernte.

Nach zwei Jahren des Nachdenkens, war Rickson mit seinen 45 Jahren bereit zurückzukehren, und er ist so stark wie nie zuvor. Er sprach ungewöhnlich offen mit unserem Korrespondenten Marcelo Alonso; ein Gespräch, das im Juni 2005 in seiner Akademie in Kalifornien stattfand. Momente der Reflektion, Voraussagen und Analysen des Szenariums der Welt des Kampfes wechseln sich im Gespräch ab. Rickson überraschte uns alle mit Details, die zuvor noch nirgendwo erwähnt wurden..

**Kampfkunst International: Rickson, Du warst ein wichtiger Mosaikstein in der Entwicklung und Verbreitung des weltweiten Jiu-Jitsu (JJ). Wie beurteilst Du das JJ, so wie es heute ausgeübt und gelehrt wird?**

**Rickson Gracie:** Zuerst möchte ich mich bei Euch bedanken, dass Ihr mir die Möglichkeit zu diesem Gespräch gegeben habt, seid Ihr doch eines der wichtigsten Vehikel der audiovisuellen Medien in der Welt des Sports. Ich fühle mich geehrt, dass ich von Euch interviewt werde. Doch um zum JJ zu kommen möchte ich sagen, dass viel Zeit vergangen ist, viel Schweiß und Blut geflossen ist und dass JJ heute in aller Welt verbreitet ist, und dies macht uns stolz. Viele Leute nehmen an Wettkämpfen teil und die Zahl der Sportler steigt immer mehr, auch die Aufmerksamkeit für den Sport, und dies erscheint mir manchmal nicht so positiv, sieht man doch nur noch den sportlichen Aspekt, obwohl die Philosophie des JJ ein Waffe der Verteidigung ist – sie dient nicht nur dem sportlich orientierten Kämpfer, sondern jedem Menschen auf diesem Planeten. Und die Seite der Selbstverteidigung wird in der heute alltäglichen Praxis des JJ immer häufiger ignoriert. Dieser Aspekt sollte m.E. wieder mehr angegangen werden, von jetzt an.

**KI: Wie siehst Du diese Explosion des Submission, das durch den Scheich Tahnoon ins Leben gerufen wurde, nachdem er euer JJ erlernt hatte?**

**RG:** Ich sehe das nicht als einen Sport mit Wachstumspotential an, ich sehe es als eine Möglichkeit, die durch den Scheich ins Leben gerufen

**„An dem Tag, an dem ich denke, ich müsste Kickboxen trainieren, um einen Champion des Kickboxens zu besiegen, bin ich verloren“**

wurde. Er hat seine wirtschaftliche Macht genutzt, um etwas zu schaffen, wie es vorher nicht möglich war. Dadurch hat er natürlich die Aufmerksamkeit der Sportmedien auf sich gezogen. Der Kämpfer des JJ wird nicht besser dadurch, dass er ohne Kimono trainiert. Er muss vielmehr neue technische Situationen schaffen, um sich anzupassen, doch dies soll nicht bedeuten, dass das andere eine sportliche Entwicklung ist, es ist einfach nur eine Modalität, eine Auslegung, die derzeit finanziell sehr attraktiv ist, und deswegen immer mehr Anhänger gewinnt.

**KI: Wer hat Dir hier beim letzten ADCC in Kalifornien am besten gefallen?**
**RG:** Außer Roger und Kyra Gracie, welche eine großartige Leistung zeigten, gefällt mir Marcelinho sehr gut.

**KI: Welche Vorteile hatten die Gracie gegenüber anderen Athleten?**
**RG:** Die Familie Gracie hat den Vorteil eines Quells erstklassiger Techniken, doch ebenso widmet sie sehr viel Zeit und Energie darauf, sie leidet dafür und der Geist der es ausmacht, stammt von jedem Individuum. Dank Gott können wir in der Zukunft auf einige sehr gute Elemente zählen.

**KI: Seit einiger Zeit schon bist Du aus der Welt des Kampfes verschwunden. Wie sieht der alltägliche Ablauf im Leben des Rickson Gracie aus?**
**RG:** Nun, mein Tagesablauf sieht Aufmerksamkeit für meine Familie vor, ich mache meine als Sportler nötigen Übungen, pflege meine Hobbys wie das Surfen, und mein Beruf ist das Unterrichten. Ich unterrichte nicht nur meinen Sohn und einige Leute, die mir besonders am Herzen liegen, sondern ich kümmere mich auch ums Geschäft. Ich habe da einige Projekte am Laufen. Ich widme mein Leben darauf, doch versichere mich dabei immer, dass ich körperlich in Form bleibe.

**KI: Hast Du ein interessantes Kampfangebot?**
**RG:** Nein, nichts dergleichen. Mir würde es wirklich wieder gefallen, zu kämpfen, doch noch ist nichts dergleichen im Gespräch.

**KI: Stimmt es, dass Dein erster Vale-Tudo mit 16 Jahren auf den Straßen von Rio stattfand, gegen Black Trunk, einen gigantischen Hawaiianer?**
**RG:** Das war kein echter Vale-Tudo, um ehrlich zu sein, das war ein Straßenkampf. Auch wenn ich erst 16 Jahre alt war so sah ich mich doch

verpflichtet, Sergio Malibu zu verteidigen, meinen Freund, der in Problemen war. Der Hawaiianer hatte sein Surfbrett zerbrochen und war dabei, der Herrscher über den Strand von Rio de Janeiro zu werden. Doch dem sollte nicht so werden. Am nächsten Tag fand ein Surfwettbewerb statt und wir gingen zum Strand. Der Hawaiianer stand vor der Hütte mit den Surfbrettern von Rico und pflanzte sich auf. Da liefen eine Menge Leute zusammen. Als wir ankamen, war er mit seinen großen Freunden da. Er sah mich an, er sah, wer der Anführer war. Mit dem wenig Englisch, das ich sprach, begann ich ihn zu beleidigen und zu sagen: „Nur du und ich. Komm her“. Auf der Straße bildete sich ein Platz und wir gingen aufeinander los. Der Hawaiianer lockerte seinen Griff und ich schnappte seinen Rücken und legte ihn schlafen. Das war der Beginn meiner Karriere als Kämpfer.

**KI: Dein Cousin Rolles war der natürlich Nachfolger Deines Onkels Carlson in der Dynastie Gracie. Warum bist Du ausgewählt worden, 1981 gegen Zulu anzutreten?**

**RG:** Das war eher Zufall. Als Waldemar Santana bei uns zu Hause anrief, nahm mein Vater das Gespräch ab. Ich stand daneben und mein Vater fragte: Waldemar, wie geht es Dir? Alles klar? Und Waldemar sagte: Nun,

Lehrer… Hier gibt es jemanden, der im Norden gewonnen hat und ich würde gerne eine große Veranstaltung organisieren. Hast Du keinen Kämpfer für mich? Vater wiederholte die Sätze von Waldemar Santana und ich begann freudig zu Vater zu sagen: Papa, stell bitte mich auf, nimm mich…Ich war wie verrückt, mein Glück zu probieren und er sagte: Hier habe ich einen Knaben, der noch nie zuvor so etwas gemacht hat, aber er sieht entschlossen genug aus, es ist mein Sohn. Waldemar schlug ein und so war es denn auch. Das ging fast ohne das Wissen von Rolls ab, denn ansonsten wäre er, damals der Champion der Familie, angetreten. Er war besser. Rolles unterstützte mich sehr, er stand in meiner Ecke, das war eine so effektive Begleitung! Als ich nach der ersten Runde schon erschöpft war und in die Ecke zurückkam, sagte ich zu meinem Vater: Papa, ich kann nicht mehr weitermachen, ich bin am Ende. Papa wollte mir gar nicht zuhören: Junge, der andere ist noch müder als du. Ich antwortete: Aber Papa, die Sache ist ernst. Der Typ da haut wirklich zu und ich kann nicht mehr. Und Papa sagte: Tut nichts zur Sache. Die Dinge laufen gut. Während des Gesprächs hob Rolles einen Krug mit Eiswürfel hoch und war ihn mir über den Kopf, ich war geschockt… Als ich hinausging benötigte ich noch drei Minuten, um in seinen Rücken zu kommen und ihn schlafen zu legen.

In der ersten Runde von zehn Minuten hatte er mit seinen 96 Kilos mich (72 Kilo) drei Mal aus dem Ring geworfen. Vielleicht war dies mein schwierigster Kampf. Bereits zu Beginn gab ich ihm einen Kniestoß und er verlor einen Zahn. Ich glaubte schon, den Kampf gewonnen zu haben, doch er schüttelte nur den Kopf und warf sich auf mich. Dieser Wille und diese Kraft haben mir gefallen und mich beeindruckt. Er ermüdete mich, doch seit jenem Kampf weiß ich, dass wenn ich müde bin, es der andere auch ist und das war eine großartige Lehre für mich.

**KI: Wie kam es zur Verbreitung des Freistilringens Ende der 80er Jahre?**

**RG:** Das Problem mit dem Ringen war eher eine Sache zwischen Rolles und Molina, der vom Kickboxen kam. Nach der Streiterei trommelte Molina die Leute zusammen, die in Boqueiro trainierten, also Ringer waren, dort kam auch das Muay Thai hin und sie bildeten eine Gruppe, die sie Freistilringen nannten, doch es war eine Kombination aus Muay Thai, Kickboxen und Freistilringen. Da waren Ringer wie Fausto Brunocilla, der Schüler meines Vaters war und später ohne Kimono weiter trainierte. Doch in Wirklichkeit stammt das gesamte Grappling hier in Brasilien von unserer

Familie Gracie ab. Die Rivalität begann nachdem sie sich zusammengetan hatten, und so kam es zu den vier besagten Kämpfen, nachdem ich 1983 jenen Vale-Tudo gegen Zulu gemacht hatte. Es kämpften Calles gegen Pinduka, Molina mit Marcelo Behring, Eugenio Tadeo gegen Renan Pitanguy und Bruce Lucio gegen Inacio. Diese Kämpfe lösten alles aus, doch ich glaube es hat mehr Positives gebracht als Negatives. Dadurch ist der Sport, die Technik und der Bekanntheitsgrad gewachsen. Auch wenn es keine Freundschaft war, so war es doch in bestimmter Weise positiv.

**KI: Wie war die Sache, als Du nach Boqueiro gingst und Hugo Duarte und Marco Calles herausgefordert hast?**

**RG:** Bis zu diesem Zeitpunkt war Hugo unbekannt. Bekannter waren Molina und Calles, den sie nach einem Kampf gegen Pinduka als den härtesten Ringer überhaupt bezeichneten. Kurz zuvor rumorte man, dass er einen Kampf wollte. Also gingen Vater, ich und Serginho zu ihnen. Es gab keine Zeit zu verlieren, und da Calles schon immer meinen Respekt als Kämpfer hatte, wollte ich mit ihm kämpfen. Wir kommen an, ein Haus voller Halbstarker, und ich ging direkt auf Calles zu und fragte ihn, was er eigentlich wirklich wolle, was seine Absichten waren, und wenn er kämpfen wolle, könnten wir dies sofort tun, vorher oder nachher, er sollte mir nur Bescheid sagen, und zwar jetzt...

Er sagte, dass er mich nicht herausfordern wolle, aber würde ich ihn wollen, solle ich ihm vier Monate Zeit geben und dann würde ich schon sehen... Ich antwortete: Bist du verrückt? Glaubst du Pelé kommt mit dem Cosmos, um den Ferroviario herauszufordern? Ich werde dich nie wieder herausfordern. Ich bin hier, um demjenigen einige Schläge zu verpassen, der kämpfen will. Bist Du nicht zum kämpfen aufgelegt, dann gehe ich nach Hause als wenn nichts gewesen wäre.

Dann bemerkte mein Vater, dass sich in der Akademie eine seltsame Atmosphäre aufbauschte und die Stimmung zügeln wollte: ‚Hier gibt es so viele bekannte Athleten, wer mit Rickson kämpfen will, schreibe seinen Namen auf die Liste und eventuell können wir einen solchen Kampf in Zukunft machen.' Da kam Hugo ins Spiel, den ich zum ersten Mal in meinem Leben sah und er sagte: ‚Schreib meinen Namen auf die Liste'. Ich antwortete: ‚Bruderherz, das ist kein Lotteriespiel. Wenn du kämpfen willst, dann tue es jetzt, und wenn nicht, dann halt deine Schnauze und bleib beim Zuhören'... Ich war da hineingegangen, um zu kämpfen, egal mit wem. Dann wurde alles ruhiger, ich ging nach Hause, und ab jenem Augenblick verbreitete Hugo, ob mit Grund oder nicht, dass er einen Kampf gegen mich vorbereite, und noch andere Sachen, und so kochte das Süppchen bald über. Meine Freunde sagten mir, dass Hugo sehr gut sei, dass er bereits dies und jenes getan hatte, und ich schluckte all dies hinunter. Ich konnte ihn aber noch nicht herausfordern, weil er noch nicht berühmt genug war, aber das Thema völlig aus den Augen verlieren konnte ich auch nicht, denn man sagte, dass ich Angst habe. So musste ich fast eine Situation herbeiführen, um einen Kampf zu machen, der zuvor nicht offiziell publiziert wurde. Es gab für uns keine Medien, wir hatten kein Geld, wir hatten nichts, es ging eher um die Ehre, das merkt man doch, oder? So trafen wir uns am Strand von Pepe, kämpften und entschieden die Sache, doch er war damit nicht zufrieden.

**KI: Fünf Tage später stürmte er die Akademie Gracie, um mit Dir eine Revanche auszufechten...**

**RG:** Als er kam, war ich gar nicht in der Schule. Ich war im Büro eines Freundes und jemand kam herein und sagte mir, dass man gerade die

Akademie gestürmt habe. Ich rannte los. Zu jener Zeit hatte ich lange Haare und als ich die Treppen hoch rannte, kamen sie gerade herunter, und er sagte: ‚Bruder, ich will mit dir reden', und ich antwortete: ‚Gehen wir runter'. Wir gingen runter und ich hatte zirka 20 Schüler von mir anwesend, gegen die zirka 300, die mit ihm und Eugenio Tadeo von Santa Marta oder sonst woher gekommen waren. Es war ein Riesentumult, Banditen vermischt mit Kämpfern. Das war eine seltsame Atmosphäre. Bevor wir kämpften, gingen wir in den Schulhof und ich sagte Hugo: ‚Ich will mit dir reden'.

Dann kamen Denilson, Hugo, mein Vater und Royler. Ich sagte: ‚Die Sache bleibt wie sie ist, Bruder. Ich respektiere dich als Mensch, ich respektiere dich weil du eine Revanche willst, und ohne Vorbereitung werde ich diese als Mann entgegennehmen. Du brauchst noch nicht mal Bescheid zu geben. Doch eines muss dir klar sein. Wenn irgendeiner in den Kampf eingreift bevor dieser vorbei ist, wird die Sache heißer als du sie dir vorstellen kannst. Eine Sache wird die andere entscheiden'.

Und er sagte: ‚Nein, nein... das ist eine Sache unter Männern, du und ich'. ‚Dann gehen wir zu den Leuten zurück und kämpfen sofort', antwortete ich ihm.

Dieser Kampf war sogar noch schneller als der erste, wo uns der Sand gestört hatte. Dort auf dem Beton der Akademie war es viel besser. Ich fiel schnell auf ihn und unglaublich schnell bat er mich aufzuhören. Als wir aufstanden sagte ich ihm: ‚Jetzt will ich nichts mehr mit dieser Sache zu tun haben. Bruder, ich respektiere dich, trainiere weiter, du bist ein harter Kerl'. Er antwortete mir: ‚Ich respektiere dich auch. Alles ist gut'. Dann begann Royler sich mit Eugenio zu prügeln, doch da waren schon die Polizisten da und schossen, sie beendeten den Kampf bevor er richtig entflammte. Dieser sollte zwei Tage später ausgetragen werden, als Royler mit Eugenio ein Unentschieden machte. Ein Sache unter Männern, aus der Ehre heraus – alles ist ziemlich glimpflich abgelaufen.

**KI: Dein Umzug in die USA 1991 schuf die neue Generation, nicht wahr?**

**RG:** Ich denke, nicht nur das JJ, auch das Ringen hat seine Werte. Die Zeit von Fabio Gurgel und Murilo Bustamante begann, als sie die Führungsverantwortung bekamen, die sie, bevor ich ging, nicht hatten. Marcelo war durch diesen Druck gestresst, der zweite Rickson sein zu müssen, vielleicht war das zu viel für ihn. Er war glücklich, wenn ich in seiner Ringecke war, ihm gefiel die Unterstützung, doch er fühlte sich ein wenig verloren, als ich nicht mehr da war. Doch Fabio Gurgel Murilo

Bustamante und andere Vertreter des JJ hatten einen positiven Einfluß auf die Entwicklung. Alles tapfere Leute und alles weitere war einfach ein natürliches Wachstum.

**KI: Wie siehst Du heutzutage die neuen Vertreter des JJ im Vale-Tudo, wie Minotauro oder Werdum?**

**RG:** Ich sehe, dass die JJ-Kämpfer, die sich auch in anderen Modalitäten trainieren, um auf der Höhe zu sein, gerade den Teil des JJ für den Vale-Tudo nur schwach ausfüllen. Ich würde es gerne anders sehen, aber das ist es, was ich fühle.

**KI: Wie siehst Du die Arbeit Deines Schülers Cristiano Marcelo, der heute Verantwortlicher für den Bodenkampf bei der Chute-Boxe ist?**

**RG:** Ich sehe, dass menschliche Wesen wachsen müssen, nicht nur in kämpferischer Hinsicht, auch innerlich. Der Raum, der Cristiano im JJ zur Verfügung stand war zu klein. Ich sehe ihn nicht als einen Feind des JJ an. Ich sehe, dass er wachsen will. Heute gibt es kein getrenntes JJ mehr, es gibt jene Kämpfer des Vale-Tudo, die gar gegen Champions des Wrestling antreten, gegen Boxer, Kickboxer, und Cristiano verhilft seiner Mannschaft zum Vorteil, die hauptsächlich aus Strikern besteht. Doch JJ ist in allem. Heute ist es in den weltbesten

Kämpfern zu finden. Ich denke, dass er seine Arbeit so gut macht wie er nur kann. Ich kann nichts schlechtes über ihn sagen. Wäre der Champion des Vale-Tudo aber einer aus dem JJ, wäre ich noch zufriedener. Doch er soll die Probleme der anderen lösen, damit sie siegen können, das ist in Ordnung für mich.

**KI: Die Söhne von Rorion trainieren mit Vertretern der Chute Boxe hier in den USA. Würdest Du wissen, ob Du, wenn Dein Sohn Kron eines Tages im Vale-Tudo antritt, es akzeptieren könntest, dass er außer JJ auch noch andere Künste ausübt?**

**RG:** So unglaublich es anmuten mag, die Effektivität des Vale-Tudo ist derart unsichtbar... Die Leute verdrehen die Sache, die Effektivität des Vale-Tudo, sie machen die Sache komplexer als sie ist. Ich sehe nicht die

Notwendigkeit, für einen Vale-Tudo andere Kampfkünste als JJ erlernen zu müssen. JJ gibt bereits die Leitlinie vor, stellt alles bereit was man für einen guten Vale-Tudo braucht. Doch hier setzt genau das Problem der modernen JJ'ler an. Sie denken an den Wettkampf, wollen an der Deckung reißen, denken an das Spielchen in der halben Deckung und wollen die Ärmel des Kimonos greifen. Ich denke, dass dies die Idee ist, mit der das wahre JJ nichts zu tun hat, das doch eher auf dem Gefühl der Verteilung des Gewichts beruht, dem größeren Sinn für die Selbstverteidigung, damit man aus jeder Stellung entwischen kann. Es ist klar, dass ich mich nicht sehe, wie ich hinausstürme und jemanden im Stand ausknocke, aber eben auch nicht ausgeknockt zu werden. Ich sehe mich darin, meinen Gegner in die Stellung zu bringen, die mir den Vorteil bringt. Das ist meine Konzeption. An dem Tag, an dem ich denke, ich müsste Kickboxen trainieren, um einen Champion des Kickboxens zu besiegen, bin ich verloren.

**KI: Aber meinst Du nicht, dass Du durch das Training des Kickboxens eine Hilfe hättest, um dessen Spiel zu neutralisieren?**

**RG:** Ganz im Gegenteil. Nenne mir einen Kämpfer des JJ, der Kickboxen trainiert und deswegen Vorteile im Stand gegen einen Kickboxer hatte – vielleicht ändere ich eines Tages meine Meinung, aber bisher war dem noch nie der Fall. Die Leute irren sich, alle haben das immer versucht und gute Möglichkeiten deswegen verloren.

**KI: Sollte Dein Sohn also einmal kämpfen, würdest Du es wollen, dass er ausschließlich JJ macht?**

**RG:** Er soll machen was er

will, doch m.E. sollte er, wenn er gewinnen will, meinen Ratschlägen folgen. Ich bin sehr stolz auf seine Arbeit, er ist dabei alles zu tun, um das Beste aus sich herauszuholen. Doch ich möchte meine Sichtweise nicht dem Lauf der Zeit widersetzen. Ich bin ein Zuarbeiter für ihn, ich setze ihn nicht unter Druck und fordere Ergebnisse. Diese Formel hat bisher großartige Ergebnisse erzielt. Er hat mit 16 Jahren bereits bei den Violettgurten gesiegt, unter 30 Kämpfern bei den Panamerikanischen Spielen. Das ist ein gutes Ergebnis.

**KI: Gibst Du ihm viele Privatstunden?**

**RG:** Wir trainieren zusammen und ich korrigiere ihm alles. Das erscheint mir wichtig. Bei den letzten Meisterschaften hat er, auch wenn er gegen bereits bekannte Kämpfer angetreten ist, erheblich bessere Resultate erzielt. Er ist noch weit von der Perfektion entfernt, doch wenn er nach Hause kommt, korrigiere ich ihn, sei es, dass ich auf ihm liege, darunter, im Stand, im Moment der Beendigung – alles wird korrigiert. Das gute JJ ist unsichtbar und wir benötigen Präzision, das ist Millimeterarbeit.

**KI: Kazushi Sakuraba hat mehrere Familienmitglieder von Dir besiegt. Hättest Du Lust, mit ihm zu kämpfen?**

**RG:** Zufällig war dieser Kampf bereits geplant, doch das Schicksal wollte es, dass mein Sohn in jener Zeit starb. Ich hatte leider keine übernatürliche Möglichkeit, einzugreifen. Von da an verbrachte ich eine wundervolle Zeit mit meiner Familie. Ich konnte nicht an kämpfen denken und die Sache so gestört lassen wie sie war.

**KI: Als Ihr mit dem Vale-Tudo ohne Zeit- und Punktregelung begannt, glaubtet Ihr, dass die Technik immer die Kraft besiegt. Wie siehst Du diese Theorie heutzutage?**

**RG:** Das ist völlig veraltet. Diese Theorie war gültig gegen einen größeren Gegner der nicht vom JJ kam, wie JJ gegen Boxer, gegen Ringer. Doch heutzutage kennt jeder alles und die Person macht viel aus. Die modernen Kämpfer sind sehr gut ausgebildet, haben große Schlagkraft, unglaubliche Nehmerqualitäten und die Technik macht nicht einmal mehr ein Prozent der Überlegenheit aus. Dieses Kriterium mit der Technik ist nur gültig, wenn der andere keine Technik hat. Doch das gibt es nicht mehr, jeder weiß ein bißchen von allem.

**KI: Würdest Du heutzutage einen Kampf gegen einen schwereren Gegner ohne Zeitlimit machen?**

**RG:** Klar doch, das ist meine Stärke. Ich zähle nicht nur auf Technik, auch auf die körperliche Vorbereitung und mit der Einstellung zum Kampf werde ich den gegnerischen Fehler ausnutzen. Doch die Technik wird nicht so einfach den Kampf beenden, es gibt etwas Unsichtbares, das wesentlich ist und die Sache beendet und das ist die Zeit, welche die Menschen benötigen.

**KI: Der härteste Kampf im JJ war der gegen Sergio Penha?**
**RG:** Nein. Bei jenem Kampf war ich strategisch intelligenter. Wir kämpften bei jener Meisterschaft zwei Mal gegeneinander. Am Sonntag in einem Halbfinale, und einen Sonntag darauf im Finale. Ich wollte Osvaldo Alves (Lehrer von Penha) einen Gefallen tun. Als ich mich einschrieb, war ich Halbschwergewicht und Penha im Schwergewicht. Ich wog 84 Kilo und er 93 Kilo.

Osvaldo sagte mir: ‚Professor, ich habe da einen guten Kampfhahn für Dich“. Und ich antwortete: „Ja, ich weiß, ich habe schon viel über Dein Raubtier gehört, man spricht sehr gut über ihn“. Ich wollte mich eigentlich im Halbschwergewicht und in der Offenen Klasse einschreiben. Osvaldo sagte überrascht: ‚Junge, was ist denn das? Sergio ist Schwergewicht.“. Und ich sagte also: „Na gut, dann schreib mich eben auch im Schwergewicht ein, dann feiern wir gleich doppelt“. Am ersten Sonntag waren wir im Halbfinale der Gewichtsklasse und ich besiegte ihn schnell. Er kam nicht zu einem Stich. Ich hatte seinen Arm und er musste schnell abschlagen, ich dachte, ich hätte durch Glück gesiegt. Er sagte nichts, alles war korrekt verlaufen, spitzenmäßig für mich, ihm gefiel das alles nicht. Das war, bevor Rockson geboren wurde. Sonntag darauf - mein Sohn war Dienstag zur Welt gekommen und seit Mittwoch hatte ich nicht mehr richtig geschlafen und auch nicht mehr trainiert - zog ich den Kimono an, das erste Mal seit einer Woche. Es war das Finale von Kategorie und Offener Klasse. Ich stellte mich Macarro und Serginho. Macarro sagte zu mir: „Meister, ich werde nicht gegen Dich antreten“, und zog sich zurück. Serginho war wie verrückt auf eine Revanche, und als ich in der ersten Bewegung seinen Kimono griff, fühlte ich mich wie krank, ich hatte keinerlei Energie. Das Publikum war aus dem Häuschen und feuerte ihn an: „Los, Sergio! Das ist deine Gelegenheit“. Meine Fans waren verstummt, ich verstand nicht wie mir geschah. Während des Kampfes rutschte mir der Kimono über den Kopf und als ich mir den Gürtel festzog kam Rolles und sagte, es fehlten noch drei Minuten Kampfzeit. Ich hatte bis dorthin sechs oder acht Punkte auf meiner Seite, hatte zwei Mal die Deckung durchbrochen, war nicht in die Mount gekommen, doch ich war am angreifen, aber zu schwach zum Beenden, ich hatte eine gute Grundlage, hatte aber nichts mehr besonderes drauf. Also spielte ich den toten Mann. Er war voller Vertrauen auf sich, und er wollte die Deckung knacken, doch dann drehte ich den Spieß um, warf ihn, stieg auf, schnappte seinen Hals und legte ihn endgültig flach. Er konnte nicht einmal abschlagen, er schlief gleich. Ein tapferer Kerl, beim ersten Mal schrie er, beim zweiten Mal schlief er schon, ich musste nicht einmal zuschlagen.

**KI: Wer war also Dein schwerster Gegner im JJ?**

**RG:** Im JJ haben ich gegen mehrere großartige Kämpfer streiten müssen, wie Rigan Machado, mit Sergio, viele gute Leute waren darunter. In der Akademie waren alle sehr gut, wir waren 20 oder 30, die für den Wettkampf bereit standen, harte Leute und ich führte sie alle an, ich wälzte mich am Boden mit ihnen, oftmals unten liegend, und musste nur durch die Deckung. Das war für mich damals absolut normal, ich hatte noch nie einen

Kampf bei dem ich meinte, alles sei verloren. So habe ich immer vorzeitig siegen können. Den vielleicht längsten Kampf bei einer Meisterschaft hatte ich gegen jemanden, der eigentlich gar nicht so gut war, gegen Bucháu, Schüler von Carlson. Ein harter Kerl und in einem Finale einer Meisterschaft war ich emotional mitgenommen weil De La Riva, Schüler von Carlson, zuvor gegen Royler gesiegt hatte, ein umstrittene Entscheidung, ich wollte mich nur noch rächen dafür und schon war er in der Reiterstellung über mir. Das geschah nur, weil ich verärgert und blind war. Ich musste da einiges aushalten, aber ich wollte um keines Willens abschlagen. Da dachte ich, dass ich hier und jetzt eine Technik anzubringen hätte, und 15 Sekunden später war ich Sieger. Dies war das einzige Mal, dass mich die Gefühle übermannt haben, denn normalerweise waren es immer schnelle Kämpfe.

**KI: Der Ausstieg Deines Onkels Carlson aus der Akademie Gracie, die Ausbildung von hochqualifizierten Rivalen um gegen Euch anzutreten, war das auch für die Entwicklung des Sports wichtig?**

**RG:** Das war immer eine positive, niemals negative Entwicklung, es gab niemals eine Streiterei. Doch Carlson war für mich schon immer extrem gewinnsüchtig, streiterisch, ihm gefiel es schon immer, bei den Hahnenkämpfen mitzuwetten, das war sein Spiel. Für ihn war eine Meisterschaft wie ein Hahnenkampf, er wollte seinen Hahn gewinnen sehen, egal wie. Er schrie Schiedsrichter an, sagte ihnen alles Mögliche nach, es war ihm egal was er sagte und gegen wen. Egal ob es ein Neffe war, ein Familienmitglied oder sonstwer, er wollte seinen Schüler siegen sehen. Das auf eine fast unschuldige Weise, sein Ego zu befriedigen, er sah die höhere Politik der Familie nicht, verstand nicht, dass sie wichtiger war. Ich respektiere Carlson, bewundere ihn auf gewissen Weise sogar wie er sein Leben gestaltet hat, und ich glaube sogar, dass diese Denkensweise die Entwicklung seiner Leute beeinflusst hat, denn sie fühlten ihr Potential und dachten sich: Ich kann mit Carlson einen Gracie besiegen. Die härtesten Gegner der Akademie waren die Schüler von Carlson gewesen, die Wallid's ihrer Zeit. Die Copa Company war phänomenal, darüber lachen wir heute Tränen, wenn wir uns zurückerinnern.

**KI: Die Form, die Gracie als Hierarchie auf der Matte aufzubauen, von Kindesbeinen an, macht das Eure Klasse im Ring aus?**

**RG:** Ohne Zweifel. Diese Hierarchie hat der Familie schon immer viel gebracht, denn zu Hause kämpften wir nie, denn mein Vater hatte uns erzogen, dass der, der sich irrt, sich zu entschuldigen habe: „Ich will keine

Kämpfe zu Hause, ihr dürft nicht unter euch kämpfen, denn das bringt die Ordnung total durcheinander. Doch in der Akademie sollt ihr zeigen, wer der Beste von euch ist, wer die Nummer zwei und Nummer drei. Es ist egal ob du gut bist oder nicht, du musst trainieren. Ich will euch beim Training zusehen". So ließ er Rorion mit Rolls trainieren, mich mit Carlinhos, mit Crolin, mit diesem und jenem, mit allen, die ganze Zeit hindurch, denn in der Akademie war man Teil einer Hierarchie. Das half, den Respekt zu Hause aufrecht zu halten, wer sich irrte, entschuldigte sich, sei er technisch unterlegen oder nicht, aus Grund oder nicht, ich folge hier meinem Vater, ich fordere Dinge, greife eine Sache auf, bringe sie aber nicht nach Hause, wenn ich mir irre. Wir trainierten immer, um das Beste aus jedem herauszuholen, und das die ganze Zeit über. Ich versuchte immer gegen meine Lehrer zu kämpfen, aber im Guten, und niemals

kämpften wir auf der Strasse. Eines der wenigen Male, als ich mit der Familie kämpfte, war, als Carlinhos fast einen Kampf mit meinem Cousin Rigan (Machado) erzwang, in der Copa Company. Weder Rigan noch ich wollten das, doch Carlinhos zwang uns dazu und sagte uns, der Schirmherr der Veranstaltung wolle dies so. Ich sagte ihm: „Bruder, für mich darf so etwas nie geschehen, aber wenn du es so willst, sag ihm er soll sich warm anziehen". Doch dies tat unserer Beziehung keinen Abbruch, denn am nächsten Tag kam er an und entschuldigte sich und versicherte, dass dies nie wieder vorkäme. Selbst hier bei einem Wettkampf des Sambo in den USA, der Double Elimination, wo jeder gegen jeden anzutreten hat. Jean Jacques und Johnny hatten gegen jenen unbesiegten Russen verloren und ich hatte meine beiden Kämpfe gewonnen. Beide stellten sich mir und ich besiegte den Russen im Finale. Das war kurz nachdem ich hierher gezogen war. Heute haben wir großen gegenseitigen Respekt voreinander.

**KI: Eine andere umstrittene Beziehung der Familie Gracie war jener Kampf zwischen Jacare und Roger Gracie bei der WM 2004. Wie erscheint Dir das Ergebnis?**

**RG:** Das Ergebnis ist nicht anfechtbar. Der Sieg gehört Jacare, er war sehr klug, kämpfte mit allen Mitteln. Ich glaube, Roger hat sich den Sieg nehmen lassen. Der Fehler liegt eindeutig auf Rogers Seite, da er dem Druck nicht bis zum Ende standgehalten hat. Er ließ Jacare den Kampf machen, und jener war nicht mehr in der Lage zu kämpfen, er hatte den Arm gebrochen, wollte nur noch auf Distanz bleiben und es geschah das, was die Familie nicht sehen will, doch es geschah und wir mussten uns damit abfinden. Er gab nicht auf, war listig und tapfer.

**KI: Wie siehst Du die Zukunft der Familie Gracie im JJ und im Vale-Tudo?**

**RG:** Wir dürfen auf viele neue Talente hoffen. Da gibt es Roger, und so Gott will, auch Kron. Auch Kira hat großen Erfolg und viele andere auch, auch die Söhne von Carlinhos. Entschuldigt mich, dass ich nicht an mehr erinnere, aber diese neue Generation ist sehr groß. Doch ich sehe, dass die direkte oder indirekte Familie Gracie immer mit dem JJ und Vale-Tudo verbunden bleiben wird. Dies ist ein offensichtlicher Prozeß, und die Familie Gracie wird daran einen ewigen Anteil haben.

**KI: Wie ist Deine Beziehung mit dem Rest der Familie?**

**RG:** Ich versuche die Verbindung so gut wie möglich aufrecht zu erhalten, denn jetzt habe ich mein eigenes Geschäft, meine Akademie, meinen Verband, und jeder hat den seinen. Ich versuche so gut wie möglich mit den Leuten zu stehen. Mir würde es gefallen, wenn die Familie generell häufiger zusammen wäre, um zu trainieren, so wie wir das früher taten. Heute ist alles zu verwässert. Doch diese Verbundenheit holt das Beste aus uns allen hervor, das ist es, was wir brauchen. Das war das Umfeld, in dem ich unterrichtet wurde.

**KI: Was sagst Du zum Stampftritt im Vale-Tudo und dem Ellbogen im UFC?**

**RG:** Ich denke, auf dem Niveau des Vale-Tudo habe ich keinerlei Einschränkung, aber was Sport anbelangt, da gibt es schon Sachen, die das Bild des Sportes selbst beschädigen, außerdem muss man diese Art von Sachen gar nicht einsetzen, um einen Kampf zu gewinnen. Das ist ein wenig unsportlich, aggressiv und brutal. Wenn man sieht, wie einer dem am Boden liegenden Gegner das Gesicht zerquetscht, ob der das braucht zum Sieg? Für mich hat der andere schon vorher verloren. Man zeigt dadurch nur einen Sieg, der nichts zum Wachstum des Sports beiträgt. Das ist gefährlich.

**KI: Meinst du, dass der Vale-Tudo eines Tages mit dem Boxen gleichziehen kann?**

**RG:** Ich denke, dass die Tendenz ist, sich zu stabilisieren, wenn nicht, geht's abwärts. Ich sehe keinen Wachstum, denn die Sache wird immer niveauloser. Ich glaube, dass der Reiz der MMA gerade im Aufeinandertreffen der Stile ist. Was die MMA bekannt gemacht hat war genau das, ein Boxer gegen einen Ringer, Royce mit seinen Kämpfen im Ultimate, das war sensationell. Heute weiß jeder von allem ein bißchen was, und man sieht unglaubliche Nehmerqualitäten. Dadurch hat das alles irgendwie keine Schönheit. Manchmal will ich statt eines häßlichen Vale-Tudo lieber einen hübschen Kampf im K-1 sehen. Alle Kämpfer der MMA heutzutage sind technisch weniger versiert. Sie sind nicht ausdrucksstark und nimmt dem Vale-Tudo auf gewisse Art die Schönheit, wie sie beispielsweise das Boxen hat, es gibt keinen Cassius Clay.

**KI: Es dürfte schwer für ein Idol wie Dich sein, an Pensionierung zu denken. Wie siehst Du die Sache?**

**RG:** Ich denke, dass ich nichts mehr beweisen muss, doch ich fühle, dass ich in mir noch ein oder zwei weitere Kämpfe habe. Mit ein oder zwei weiteren Kämpfen könnte ich, wie man in Brasilien sagt, „meinen Esel vor den Schatten spannen“.

Ich will mich wohl in der Pensionierung fühlen, daher denke ich, ein weiterer Kampf würde mir gut tun, doch sollte das aus irgendeinem Grund nicht möglich sein, macht das nichts, ich muss niemandem mehr etwas beweisen. Gott hat mir genügen erfüllende Momente gegeben durch den Sport und mit meinen Fans. Nur eine sehr interessante Möglichkeit könnte mich in den Ring zurückbringen, um mich mit jenem Siegeswillen zu erfüllen. Ich habe keine Sorgen, das tut gut.

***Helio Gracie im historischen Kampf von fast 3 Stunden, als er gegen Waldemar Santana verlor.***

Text: Marcelo Alonso
Fotos: © Joaquim Firmino/Correio Braziliense
© Persönliche Akte Gracie
© Fernando Pinduka

# Die wahre Geschichte des Vale-Tudo in Brasilien

Die Veranstaltungen des Vale-Tudo begannen Anfang der 30er Jahre in Brasilien mit Helio Gracie. Nachdem er von seinem Bruder Carlos das Jiu-Jitsu (JJ) erlernt hatte, begann Helio Gracie Gegner aus verschiedenen Stilen herauszufordern, um so deren Können gegenüber dem JJ auszutesten. Nachdem er einige Lulatsche dazu gebracht hatte, auf der Matte abzuklopfen, wurde er in ganz Brasilien bekannt. *„Heute gibt es in Brasilien viele Helden des Sports, wie Ronaldo (Fußball), Guga (Tennis) und Senna (Formel 1). Zu meiner Zeit war ich der einzige Nationalheld“,* erinnert sich Helio Gracie, der sich daran gewöhnen musste, sich auf vielen Titelseiten zwischen Mitte der 30er Jahre bis zu seinem Rückzug 1955 zu sehen, nachdem er gegen Waldemar in einem historischen Kampf nach 3 Stunden und 45 Minuten verloren hatte, und das Echo in den wichtigsten Zeitungen und Radiosender jener Epoche zu vernehmen war.

Die historische Revanche für Helio Gracie, die sein Neffe Carlson Gracie ausfocht, wurde zu einem der am heißesten diskurtierten Vorfälle des Vale-Tudo des Landes. „Die Presse sprach nur darüber“, erinnert sich Carlson. Durch die Un*terstützung der Presse füllte sich das Stadion Maracanazinho mit fast 20.000 Zuschauern. „Helio war ein Held und alle wollten sehen, wie Carlson ihn rächte und den Namen der Familie Gracie“,* erinnert sich Joao Alberto Barreto, Schüler von Helio Gracie.

Wie alle wissen, besiegte Carlson Waldemar innerhalb von 49 Minuten und wurde so zum Verfechter Nr. 1 der Familie Gracie und erschien seit jener Zeit in den wichtigsten Tageszeitungen jener Zeit: Diario de Noite, Ultima Hora, Jornal dos Sports, Diario de Noticias. *„Damals waren wir so bekannt wie die heutigen Fußballspieler. In jener Epoche verlor Brasilien die Weltmeisterschaft im Fußball in Maracana (1950) und alle Welt war mit dem Fußball unzufrieden, so dass man sich lieber den Kämpfern zuwandte. Sogar die Präsidenten und Minister waren Anhänger von uns“,* erinnert sich Carlson, der den Namen der Familie Gracie bis Mitte der 70er Jahre verteidigte und in seinen 19 Kämpfen unbesiegt blieb.

## Vale-Tudo in Brasilien
## Die Presse stellt sich gegen den Vale-Tudo

1959 war der Vale-Tudo so populär, dass der Fernsehsender Continental (ein freier Sender), einer der wichtigsten TV-Sender Brasiliens jener Zeit, ein Programm dem Vale-Tudo widmete und Carlos sowie Helio Gracie einlud. Das Programm wurde direkt im ganzen Land ausgestrahlt und berichtete über fünf oder sechs Herausforderungen von Schülern der Akademie Gracie mit Vertretern anderer Stile, wie dem Capoeira, Boxen und Luta-Livre (einer Art Freistilringen). Die Kämpfe wurden nach den Regeln des Vale-Tudo ausgerichtet (3 Runden à 5 Minuten), in einem Ring in der Sportschule Flamengo (Rio de Janeiro).

Joao Alberto, der beste Schwarzgurt von Helio Gracie und Sparringspartner Nr. 1 von Carlson, war normalerweise der große

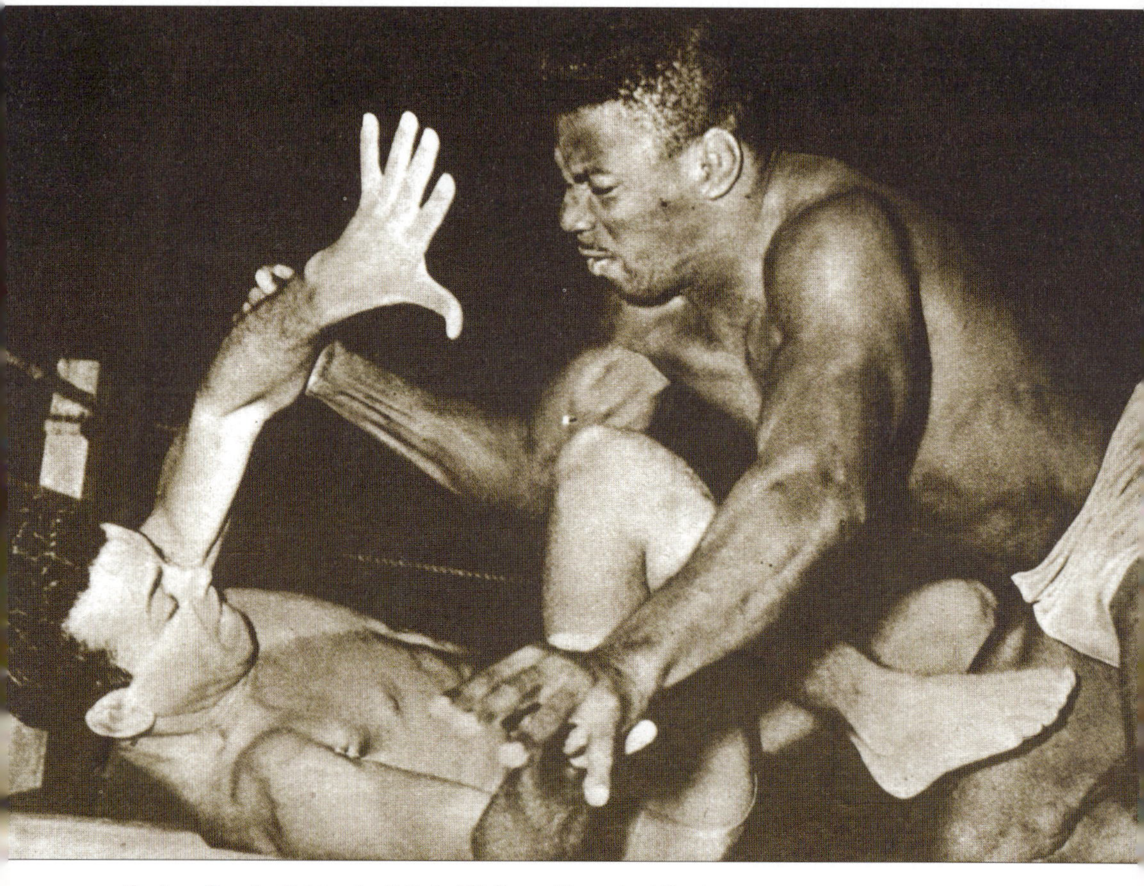

*Carlson Gracie rächt seineN Onkel Helio und bezwingt Santana.*

Stern des Programms und bestritt meist den Hauptkampf. Seine Technik wurde von der großen Mehrheit der Reporter offen bewundert.

Nach fast sechs Monaten Ausstrahlung des Programms kam es zu einem Kampf, der gut besucht war (das erste Programm im Stadion Maracanazinho), zwischen Joao Alberto (74 kg) und Soares Vinagre (86 kg), einem bekannten Kämpfer des Luta-Livre. Dieser Kampf sollte für das Vale-Tudo und das JJ in Brasilien zur Entscheidung werden.

Nach einigen Faustschlägen und nachdem er den Gegner in die Deckung gezwungen hatte, überraschte Joao seinen Gegner mit einem „Americana“ (Armhebel) und brach ihm den Arm. *„Er versuchte gegenzuhalten, ich zeigte dies dem Ringrichter an – doch der wollte nicht unterbrechen – Soares versuchte zu drehen, tat dies aber in die falsche Richtung  und brach sich den Arm!“*, erinnert sich Joao Alberto Barreto. Die Szene des gebrochenen Armes im Fernsehen zu der besten Sendezeit (22 Uhr) wühlte die Menschen auf. *„Er versuchte gegenzuhalten und man brach ihm deswegen den Arm“*, titulierte am nächsten Tag die Zeitung „O Globo“. Die Presse begann den Vale-Tudo zu kritisieren und schon bald begannen bekannte Journalisten sich für ein Verbot auszusprechen. *„Der Tag nach dem Kampf war ein großes Trauma für mich. Normalerweise erhielt ich Dienstags (der Tag nach dem Kampf) viele Anrufe von Leuten, die mich beglückwünschten, doch diesmal erhielt ich viele Anrufe von Leuten, die mir sehr unangenehme Dinge sagten. Einige Journalisten kritisierten mich in ihren Zeitungen und der Sponsor entschied auszusteigen und das Programm wurde augenblicklich aus dem Verkehr gezogen“*, erzählt Meister Joao Alberto Barreto, der heute ein respektierter Psychologe und Professor an einer Universität in Brasilien ist.

Von da an verlor der Vale-Tudo in Brasilien die Unterstützung der Presse und hatte einen schlechten Ruf als Sport, zumindest für die Mehrheit der konservativen Gesellschaft der 1960er Jahre.

## Carlson Gracie rächt Helio

Trotz der nun fehlenden Unterstützung der großen Medien veranstaltete man in den 60ern immer noch einige formidable Kämpfe des Vale-Tudo. Doch ohne den Rückhalt bei den Politikern und der großen Presse in Rio de Janeiro ( die bedeutendste Stadt des Landes), veranstaltete man die Treffen in kleinen Studios in Rio und anderen

Städten Brasiliens (vor allem im Nordosten). Trotz der nun fehlenden Aufmerksamkeit seitens der Presse handelte es sich immer noch um einen populären Sport.

Während er 60er Jahre wurde Carlson zur Nummer 1 seiner Epoche. Er stellte sich wesentlich kräftigeren Gegner, wie Ivan Gomes (Recife), Euclides Pereira (Brasilia), Passarito (Rio), Waldemar Santana (von 6 Kämpfen gewann er 2, 2 Unentschieden), Guanair Vial (Brasilia) und vielen anderen Kämpfern.

Nachdem sich Carlson 1974 zurückzog, gab es (auch wegen der fehlenden Unterstützung der Medien, welche den Vale-Tudo nach wie vor kritisierten) fast ein Jahrzehnt ohne ereignisreiche Kämpfe des Vale-Tudo, also bis in die 1980er Jahre hinein. *„Damals war die Überlegenheit der Familie Gracie eine unumstößliche Tatsache und niemand traute sich, sie herauszufordern. Es kamen hingegen Kung Fu und Karate auf, dank Bruce Lee. Judo wurde sogar zu einer Olympischen Disziplin“* erinnert sich Joao Alberto, wenn er erläutert, weshalb Wettkämpfe des Vale-Tudo in Brasilien immer weniger populär wurden und warum das JJ – das in den 50ern und 60ern dank Helio und Carlson auf dem Höhepunkt war – im Gegensatz zu den Stilen des Faustkampfes - an Beliebtheit verlor, was seiner Meinung nach dem „Bruce-Lee-Fieber“ zuzuschreiben war.

## Rolls Gracie und der Ursprung der Rivalität zwischen Jiu-Jitsu und Luta-Livre

Als Carlson sich zurückzog, begann sein kleiner Bruder Rolls Gracie sich als sein natürlicher Nachfolger zu etablieren. *„Rolls war ein echtes Phänomen. Leider gab es nach meinem Rückzug kaum noch Veranstaltungen für Vale-Tudo, so dass er seine Fähigkeiten nicht richtig entwickeln konnte, so wie er dies mit dem JJ machte“*, versichert Carlson.

Rolls, ein leidenschaftlicher Wettkämpfer, erlebte eine Zeit, in der es unglücklicherweise keine Wettkämpfe des JJ auf hohem Niveau gab, so dass er seine Herausforderungen in anderen Sportarten suchte.

*1980 debütierte Rickson im Vale-Tudo und bezwang den champion aus dem Nordosten, König Zulu.*

Rolls kämpfte im Sambo, Ringen und sogar im Karate. Seine Erfahrung aus all diesen Stilen und seine Genialität brachte er ein im JJ; Rolls begann, die weiche Kunst zu revolutionieren.

Mit 25 Jahren hatte Rolls 1976 seinen einzigen Auftritt im Vale-Tudo gegen einen Schwarzgurt des Karate, genannt Paulo. In weniger als einer Minute strangulierte Rolls seinen Gegner mit einem Mata-Leao („Löwentöter“), nachdem er diesen zuerst zu Boden gebracht hatte und danach in seinen Rücken gekommen war. Dieser Kampf kam zustande, weil ein Lehrer des Karate eine Darbietung von Helio und Rorion Gracie sah, sich an einen TV-Sender wandte und versicherte,

dass er jeden Kämpfer des JJ besiegen würde. Rorion handelte drei Runden aus, im Clube Olimpico (Rio de Janeiro); alle Kämpfer des JJ siegten und Rolls war die große Attraktion.

*„Er war der Beste, den ich jemals in einem Gui gesehen habe. Meiner Meinung nach hat das JJ zwei Teile: vor und nach Rolls. Er revolutionierte das JJ“,* versichert Royler Gracie.

Im Januar 1982 nimmt Rolls an einem Geschehen teil, das zur Rivalität zwischen dem JJ und dem Muay Thai (Luta-Livre) führte. Alles begann als Mario Dumo, Schwager von Flavio Molina (Lehrer des Muay Thai) Charles Gracie (Sohn von Robson) auf der Strasse besiegte. Charles (der damals ein Jugendlicher war) beschwerte sich über das Geschehene bei seinem Onkel Rolls. *„Ich erinnere mich genau an das, was an jenem Tag geschah. Wir trainierten in der Akademie und Charles, ein Knirps von 15 Jahren, kam weinend zu Rolls, der seinen Neffen vergötterte. Rolls brach sofort den Unterricht ab und unsere große Gruppe von Schülern begleitete ihn zur Akademie von Molina“,* erinnert sich Romero „Jacare“ Cavalcante (Gründer der Alliance) und einer der Schüler, die Rolls tatkräftig unterstützen. Kurz danach war die Akademie (im Distrikt Flamengo) durch die Gruppe zerstört. Rolls machte Molino platt, Narani und Mario verloren das Bewußtsein als einige der Schüler ihre Löwentöter ausprobierten. *„Das war die feigste Handlung die ich je in meinem Leben gesehen habe. Sie stürmten die Akademie wenige Stunden vor einem wichtigen Fußballspiel (es waren nur wenige Personen in der Akademie anwesend). Es kamen zirka 20 Personen und bei Molina waren nur vier Erwachsene“,* erklärt Luis Alves (Lehrer des Muay thai von Minotauro, der an jenem Tag nicht anwesend war). Laut Alves kam es zur Stürmung auch deswegen, weil das Muay Thai immer populärer wurde. *„Karate, Muay Thai und TKD waren sehr angesagt, während das JJ im Keller war. Außerdem wollten die JJ'ler immer ihre Überlegenheit beweisen und andere Stile besiegen. Sie stürmten viele Akademien, um zu zeigen, dass sie die Besten sind. Doch Muay Thai und Luta-Livre vereinten sich, um diese Mentalität zu bekämpfen, damit man auch andere Stile respektierte“,* erläutert Luis Alves, klarstellend, wie der Kampf des Muay Thai (Luta-Livre) gegen das JJ begann, was bis Ende der 1990er andauern sollte.

Kurz nach dieser Geschichte, am 6 Juni 1982, stirbt Rolls beim Absturz mit einem Drachenflieger, hinter sich eine Legion von Fans

***Nachdem er den schwierigsten Kampf seiner Karriere gewonnen hat, feiert er diesen Sieg mit seinem stolzen Vater Helio Gracie.***

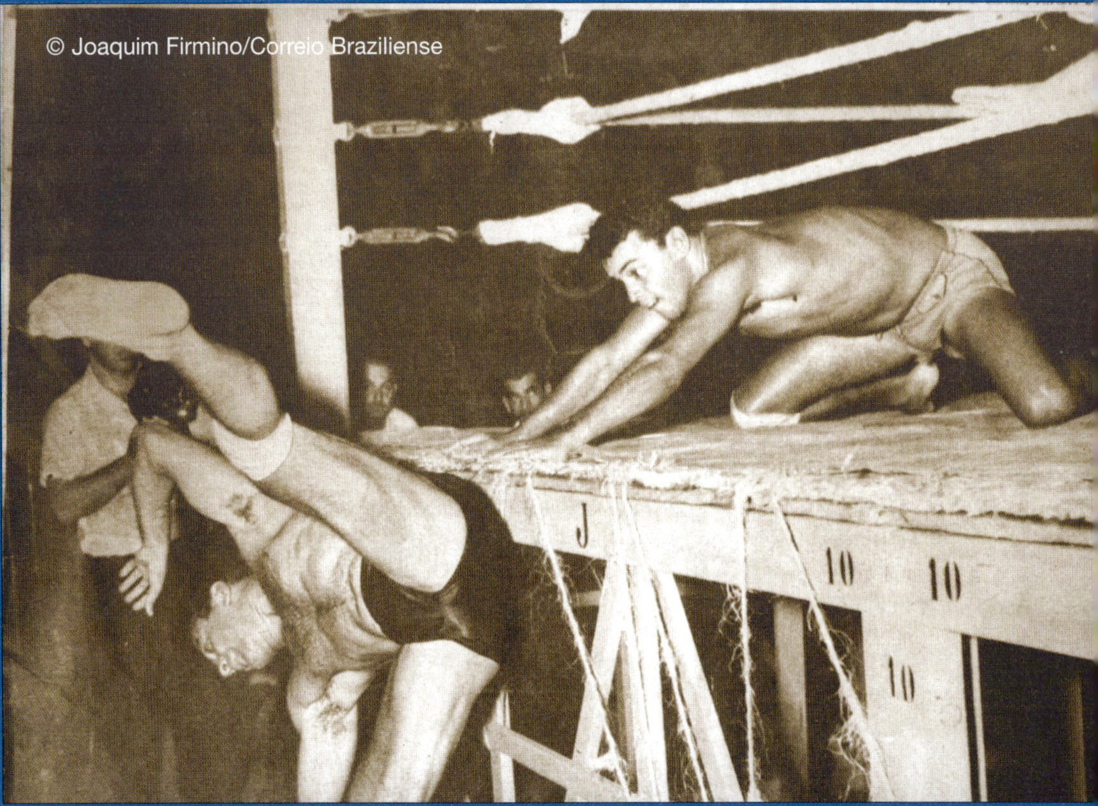


lassend und ebenso eine klaffende Lücke für seinen Neffen Rickson, welcher die dritte Ära der Familie bestimmen sollte.

## Rickson Gracie gegen König Zulu

Der erste Kampf von Rickson Gracie gegen Casemiro Nascimiento (König Zulu/ „Rei Zulu") fand am 25. April 1980 in Brasilia statt, mit den Originalregeln des Vale-Tudo (keine Handschuhe, einzige Verbote: Angriffe zu den Augen, zur Kehle, Bisse).

Rei Zulu (auch bekannt als „Die Bestie des Nordostens") war ein gefürchteter und unbesiegter Champion des Vale-Tudo im Nordosten Brasiliens, und er forderte die Nr. 1 der Gracies heraus (wie dies in der Vergangenheit viele große Kämpfer des Nordostens taten, wie Ivan Gomes und Waldemar Santana). Damals war Rolls die Nr. 1 der Familie, doch er bat Helio Gracie, Rickson eine Chance zu geben, den er

schon so lange ausbildete. *„Wenn Zulu ihn besiegt, dann überlass ihn mir, aber ich bin mir sicher, dass er Rickson nicht besiegen kann"*, sagte Rolls zu seinem Meister Helio. Und Meister Helio nominierte Rickson mit nur 19 Jahren und 78 kg für die Welt des Vale-Tudo gegen einen gestählten und erfahrenen Gegner (70 Kämpfe) mit 1,90 m Größe und 90 kg Gewicht.

Der Kampf war ausgelegt auf drei Runden à zehn Minuten, doch Rickson beendete den Kampft bereits in der zweiten Minute der zweiten Runde . Sergio Barreto (der jüngere Bruder von Joao Alberto Barreto) war damals der Schiedsrichter und er erinnert sich. *„Meister Helio sagte zu Rickson, dass er mit Zulu keinen Schlagabtausch eingehen sollte, denn jener pflegte lange Nägel zu haben und beim Schlagen ins Gesicht des Gegners zu kratzen. Zulu überraschte alle Welt, indem er versuchte Gracie auf den Boden zu legen, doch Rickson reagierte gut und landete einen heftigen Kniestoß am Mund von Zulu, der dadurch zu bluten begann. Zulu, viel größer als Rickson, nutzte seine körperliche Überlegenheit aus und warf Rickson drei Mal aus dem Ring. Immer wenn Rickson ihn treffen wollte, hob er ihn an und warf ihn gegen die Ringseile. Damals gab es noch keine Regeln, die so etwas verboten. Rickson kehrte drei Mal zurück in den Ring und brachte Zulu in Schwierigkeiten. Er war kurz davor ihn mit einer Guillotine abzuwürgen, auch mit einem*

*Löwentöter, aber Zulu wehrte alles ab. In der zweiten Runde brachte Rickson Zulu zu Boden, brachte sich auf ihn und nach einem heftigen Schlagabtausch kam er bis zu seinem Rücken und brachte einen Löwentöter an"*, erinnert sich Meister Sergio, der auch heute noch JJ in Brasilien unterrichtet.

Später sollte Rickson bekennen: *„Das war die härteste Kampferfahrung in meinem Leben. Mein Vater und Rolls in meiner Ringecke waren entscheidend für meinen Sieg"*, sollte er später in einem Gespräch 1996 sagen.

Die Revanche zwischen Rickson und Zulu brachte das Vale-Tudo auf die beste Bühne zurück: Maracanazinho. Nach 23 Jahren ohne bedeutenden Wettkampf des Vale-Tudo scheint es, dass alle Journalisten ihren Kreuzzug gegen diesen Sport vergessen haben. Das Debüt des neuen Gracie in Rio de Janeiro erscheint in drei großen Zeitungen (Jornal do Brasil, O Globo und Jornal dos Sports). Das Treffen findet am 13. November 1983 statt und bewirkt, dass das JJ erneut populär wird.

José Geraldo, já com o braço esquerdo fraturado, sendo amparado pelo médico Mário Godói

VITÓRIA DE JOÃO ALBERTO

NÃO QUIS DESISTI
E TEVE O BRAÇO QUEBRAD

O que foi a estréia da TV-Continental no setor pugilístico — Moacir zia x Mauro Gonzaga — Fernando Barreto exibiu-se — A passivi dos "segundos" de José Geraldo custou caro ao lutador

A TV-Continental fêz realizar segunda-feira última, no Maracanãzinho, seu primeiro programa de lutas, que constou de uma exibição do nosso campeão de boxe, Fernando Barreto, contra Jaime Alves e Manuel Teixeira (três rounds para cada um). Uma banda dos Fuzileiros Navais estêve abrilhantando a noitada e alguns números cômicos agradaram ao pequeno público presente (renda de 13 mil cruzeiros) nos intervalos dos combates.

MOACIR LUZIA FEZ SUA ESTRÉIA

Como preliminar tivemos o "pega" entre Moacir Luzia Vale e Mauro Gonzaga. Foram três rounds (5 minutos cada) pouco movimentados e findos os quais registrou-se um empate. Notamos que Mauro Gonzaga estêve longe daquele atleta viril arisco de outras noitadas. Faltou-lhe condições físicas para imprimir o jôgo costumeiro. Moacir Luzia foi aquilo que se esperava: lento e corajoso agressivo mas pouco técnico. Faltou-lhe também melhor preparo físico.

JOAO ALBERTO FAZ SUA PRIMEIRA VÍTIMA

O professor João Alberto, da Academia Gracie, fêz sua primeira vítima na modalidade de luta-livre americana, na final da noitada. Seu adversário, José Geraldo, do Flamengo, como estreante até que estava ultrapassando a expectativa. Entretanto,

ao faltar menos de um
para o término do
round, recebeu uma cha
braço no chão. Ao invés
sistir, José Geraldo, que
neceu na posição duran
gos segundos, tentou u
mento por cima do corpo
tagonista. Com isso só fê
a situação, pois teve o br
querdo quebrado na altu
húmero, conforme veri
mais tarde no Hospital
Aguiar, para onde foi lev
lo médico da Federação,
rio Godoi.

A nosso ver, João Albe
isento de qualquer culpa
também o próprio José
que, embora alertado p
Afonso Vidal, teimou em
a um golpe tão bem en
quanto eficiente e perigo
criminamos os "segund
vencido, isso sim. Af
contas, a êsses cabe dec
momentos de perigo ou
vida. Houve tempo de so
ra uma providência e e
foi tomada. Torcemos me
ra que a toalha salvado
jogada no ringue. Mas
depois foram massage
braço quebrado...

***Zeitungsausschnitt des im TV direkt übertragenen Kampfes, bei dem Joao Alberto Barreto seinem Gegner den Arm brach, was die Massenmedien gegen das Vale-Tudo aufbrachte.***

Bei dieser zweiten Gelegenheit erscheint Rickson (nun 22 Jahre alt) kräftiger und wird vom Publikum unterstützt, er besiegt Zulu erneut

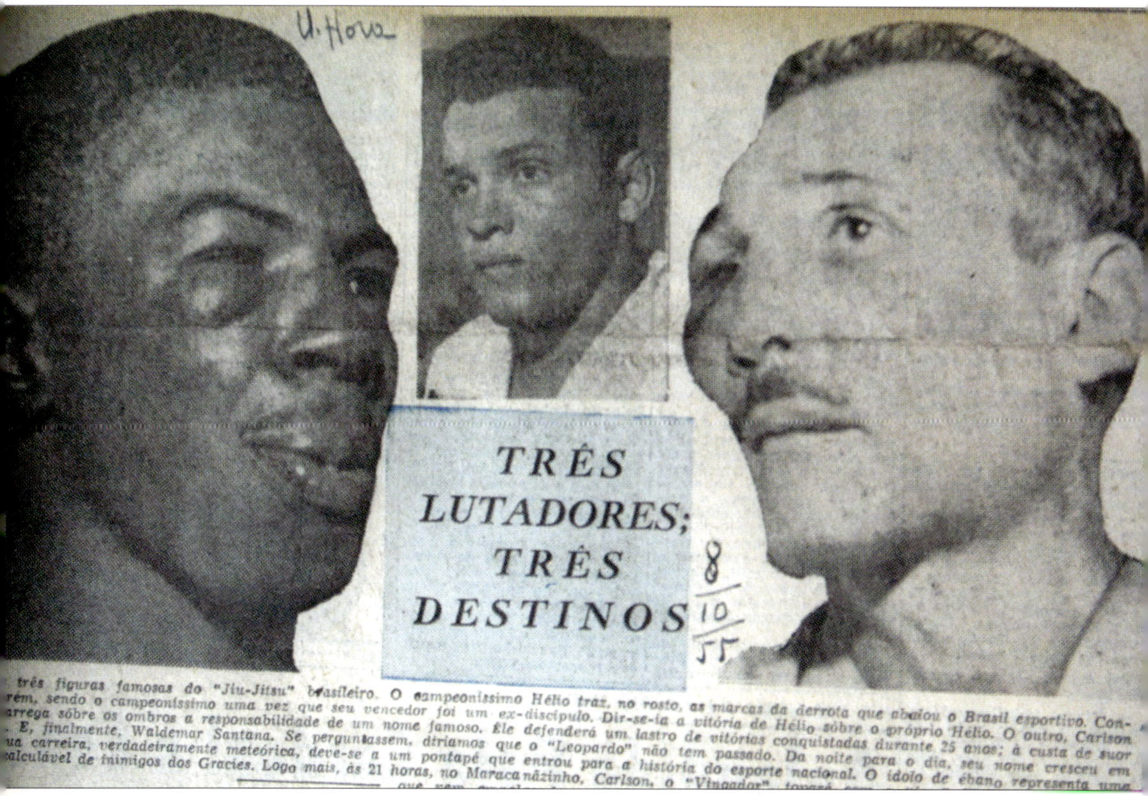


***Zeitungsausschnitt, der Helio und Santana nach ihrem fast 3 Stunden langen Kampf zeigte, mit Carlson in der Mitte, bereit zur Vergeltung.***

mit der Würgetechnik „Löwentöter", diesmal nach acht Minuten der zweiten Runde. Bei dieser Gelegenheit war Rickson in der Stellung der Deckung bis zum Rücken des Gegners (nicht über ihm sitzend).

## Der Ursprung der Rivalität zwischen Jiu-Jitsu und Muay Thai (Luta-Livre)

Am 30. November 1984, mehr als ein Jahr nach dem Kampf mit Zulu, wurde das Maracanazinho erneut zum Ort eines historischen Vorfalls in der Welt des Vale-Tudo: Die erste Herausforderung des JJ gegen das Muay Thai (Luta Livre).

Die Invasion der Akademie Molina schuf eine große Rivalität zwischen dem Muay Thai und dem JJ. Zu Beginn wünschte sich Molino eine persönliche Revanche mit Rolls, doch im Laufe der Zeit wurde es zu einem Streit der Stile. Mitte 1982 starb Rolls, doch Molino vergaß

**Fotos des legendären Rolls Gracie, der der natürliche Nachfolger von Carlson hätte werden sollen. Er verstarb jedoch früh bei einem Unfall.**

nicht was geschehen war. Nach vielen Diskussionen auf der Straße kamen Molino und Helio im Juli 1984 überein, einen neuen Vale-Tudo zu machen. *„Molina präsentierte die Idee einer Herausforderung von vier seiner Kämpfer gegen vier Vertreter der Familie Gracie und er wollte sich Rickson stellen“,* erinnert sich Luis Alves. *Doch Rickson sagte: Dieses Mal wird mein bester Schüler kämpfen. Wenn du gewinnst, werden wir einen weiteren Kampf machen und dann wirst du mit mir kämpfen“.* Molino nahm an und Rickson wählte Marcelo Behring (damals Braungurt) aus, ihn zu vertreten.

## Luta-Livre und Muay Thai vereinen sich

*„Einen Monat vor dem Kampf brachte Marco Ruas Flavio Molino und dessen beste Schüler – damals waren dies Marco Ruas, Eugenio Tadeu, Narani und Luis Alves – zu Fausto Brunocilla, um Luta Livre (eine Modifikation des Freistilringens) zu trainieren, wo auch Hugo Duarte, Marcelo Mendes und Denilosn zu üben pflegten, um zu lernen, wie sie sich den Kämpfern des JJ zu stellen hatten. „Ich wußte wie wichtig die Technik am Boden für den Vale-Tudo war. Da ich ein Freund von Fausto Brunocilla (Lehrer des Luta-Livre) war, lud ich die Jungs ein, damit sie in seiner Akademie trainierten“,* erinnert sich Marco Ruas. *„Damals fühlten viele wenig Sympathie für die Gracies, denn jene pflegten viele Akademien zu stürmen, um zu zeigen, dass sie die Besten seien. Niemals respektierten sie andere Stile, so dass wir uns mit den Jungs vom Muay Thai vereinten, um endlich die Arroganz des JJ zu beenden. Von jenem Augenblick an begannen Muay Thai und Luta Livre zusammen zu arbeiten und bildeten eine Gemeinschaft“,* erklärt Hugo Duarte.

Silvio Behring, Bruder von Marcel, erzählt die Version aus Sicht des JJ: *„Das Problem entstand, weil der Schwager von Molino einem Knaben von 15 Jahren (Charles Gracie) eine Tracht Prügel versetzt hatte. Das hatte überhaupt nichts mit der steigenden Beliebtheit der Boxstile zu tun. Immer wenn die Familie Gracie eine Akademie stürmte war das, weil in der Presse von dem Stil behauptet wurde „Wir*

*haben die beste Kampfkunst überhaupt und Meister Helio kann das nicht ab' oder dergleichen"*, versichert Behring, der heutzutage als einer der besten Lehrer des JJ in Brasilien gilt.

Marcelo Mendes, einer der am meisten respektierten Kämpfer des Luta Livre seiner Zeit, bot sich an Molina zu helfen und brachte Ruas, Molina und Eugenio Tadeu zusammen.

Drei Wochen vor dem Kampf war Meister Bruno Brunocila sehr besorgt über die wenige Erfahrung der Jungs am Boden vom Muay Thai und bat, dass man die Veranstaltung nach hinten verschieben sollte, doch die Gracies akzeptierten nicht.

*„Helio Gracie sagte uns, wenn wir die Veranstaltung sausen lassen würden, hätten wir auf der Straße zu kämpfen"*, erinnert Marco Ruas.

Die Veranstaltung bekam den Namen *„II Desafio de Artes Marciais: Los Gracies contra el Muay Thai"* (2. Herausforderung der Kampfkünste) und bestand aus vier Kämpfen plus dem Hauptkampf zwischen Zulu und Sergio Batarelli, der begann, sich im Full Contact

***Rolls versucht seinen Neffen Rickson zu stützen, der von König Zulu aus dem Ring geworfen worden war.***

einen Namen zu machen und ein Abenteuer im Vale-Tudo suchte, wollte er doch einmal gegen Rickson Gracie antreten. Doch Helio bat ihn, zuerst einmal Zulu zu besiegen.

So war die eigentliche Herausforderung: Molina vs. Marcelo Behring; Marco Ruas vs. Fernando Pinduka; Eugenio Tadeu vs. Renan Pitangui und Marcelo Mendes vs. Inacio Aragao. Unglücklicherweise brach sich Mendes wenige Tage vor dem Kampf das Bein und wurde

ersetzt durch einen Vertreter des Kung Fu, genannt Bruce Lucio. So zählte der Wettkampf nun drei Kämpfe.

Das JJ erlitt im ersten Kampf seine erste Demütigung im Vale-Tudo. Die Mannschaft um Molina begann mit dem Vorteil, den sie mit Eugenio Tadeu hatten, der Renen Pitangui eine ordentliche Tracht Prügel versetzte. Als einer der besten Techniker in der Akademie Gracie anerkannt, hatte Pitangui entschieden, im Kampf den Kimono zu tragen. Der Spezialist des Muay Thai, Eugenio Tadeu, konnte sich daraus einen großen Vorteil holen, er verkrallte sich im Gui und schlug seinem Gegner heftigste Schläge ins Gesicht. In der Pause zur zweiten Runde bat Helio Gracie, dass sich Pitangui den Kimono ausziehe, doch nun war es zu spät und Tadeu

segunda-feira, 14/11/83 Jornal dos Sports

**Gracie derrota Rei Zulu no "vale-tudo"**

Diante de um público vibrante, que lotou o Maracanãzinho como há muito não se via em espetáculos de ringue, o carioca Rickson Gracie cumpriu a promessa de derrotar o nordestino Rei Zulu no segundo assalto do "vale-tudo". Pelo cinturão brasileiro e sul-americano dos médios ligeiros, o paulista Chiquinho de Jesus confirmou o seu favoritismo e derrotou o desafiante João Tavares por nocaute técnico no nono assalto, numa decisão do árbitro Henrique Schalon.

Incentivado pela torcida e confirmando plenamente uma condição física acima do esperado, Rickson conseguiu por duas vezes se desvencilhar dos fortes golpes aplicados pelo Rei Zulu, mesmo evidenciando muitas dificuldades. No segundo *round*, sem esmorecer um só instante, Rickson conseguiu aplicar um golpe que imobilizou completamente o adversário e lhe valeu uma difícil, mas bonita vitória.

O público, extasiado, participava de todos os pormenores, vibrando e aplaudindo o espetáculo que foi sempre bem disputado e de bom nível técnico, entrando em delírio quando o árbitro, o carioca Francisco Mansur, confirmou a vitória do jovem carioca Rickson Gracie, obtida aos 8 minutos do segundo assalto.

BOXE

Depois da vitória de Rickson, o carioca esperava mais do pugilista João Tavares, mesmo reconhecendo a força e a técnica de Chiquinho de Jesus. Tavares resistiu nos primeiros quatro *rounds* e depois facilitou bastante a luta para Chiquinho de Jesus, que mesmo sem ser um bom pegador por muito pouco não conseguiu um nocaute.

Chiquinho de Jesus, atual campeão brasileiro e sul-americano, teve um bom comportamento especialmente em termos técnicos. Além disso evidenciou uma ótima forma física, o que o credencia bastante para as próximas lutas que terá que realizar no Brasil ou no exterior para manter ou melhorar a sua posição no *ranking* do Conselho Mundial de Boxe.

*Zeitungsausschnitt des zweiten Sieges von Rickson über Zulu.*

***João Alberto Barreto zeigt die Zeitungsmeldung des Tages, als er seinem Gegner bei einer Lifeübertragung vor laufenden Kameras den Arm brach.***

schlug so lange auf seinen Widersacher ein, dass der Ringrichter nach vier Minuten der zweiten Runde den Kampf abbrechen musste. Durch diesen Kampf hatte sich Tadeu den breiten Respekt der Gemeinschaft des JJ gewonnen.

Der zweite Kampf war locker. Inacio (Schüler von Carlson) brachte Lucio zu Boden, schnappte sich dessen Rücken und machte ihn mit einem Löwentöter bewußtlos.

Der dritte Kampf hieß Fernando Induka (85 kg), der beste Schwarzgurt seiner Zeit aus der Schmiede von Carlson Gracie, gegen Marco Ruas (79 kg), der gerade begann, sich einen Namen als schlagstarker Boxer zu machen. Dies war ein klassischer Kampf zwischen Ringen und Boxen. Ruas war im Stand total überlegen , doch Pinduka brachte ihn zu Boden und brachte dort viele Schläge an, so dass der Kampf auf Unentschieden lautete.

*„Mein größtes Problem war, dass diejenigen, die in meiner Ringecke standen, Pinduka zu sehr fürchteten. Zu jener Zeit war er die berühmte Nr. 1 von Carlson. Ich erinnere mich, dass man mir in den Pausen eintrichterte: ‚Ja, du machst das hervorragend, mach weiter so'. Doch hätte ich mir mehr zugetraut, wäre ich im Standkampf von vornherein aggressiver gewesen, hätte ich ihn ausgeknockt, dessen bin ich mir sicher, und die Geschichte wäre eine andere gewesen“*, versichert Ruas. Nach diesem Kampf wurde Ruas von der Gemein-

**Die Pioniere des Muay Thai in Brasilien: Flávio Molina, Luis Alves und Narani in den 80ern.**

schaft des JJ sehr respektiert.

Die letzte und wichtigste Herausforderung gewann locker der Kämpfer des JJ, Marcelo Behring.

Gleich nach dem Gongschlag brachte Marcelo seinen Gegner Molina zu Boden und verabreichte ihm viele Faustschläge, schreiend: *„Dies ist für meinen Meister Rickson"*, da Molina zuvor Rickson herausgefordert hatte. Mollna wollte nicht aufgeben und sein Mann in der Ringecke (Marcelo Mendes) warf das Handtuch. Der Ringrichter, Helio Vigio (Schwarzgurt von Helio Gracie), schnappte sich das Handtuch, wischte sich den Schweiß von der Stirn und warf das Handtuch in die Ecke zurück (der Kampf ging fast eine Minute weiter), bis der Mann aus der Ringecke von Molina den Ring stürmte und den Kampf abbrach. *„In Brasilien gegen das JJ zu kämpfen, das war schon immer so. Sie stellen den Ring, die Schiedsrichter, die Regeln und erlauben es immer, dass ihre größten Anhänger in der ersten Reihe sitzen und den Gegner psychologisch erdrücken"*, erinnert sich Meister Roberto Leitao (Ringen). Später sollte Vigio seine Haltung rechtfertigen: *„Ich ließ das durchgehen, denn der wahre Kämpfer hat die Überlegenheit des Gegners anzuerkennen. Das ist Teil des Spiels. Hätte er das Bewußtsein verloren, natürlich hätte ich den Kampf abgebrochen. Doch ich wollte, dass er auf dem Boden abklopfte, damit das gesamte Publikum dies sehen konnte"*, rechtfertigt sich der umstrittene Schiedsrichter von damals, der heutzutage ein bekannter Abgeordneter (Polizist) in Rio de Janeiro ist.

Die Fans des Vale-Tudo stürmten den Ring und feierten den Sieg (2:1) über Muay Thai und Kung Fu, doch tatsächlich handelte es sich

**Schiedsrichter Álvaro Mansur bereitet sich darauf vor, den Kampf abzubrechen, während Rickson Gracie den Löwentöter ansetzt, der ihm den zweiten Sieg über König Zulu sichert (1983).**

um ein Unentschieden. *„Robson Gracie wollte unbedingt Bruce Lucio, damit das JJ gewinne. Wer wirklich für das Muay Thai kämpfte waren ich (Unentschieden mit Pinduka), Eugenio (der Renen ausknockte) und Molina (der gegen Behring verlor). Bruce Lucio hatte niemals mit unserer Mannschaft trainiert“,* erinnert sich ein geschlagener Ruas. Durch diese Veranstaltung zeigten Muay Thai und Freistilringen, dass auch sie kämpfen konnten. Von da an wurde die Rivalität hochgepeitscht und es gab viele Streitigkeiten auf der Straße, welche in einem Aufeinandertreffen „JJ vs. Vale-Tudo“, 1991, gipfelten.

## Sergio Batarelli gegen König Zulu

Nachdem er die wichtigsten nationalen Titel des Schwergewichts im Full Contact und Kickboxen gewonnen hatte, wurde Sergio Batarelli (108 Kilo, 24 Jahre) zum bekanntesten Boxer seiner Zeit. Im Gegensatz zum JJ, begannen seine Stile wie Full Contact, Kung Fu und Karate eine Lücke in den Sportmedien Brasiliens (Zeitungen, Zeitschriften und TV) zu füllen. Der große Name von Batarelli veranlaßte Robson Gracie (einem der Veranstalter), diesen für einen Kampf gegen Zulu einzuladen, damit viele Menschen ins Maracanazinho strömten. *„Zu jener Zeit wußte ich überhaupt nichts über Vale-Tudo. Ich war überzeugt davon, dass ich mit meinen Schlagqualitäten jeden besiegen konnte, so dass ich den Kampf gegen Zulu annahm, um später den Champion Rickson Gracie zu besiegen“*, erzählt Batarelli. Unbesiegt in seinem Stil (heutzutage ein Agent des K-1 in Brasilien), forderte er Rickson in den Zeitungen heraus und brachte eine große Anzahl von Publikum mit sich: *„Wenn Rickson meinen Kampf gegen Zulu sieht, wird er sich eine Fahrkarte kaufen, um aus Brasilien zu flüchten, denn es wird ihm Angst machen, sich mit mir zu messen. In der Tat, ich wäre ein Feigling, würde ich nicht mit ihm kämpfen. Ich würde ihm eine gehörige Tracht Prügel versetzen. Ich werde mich mit Zulu messen, um den Einwohnern von Rio de Janeiro die wahre Bedeutung der Kampfkünste zu zeigen“*, erklärte Batarelli in einer Reportage im Jornal do Brasil (welche am Tag der Veranstaltung veröffentlicht wurde).

Zu Beginn des Kampfes zeigte Zulu seinem Gegner Batarelli, dass Vale-Tudo und Kickboxen zwei verschiedene Paar Stiefel waren. Nachdem er Batarelli mit einigen seiner berüchtigten Schläge mit der offenen Hand getroffen hatte, schnappte sich Zulu seinen Widersacher, legte ihm eine Guillotine (Würgegriff) an und in weniger als vier Minuten blieb der Herausforderer bewußtlos zurück. Nach diesem Kampf widmete sich Batarelli dem Full Contact, wurde Weltmeister mit einem Rekord von 26 Kämpfen und 24 Siegen. Nach seinem Rückzug aus dem Profisport wird Batarelli zu einem der bekanntesten und einflußreichsten Promoter Brasiliens.

Er veranstaltete bisher 15 internationale Meisterschaften des Vale-Tudo, er brachte Kämpfer von Weltniveau heraus, wie Pedro Rizzo, Jose Pele Landy und Wanderlei Silva. Derzeit ist er der Verantwortliche für den K-1 Südamerika.

# In memoriam...

# (1933-2006) Carlson Gracie

Text und Photos: Marcelo Alonso

Reproduktionen: Privatarchive von Francisco Mansur, Pedro Hemeterio und Carlos Alberto.

# Carlson Gracie In memoriam

Am 1. Februar 2006 trauerte die Welt der Kampfkünste, als die Nachricht vom Tod von Großmeister Carlson Gracie bekannt wurde. In seiner Wahlheimat Chicago war er bereits am Anfang des Jahres wegen einem Nierenproblem ins Krankenhaus eingewiesen worden, sein Zustand verschlechterte sich allerdings in den folgenden Tagen, bis am 1. Februar sein Leben durch ein plötzlichen Herzversagen beendet wurde. Als Kämpfer war Carlson der Gracie, der die meisten Vale-Tudo bestritten und am längsten den Namen der Familie verteidigt hatte. Er begann mit den ersten Kämpfen schon in den frühen 50er Jahren, doch der Größte der Gracies wurde er erst, als er seinen Onkel Helio gegen Waldemar Santana gerächt hatte und als Sieger in 19 Kämpfen bis 1973 herrschte. Doch seinen größten Beitrag für die Welt des Kampfes hat Carlson sicherlich als Lehrer geleistet, hat er doch das JJ, das bis in die 70er Jahre ein Elitesport der Reichen in Rio de Janeiro war in einen regelrechten Volkssport verwandelt mit seiner Akademie an der Copacabana als Hauptquartier. Ein Gebäude, in dem alle, egal ob arm oder reich, gebildet oder nicht, die gleiche Ehrerbietung vom Meister erhielten und ihm das brachten was er am meisten liebte: Den Titel des Gewinners. Und das waren immerhin einige. Von 1975 bis 1994 gewann die Akademie Carlson Gracie die wichtigsten Meisterschaften in fast allen Kategorien, vom Weiß- bis zum Schwarzgurt. Auch wenn er wegen vieler Kontroversen oft als Gegner oder Schwarzes Schaf der Familie angesehen wurde, war er doch einer der Verantwortlichen für die Entwicklung dieser Sportart bis hin zu jenem Bekanntheitsgrad, auf dem sie sich heutzutage befindet. Seine Qualitäten als Kämpfer und als Trainer wurden nur noch von seiner Menschlichkeit übertroffen. Es gibt zahlreiche Anecktoden über ihn; so soll er sich einmal die Kleider ausgezogen haben, um sie einem Fan zu schenken, und einem Schüler in finanziellen Schwierigkeiten hat er nicht nur erlaubt weiter in der Akademie zu trainieren, sondern gleich dort zu wohnen. Jedem, den er kannte, gab er einen Spitznamen und er spasste für sein Leben gern. Carlson war für sein unvergleichliches Charisma bekannt und wurde von allen Akademien bewundert und geehrt. Auf den folgenden Seiten können Sie mehr erfahren über diese Ikone der Kampfkünste, die uns allen fehlen wird.

## Der Kämpfer

Als erster Sohn von Carlos und Carmen Gracie wurde Carlson 1933 in Rio de Janeiro geboren.

Der Sohn des Mannes, der das Jiu-Jitsu direkt vom Japaner Mitsuo Maeda Koma erlernt hatte, wuchs auf der Ringermatte auf und folgte dem Training seines Vaters und seines Onkels Helio: *„Mein Vater hat mir erzählt, dass ich, als ich zwei Jahre alt war, eine Vorstellung machte, die großen Erfolg hatte“,* erzählte der Erstgeborene.

In einer Zeit, in der das Vale-Tudo um seinen Ruf zu kämpfen hatte – man benutzte weder Handschuhe noch gab es präzise Regeln oder Gewichtsklassen und Rundenzeiten – wurde sich Carlson seines Familiennamens bewusst, denn sein Nachname war oft auf den Titelseiten der bedeutendsten Blätter der Stadt zu lesen. Den Ruhm verdankte er den beeindruckenden Siegen seines Onkels HelioGracie über nationale und ausländische Champions.

Von klein auf mit der Trainingsroutine vertraut, begann der älteste Sohn von Carlos bald auf sich aufmerksam zu machen. Mit 15 Jahren beeindruckte er alle durch seine große Ausdauer, sein Talent und seine Tapferkeit. *„Carlson war sowohl oben als auch unten gut“,* erinnert sich einer der ältesten Schüler der Akademie, Pedro Hemeterio, zehn Jahre älter als Carlson. Mit 15 Jahren wandten sich Carlson und Hemeterio an die Zeitungen und forderten verschiedene Athleten heraus, die sie alle mit einem Arm besiegen wollten.

Mit 17 Jahren gab der neue Gracie sein Debüt im Vale-Tudo, einem schmerzhaften und harten Übergang, als er sich dem Capoeirista Cirandhina stellte. *„Zu jener Zeit war ich noch minderjährig, sodass mein Vater trickste und mich als 21 jährigen auswies“,* erinnerte sich Carlson gerne, der sich einem fast 30 Kilo schwereren Gegner zu stellen hatte, in einem steinharten, zementierten Ring im Stadion von „Sao Januario“ in Rio de Janeiro. Trotz des körperlichen Vorteiles von Cirandinha benötigte Carlson lediglich vier Minuten zum Sieg.

*„Wir verkrallten uns ineinander und fielen, ich lag unter ihm. Aber ich überraschte ihn aus der Deckung heraus. Dann kam ich hoch, setzte mich auf ihn und unter einem Hagel von Schlägen zwang ich ihn zur Aufgabe“,* erzählte der Meister, der schon ab diesem Zeitpunkt von den Fachzeitschriften bereits als möglicher Nachfolger von Helio Gracie gehandelt wurde.

Doch Carlson selbst sah sein eigentliches Debüt im weltgrößten Fußballstadium, dem Maracanã in Rio de Janeiro, als er gegen

Passarito. antrat, der damals Champion im Judo, Freistilringen und Boxen war. *„Er war ein 96 Kilo schwerer Muskelprotz und ich hingegen wog knapp 72 Kilo“,* erinnerte sich Carlson, der damals den Spitznamen „großer Knabe“ erhielt.

Da das Stadium Maracanãzinho zu dieser Zeit noch nicht fertiggebaut war, wurde der Ring hinter dem Tor des Stadium aufgestellt. Dort kämpften Carlson und Passarito fast eine Stunde lang und es endete mit einem Unentschieden.

*„Zu jener Zeit gab es das mit den Punkten noch nicht. Entweder gewann man durch K.O., durch vorzeitige Aufgabe oder es kam zu einem Unentschieden“* – sagte Carlson, der damals zum ersten Mal seinen Mut zeigte, da er doch fast den ganzen Kampf über mit einem gebrochenen Schulterblatt zu ringen hatte. *„Gleich in den ersten Minuten wurde ich geworfen und brach mir das Schlüsselbein, später musste ich fast 90 Tage lang einen Stützverband tragen“.*

Das Unentschieden gefiel Carlson nicht und er ruhte nicht, bis es zur Revanche kam und er eine Änderungen der Regeln forderte. Jetzt sollten es Runden von einer halben Stunde sein, bis einer der beiden aufgab. *„Der Kampf dauerte fast 2 Stunden. Am Ende der fünften Runde konnte Passarito kaum noch gehen. Ich hatte ihm so sehr zugesetzt, dass der Arzt ihm verbot zurückzukommen. Ich schickte ihn direkt ins Krankenhaus, wo er zwei Wochen lang lag. Später habe ich ihn dort besucht und wir sind gute Freunde geworden“,* pflegte der Gracie zu erzählen.

Die Anerkennung seitens der Medien brachte verschiedene Herausforderer in den Ring. Im vierten Kampf hieß das Opfer der „Löwe von Portugal“. *„Der war so schwächlich, den wollte ich noch nicht einmal verhauen. Ich hab ihn mir geschnappt und auf den Boden gelegt, darauf hat er sich auf den Bauch gedreht, also würgte ich ihn“,* erinnerte er sich.

Im fünften Kampf, bereits auf dem Gipfel seiner Form, trat er zum dritten Mal gegen Passarito an. Diesmal waren es drei Runden, mit jeweils zehn Minuten. Passarito gab in der Pause der zweiten Runde auf.

Carlsons Ruf ging über den Ozean und schon bald hatte der Brasilianer sich zwei europäischen Kämpfern zu stellen, welche ihn anhand der Zeitungen von Rio herausforderten. Das erste Opfer war der Armenier Cardajian, der nicht einmal eine Runde aushielt. „Ich setzte mich auf ihn, drosch auf ihn ein und schnappte mir seinen Hals“. Danach kam der Franzose Jean Monier an die Reihe, der einzige Gegner, dem Carlos sich stellen sollte und der weniger wog als er

**Carlson mit 15 Jahren an der Seite von Pedro Hemeterio. Schon damals forderte er Kämpfer heraus und bezwang sie mit nur einem Arm.**

selbst. Der Kampf dauerte 20 Sekunden. *„Ich gab ihm einen Uchi-Mata und er fiel auf den Kopf, bewußtlos“,* erinnerte sich der Gracie.

## Der Rächer

Als Carlson bereits als der natürliche Nachfolger von Helio angesehen war, unterbrach am 24. Mai 1955 ein Streit zwischen seinem Onkel und Waldemar Santana, ehemaliger Beauftragter für die Umkleideräume und Schüler der Gracie Akademie, den Ruhestand von Helio Gracie. Der Kampf sollte als der längste des Vale-Tudo in die Geschichte eingehen. Waldemar, fast 30 Kilo schwerer und 21 Jahre jünger, besiegte seinen Lehrer mit einem Tritt ins Gesicht.. Carlson, damals gerade 22 Jahre alt, stieg als erster in den Ring, lud sich seinen Onkel auf die Schultern und fuhr ihn ins Krankenhaus. *„Mein Onkel Helio war ein Held, weil er es 3 Stunden und 40 Minuten mit Waldemar ausgehalten hatte“,* sagte Carlson in einem Interview der Zeitschrift TATAME.

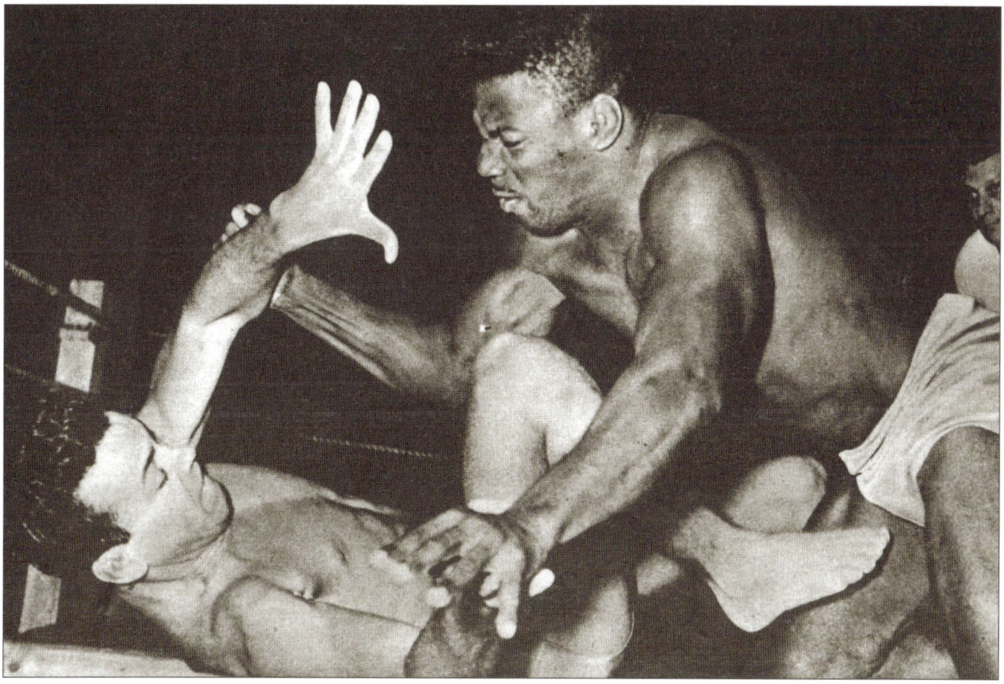

***Nachdem er Helio Gracie besiegt hatte, wurde Waldemar von dessen Neffen, Carlson bezwungen. Carlson und Waldemar kämpften sechs Male gegeneinander, vier Mal gewann der Gracie und zweimal blieb es bei einem Unentschieden.***

Nach dem Sieg von Waldemar, wurde von der Presse, deren Liebling Gracie war, eine Revanche gefordert. Carlson, der damals sehr mit Waldemar befreundet war, hatte keine Wahl. *„Ich sagte zu ihm: Waldemar, ich mag dich sehr, doch durch den Kampf mit meinem Onkel hast du dir ein Problem geschaffen. Im Ring solltest du aufpassen, weil ich dich verprügeln werde“,* verkündete damals der *„große Knabe“.*

Der Presse gefiel so etwas, das war eine öffentliche Kampfansage mit dem Flair einer TV Serie, und so wurden die Ankündigungen des Kampfes in den wichtigsten Zeitungen verfolgt: „A Noite“, *„Ultima Hora“, „Diario de Noticias“ und „Jornal dos Sports“. Das Ergebnis war das größte Publikumsinteresse, das je im nationalen Vale-Tudo gesehen worden war. An jenem Tag, dem 8. Oktober 1955, erinnerte sich Carlson, dass 20.000 Menschen das Maracanãzinho aufsuchten. „15.000 kamen rein und 5.000 blieben draußen“,* versicherte der Protagonist jener Nacht, der seine Fans nicht enttäuschen sollte. Nach 39 Minuten Kampfzeit wurde Waldemar von Carlson zur Aufgabe gezwungen.

*„Er fiel aus dem Ring und war schon so heftig mitgenommen, dass er nicht mehr zurückkam“,* erinnerte sich Carlson, der mit diesem Sieg

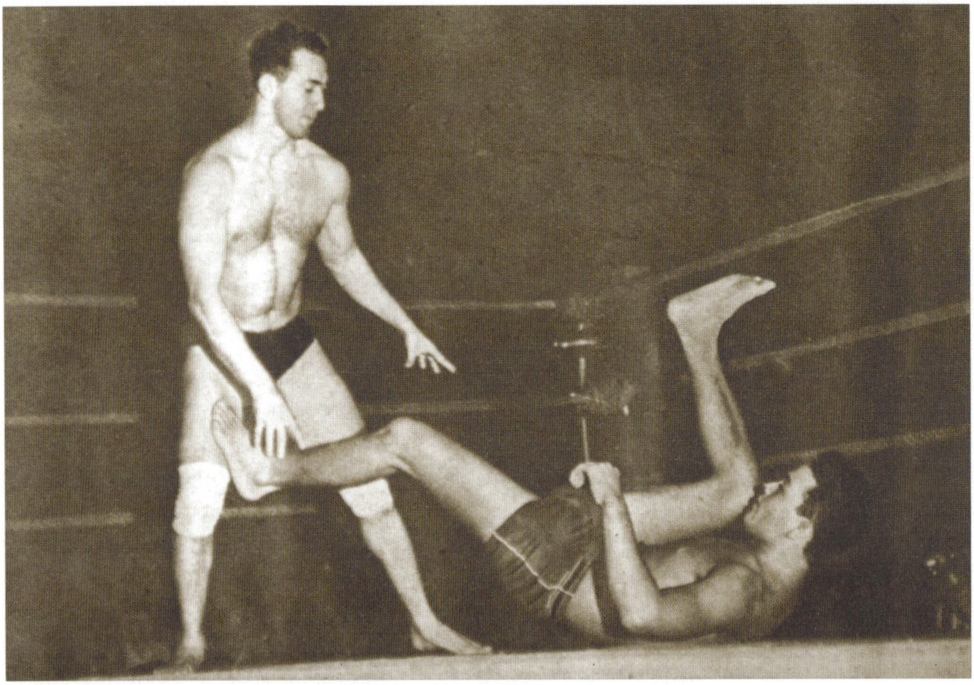

**Nachdem er gegen Cirandhina auf einem Basketballfeld debütierte, besiegte er den 24 Kilo schwereren Passarito.**

eindeutig als Nachfolger von Helio galt und zur Nummer 1 der Familie Gracie wurde. Von den Medien unterstützt erlangte Carlson den gleichen Status wie sein Onkel, er wurde auf der Strasse erkannt und angesprochen und von allen Gesellschaftsschichten als Held gefeiert, wie sein treuer Freund Oswaldo Paqueta schildert: „Carlson war zum Idol geworden. Einmal, in einem Restaurant, erk*annte ihn General João Batista Figueiredo (damals Präsident von Brasilien), der sich erhob und zu ihm an den Tisch kam. Er sagte zu Carlson: Du bist der einzige Mensch, für den ich von meinem Tisch aufstehe um ihn zu begrüßen".*

## Der härteste Rivale

Nach dem ertsen Sieg gegen Waldemar kämpften die beiden noch fünf weitere Male gegeneinander, vier gewann der Gracie und zweimal kam es zu einem Unentschieden. *„Waldemar war ein knüppelharter Kämpfer, sehr schlüpfrig"*, beschrieb ihn Carlson, der sich auch einem weiteren Ex-Schüler der Akademie Gracie stellen sollte, um seinen Onkel Helio zu verteidigen. *„Gunair Vial hatte mit Helio gekämpft und* *forderte weiter heraus, er hatte zahlreiche Schüler der Akademie besiegt, bis er mal mich herausforderte und wir zwei Kämpfe hatten. Das erste Mal schnappte ich ihn mit einem Löwentöter und beim zweiten Kampf bearbeitete ich ihn so heftig in der ersten Runde, dass er zur zweiten gar nicht mehr antrat"*, erklärte der Meister.

Der Ruf des besten Kämpfers von Brasilien lud weitere, härtere Gegner ein, ihn herauszufordern, wie zum Beispiel Ivan Gomes und Euclides Pereira. Doch zuvor hielt er sich schadlos an einem Athleten, den er „King Kong" genannt hatte. *„Er hatte den Ruf trickreich zu sein und mit Fallen zu arbeiten, aber ich machte mit ihm kurzen Prozess. Auch er fiel einfach aus dem Ring und kam nicht mehr zurück".*

Nachdem er zwei weitere Kämpfer der Bahia bezwungen hatte, wurde er von Ivan Gomes gefordert, zu einem Kampf, der am 28. Dezember 1963 in Recife stattfinden sollte. *„Ich wusste von ihm nur, dass er ein Schüler von meinem Onkel Jorge war und schon einige Siege erlangt hatte. Doch wegen seiner Größe in Proportion zu seinem Gewicht (1,72m/98kg) stellte ich ihn mir irgendwie als Bierfass vor. Als er in den Ring stieg und den Mantel auszog, stockte mir der Atem. Der sah aus wie der unglaubliche Hulk"*, erzählte Carlson später, der damals 76 Kilo wog.

Alle, die beim Kampf anwesend waren, beschrieben ihn als einen

**Carlson und Paqueta an der Copacabana. Die unzertrennlichen Freunde der 60er Jahre am Strand der Copacabana und 2005.**

**Das Maracanãzinho füllt sich mit 15.000 zuschauern um Carlson im Rachefeldzug gegen Waldemar Santana zu sehen.**

der größten des Vale-Tudo überhaupt. Ivan hatte den Gracie acht Male geworfen und versuchte die meiste Zeit ihn vom Inneren der Deckung heraus zu bearbeiten. In der letzten Runde landete Carlson einen Jab an die Kinnspitze des Rivalen, der zwar daraufhin zu Boden ging, sich aber schnell wieder erholte. Es kam zum Unentschieden und beide wurden große Freunde. Drei Monate nach dem historischen Kampf zog Ivan nach Rio und eröffnete mit Carlson eine Akademie in der Strasse Toneleros 215, an der Copacabana. Nach Ivan stellte sich Carlson noch zwei weitere Male Waldemar bis er 1970, im Alter von 39 Jahren, eine Einladung erhielt, sich einem weiteren stahlharten Kämpfer zu stellen, Euclides Pereira, im Stadium Fonte Nova.

*„Euclides war wirklich eisenhart, er hatte Waldemar besiegt aber gegen Ivan verloren und jetzt forderte er mich heraus. Ausgemacht war ein Kampf ohne Zeitlimit und ohne Punkte. Als er sich in der Umkleide aufwärmte, haben die Schiedsrichter alles geändert und Punktregeln eingesetzt. Ich war deswegen sauer und wollte nicht mehr am Kampf teilnehmen, doch das Publikum begann zu Pfeifen, und da ich das Spiel nicht verderben wollte, habe ich doch gekämpft. Sofort versetzte ich*

**Großer Liebhaber der Hahnenkämpfe.**

*ihm einen Löwentöter, doch er floh aus dem Ring. Danach wurde der Kampf hitziger, vom Typ Wanderlei und Arona. Die Schiedsrichter hätten jedem von uns den Sieg geben können, doch da wir in Bahia waren, sprachen sie ihm den Sieg zu. Sogar sein eigenes Publikum protestierte"* versicherte Carlson, der nach diesem Kampf endgültig vom Ring Abschied nahm, mit seinem vierten Sieg über Waldemar Santana. Nach der aktiven Zeit widmete er sich seiner Akademie in der Strase Figueiredo de Magalhães, auch auf der Copacabana, wo der Meister das Jiu-Jitsu bekannt machte und die größte Mannschaft von Kämpfern in der Geschichte des Sports aufstellte.

## Der Trainer

Als er sich im Dezember 1970 aus dem Ring zurückzog, widmete er sich ausschließlich seiner Akademie an der Copacabana, während die Gracie Akademie im Zentrum von Helio Gracie geleitet wurde. Im Gegensatz zur Zentrale, die als luxuriöses Sportstudio galt und nur zahlungskräftigen Schülern offenstand, hatte die Akademie von Carlson niedrigere Preise und zog Schüler aus allen Schichten an. „Carlson verheimlichte keine Techniken. Er war auf Trophäen aus. Den *Armen unterrichtete er umsonst, ließ aber einen Zahlungsstarken auf der Seite, wenn dieser keinen Ehrgeiz zeigte. „Unser Training galt dem Wettkampf, während man sich in der Zentrale eher der Selbstverteidigung widmete, das war locke-*

*Mit Ivan Gomes.*

*In seinem letzten Kampf vor dem Rückzug.*

*rer"*, definiert Fernando Pinduka seine Erfahrungen, als er 1970 gemeinsam mit Sergio Iris, Walter Guimaraes und Rosental mit der Ausbildung begann und zur ersten Generation der Schwarzgurte von Carlson wurde.

Mit einem großen Herz ausgerüstet und völlig frei von ökonomischen Fragen, erhöhte Carlson schnell die Anzahl von Wettkämpfern. *„Er war der optimale Trainer aber ein schlechter Verwalter. Jeder, der ankam und sagte, dass seine Eltern in Scheidung lebten oder dass die Oma gestorben sei, war vom monatlichen Mitgliedsbeitrag befreit. Und natürlich zahlte niemand, der Schwarzgurt war"*, erklärt Fernando Pinduka.

Die Rivalitäten zwischen den Schülern der Filiale (Carlson) und der Zentrale (Helio) führten dazu, dass die Gracies sich endgültig trennten. *„Bei den Wettkämpfen konnten nur zwei pro Akademie antreten, und da meine Jungs alles gewannen, entschieden wir uns, die Akademien zu trennen"*, erzählte später Carlson, weswegen er den Spitznamen des Schwarzen Schafes der Familie Gracie bekam.

Da nur die Schüler der Gracies das Niveau hatten, mit seinen Schülern zu kämpfen, wurde die Rivalität enorm gesteigert, was der ausschlaggebende Faktor für die Entwicklung des Sports war. *„Hätte es keinen Rivalen wie Carlson gegeben, wäre auch das JJ der Gracies nicht weitergekommen"*, bestätigt Pinduka.

Auch der Umkehrfall war wahr. Das hohe Niveau der Wettkämpfer wie Royler, Royce, Marcelo Behring, die Brüder Machado und Rickson (der einzigen, den Carlson niemals bezwang), animierte seine Schüler, immer mehr zu üben. Dank dieser Entwicklung entstanden die großen Klassiker der Geschichte dieses Sports: De La Riva vs Royler, Royce vs Pascoal, Cássio Cardoso vs Marcelo Behring; Wallid vs Renzo, Bolão vs Rigan; Wallid vs Royce; Royler vs Peixotinho; Bitetti vs Fábio Gurgel und viele weitere.

Amaury Bitetti behauptet, dass der Unterschied im Vertrauen lag, das Carlson vermittelte und ausstrahlte: *„Mit ihm an der Seite wurde jeder zum Löwen auf der Matte oder im Ring"*, erinnert sich der größte JJ-Champion aller Zeiten in der Geschichte der Akademie.

Wallid Ismael sieht die Gründe im Stundenplan und der Psychologie des Meisters: *„Wir trainierten den ganzen Tag, die Akademie erschien uns als zweites Heim. Carlson war ein Genie in der Kunst des Unterrichtens. Er sagte uns, dass wir die Rakete seien und der Gegner unser Ziel. Wir warteten, bis die Gegner aufgestellt waren, und er entschied dann, wer gegen wen antrat. Und dann zerstörten wir sie. Ich*

***Die Mannschaft von Carlson Gracie dominierte 20 Jahre lang alle Veranstaltungen des JJ in Brasilien.***

*habe viele Schafe gesehen, die in seinen Händen zu Wölfen wurden“,* erinnert sich Ismael, der in der Akademie wohnte, als er aus Manaus kam. *„Ich hatte kein Geld und keine Bleibe. Er ließ mich umsonst trainieren und in der Schule wohnen. Ich verdanke ihm alles“,* sagt Wallid angetan und noch immer aufgewühlt von der letzten Hommage an den Meister, die er im Jungle Fight 4 im Amazonas gab.

A NOITE

EMPRÊSA A NOITE

LUIZ ALVES DE FREITAS

Carlson Vingou os Gracie

*Die Titelseite einer brasilianischen Abendzeitung mit dem Artikel von Carlsons Sieg über Waldemar, mit dem er die Ehre seines Onkel Helio wiederhergestellt hat.*

## Vale-Tudo 1991

1991 dominierte die JJ-Mannschaft von Carlson alles und zeigte dies auch im Ring. Damals ging der Braungurt Wallid Ismael zum nächsten Fernsehsender und forderte jeden Stil heraus, das JJ zu besiegen. Das gefiel den Jungs des Luta-Livre nicht und sie stürmten die Copa Nastra des JJ, wo die berühmten drei Kämpfe in Grajau ausgemacht wurden. Das sollte das erste Mal sein, dass Carlson seinen Kimono auszog und seinen Schülern ein wenig

*Hier auf den Schultern seiner Schüler Liborio und Bustamante, die Gründer des Brazilian Top Team (BTT).*

**Einige der ehemaligen größten Stars aus Carlsons Team: Belfort, Wallid und andere.**

von seiner Erfahrung im Ring zeigte. *„Das war die beste Zeit meines Lebens. Carlos zeigte uns viele Dinge des Vale-Tudo und wir gewannen die drei Kämpfe“*, erinnert sich Fabio Gurgel, obwohl Romero Jacare (Schüler von Rolls Gracie) von Carlson ausgewählt wurde, das JJ an der Seite seiner beiden Rivalen Wallid und Murilo zu vertreten.

Kurz nach dem Sieg des JJ in Grajau, begannen die Schüler von Carlson ohne Kimono zu trainieren und durch die Explosion des Vale-

**Nach der Messe des Siebten Tages vereinten sich Carlsons Schüler vor der Kirche.**

*Wallid und der Senator Arthur Virgilio bei der letzten Hommage an Carlson im Jungle Fight 5, drei Monate vor dem Tod des Meisters.*

Tudo in den USA und der restlichen Welt hörten sie schließlich ganz auf, mit dem Kimono zu kämpfen. Die letzte Veranstaltung, welche die absolute Herrschaft Carlsons zeigte, waren die Brasilianischen Meisterschaften 1994. Als der Meister in die USA zog, verlor die Mannschaft ihren großartigen Führer und begann zu wackeln. Doch selbst so war sie noch eine Macht im Vale-Tudo, dank den Einsätzen von Vítor Belfort, Murilo Bustamante, Wallid Ismail, Amaury Bitetti, José Mário Sperry, Crezio de Souza und Carlão Barreto. Sowohl bei nationalen als auch bei internationalen Meisterschaften wurde der Name Carlson Gracie zu einer Refernz in der Welt. Doch die Distanz zum Meister endete mit einem Bruch der Mannschaft des Vale-Tudo. Fehlende Übereinkunft in ökonomischen Fragen ließ die wichtigsten Schwarzgurte das Brazilian Top Team (BTT) gründen.

## Der Abschied

Die US-amerikanische Bürokratie verhinderte, dass die sterblichen Überreste von Carlos Gracie, verstorben am 1. Februar

***Sein bester Freund, Paqueta, kämpft dafür, dass der Straßenname auf Carlson Gracie lauten soll.***

in Chicago, rechtzeitig zum Begräbnis nach Rio de Janeiro kam, so wie es sich alle gewünscht hätten, um dem Meister eine historische Hommage zu widmen. Es trafen sich 500 Freunde, Verwandte und Schüler in der Allerheiligenkapelle an der Copacabana.

Mit viel Anteilnahme und Frieden einte die Zeremonie die Schwarzgurte aller Generationen und ehemaligen Rivalen, geeint durch den Verlust des populärsten Mannes in der Welt des Kampfes in Brasilien. Der Geist des Friedens führte zu unvorstellbaren Szenen, wie das Treffen der ehemaligen Feinde Robson Gracie (Bruder von Carlson) und Wallid Ismael, der den Frieden besiegelte, indem er das Gesicht von Robson küsste. Hugo Duarte verbrachte einen Großteil der Zeremonie an der Seite von Rickson Gracie und umarmte gerührt seine Ex-Rivalen Fernando Pinduka und Wallid.

Der ergreifendeste Moment war, als alle Schüler von Carlson sich vor der Kirche zu einem Photo aufstellten. Dies endete mit viel Applaus und einigen Tränen. Am darauffolgenden Sonntag kam Carlson Jr. mit der Asche seines Vaters nach Rio und begrub die sterblichen Überreste im Grab dessen Vaters Carlos Gracie, auf dem Friedhof São João Batista.

## Die Carlson Gracie Strasse

Jetzt kämpfen die Schüler von Carlson darum, den Namen der Silva Castro Strasse in Carlson Gracie Strasse zu ändern, wo der Meister seit den 70er Jahren seine Akademie hatte. Laut Mauricio Saddam, dem verantwortlichen Schwarzgurt dieser Initiative, habe der Bürgermeister Cesar Maria grundsätzlich grünes Licht für den Namenswechsel gegeben. *„Wir arbeiten daran das Einverständnis der Hälfte der Anwohner der Strasse zu bekommen, das ist die Forderung des Bürgermeisters"*, erklärt Saddam. *„Wir gehen von Tür zu Tür und bitten um Unterschriften, wir sind sicher, dass sie es annehmen werden. Carlson war hier sehr beliebt. Saporito, ich und alle anderen von der Akademie setzten uns stark dafür ein. Der Großmeister verdient das!"*, erinnert sich der beste Freund von Carlson, Oswaldo Paqueta.

## Nackte Wahrheiten

Unter den zahlreichen Talenten von Carlson Gracie, ist eine hervorzuheben, mit der er am meisten die Gegner außerhalb des Tatamis terrorisierte. Das waren seine Worte, blank, nackt , direkt und mit heftiger Grausamkeit sagte er genau das, was er für sie fühlte. Er sagte immer was er dachte, egal wenn er damit weh tat. Welter unten finden Sie einige Aussprüche des Meisters, die sehr gut diesen Wesenszug charakterisieren. Interessant ist auch, dass seine Äußerungen immer von einer sehr ausdruckstarken Grimassenkomik begleitet wurden.

*„Wenn es nach mir ginge, würde die Familie Gracie heute Bananen auf dem Markt verkaufen"*, war sein Kommentar über die Tatsache, dass Rorion Gracie den Amerikanern nicht die wahre Geschichte der Familie Gracie erzählt hatte.

*„Mein Vater, Carlso, war der wichtigste Gracie, danach kam Helio, dann ich, und dann erst Royler und Rickson"*, verdeutlicht er die Hierarchie jedes Gracies für die Bedeutung des Sports.

*„Der Hahn ist das einzige Tier im Tierreich, das bis zum Tod kämpft. Ich hasse feige Hähne, stell dir erst mal vor, was ich von feigen Menschen halte!"*, erklärte Carlos auf die Frage, weshalb er als Symbol seiner Mannschaft den Hahn gewählt habe.

*„Das war Maulheldentum. Er fiel in die beste Stellung von Wallid, aber es bleibt ja schließlich alles in der Familie. Wallid ist mein Schüler“*, kommentierte er den schnellen Sieg seines Schülers Wallid Ismael über Royce Gracie (Würgetechnik) in einem Wettkampf des JJ, der auf eine Stunde Dauer programmiert war.

*„Ich bringe gerade ein T-Shirt vom Letzen Abendmahl heraus, das wird ein Spektakel. Ich als Jesus Christus in der Mitte des Tischs und um mich herum stehen lauter Verräter, die versuchen, mir das Brot aus der Hand zu reißen“*. Über das jüngste und umstrittenste Hemd, mit dem er die Ex-Schüler der BTT attackieren wollte.

## Über Carlson

„Ich war der Beauftragte für das Training von Carlos und habe all seine Kämpfe gesehen. Mir gefiel der Kampf gegen Waldemar Santana, wo er ihn dominierte, obwohl er erst 18 war. Danach war er über Nacht bekannt“.

***Helio Gracie,***
***Onkel von Carlson.***

„Wir haben gegenseitig das Leben des anderen bestimmt, eben so, wie wir die Geschichte des Vale-Tudo bestimmten, denn bis heute gab es noch keinen anderen so jungen und brillanten Kämpfer im UFC. Er war die Grundlage für meine Karriere“.

***Vitor Belfort,***
***Schwarzgurt von Carlson.***

„Das BTT gibt es nur, weil es Carlson gab, und er ist die ganze Zeit durch uns gegenwärtig. Solange wir hier sind, wird auch Carlos hier sein!“

***Ze Mario Sperry, Schwarzgurt von Carlson,***
***einer der Gründungsmitglieder des BTT.***

„Carlson bildet durch das Jiu-Jitsu. Er hat zahlreiche Schüler geformt, die heute Richter, Anwälte und Senatoren sind".

***Wallid Ismail,***
***Schwarzgurt von Carlson.***

„Carlson war der Motor für den Frieden zwischen Luta-Livre und Jiu-Jitsu als er sich bei meinem Kampf gegen Mark Kerr im Pride 4 in meine Ecke stellte. Niemals werde ich vergessen, wie er für mich schrie".

***Hugo Duarte, Luta-Livre und Ex-Rivale des JJ. Beide wurden große Freunde.***

„Carlson war das Bindeglied, das Helio Gracie ersetzte. Wäre er nicht gewesen, wäre das JJ vor 30 Jahren ausgestorben".

***Robson Gracie,***
***Bruder von Carlson.***

„Seine Schüler waren meine schwersten Gegner, doch immer hatten wir eine freundschaftliche und respektvolle Beziehung".

***Fabio Gurgel,***
***Führer der Alliance.***

„Er ist eine authentische Legende und war eine großartige Stimulanz für unseren Sport. Die Chute Boxe begann den Bodenkampf mit einem Schüler von Carlson zu trainieren".

***Rudimar Fedrigo,***
***Führer der Chute Boxe.***

*Maeda Koma in seinen Kampfanzügen.*

**Text und fotos:** Marcelo Alonso

# Rekonstruktion Graf Koma

Nach 13 Jahren Studium und Forschung, publiziert der brasilianische Judoka Rildo Heros de Medeiros sein erstes Buch, mit explosivem und erkenntnisreichem Inhalt über die Geschichte des Japaners, der Carlos Gracie das Jiu-Jitsu beibrachte.

Trotz seiner großen Bedeutung für das brasilianische Jiu-Jitsu und den Vale-Tudo, wurde die Geschichte con Mitsuyo Maeda – auch bekannt als Graf Koma – bisher nie bis ins Detail und mit der Ernsthaftigkeit untersucht, welche dieser Mann, der Carlos und Helio Gracie das Jiu-Jitsu unterrichtete, verdient. Nur durch die Entwicklung seiner Technik war es möglich, das Jiu-Jitsu und die MMA in aller Welt zu verbreiten. Wir wissen, dass Graf Koma ein Champion des JJ war, 1917 in einer diplomatischen Mission nach Belem kam, mit Blick auf die enorme japanische Kolonie im Staat Paraná. Dort lernte er Gastão Gracie kennen und sie wurden große Freunde.

Diese tiefe Freundschaft ließ Maeda dem Sohn von Gastão, Carlos Gracie, die Geheimnisse der Kunst des JJ beibringen, unter der Voraussetzung, dass er diese nur seinen Familienangehörigen zeigen dürfe, denn wenn ein Japaner die Geheimnisse des JJ den Westlern zeigen würde, wäre dies in seinem Heimatland ein Verbrechen. Diese Informationen wurden von Meister Carlos Gracie in seinem letzten Interview bestätigt, veröffentlicht in der Zeitschrift TATAME, vom November 1994.

*Rildo Medeiros: 13 Jahre Nachforschung in alten Zeitungen.*

Auch wenn es viele Stellen gibt, die zweifelhaft sind und oft Unstimmigkeiten existieren,

*Royler mit Clizia, der Adoptitochter von Koma, im Haus, in dem der Japaner in Belem lebte.*

*Darunter: In Japan wurde Koma zum Vorbild für Comics als „Held der Tausend Kämpfe“.*

## *Royler am Grab von Koma*

***1996 von seinem Schüler Fredson Alves eingeladen, leitete Royler (Sohn von Helio Gracie) einige Seminare in Belem und nahm die Gelegenheit war, ein wenig mehr über die Geschichte des Mannes zu erfahren, der seinem Onkel die Kunst beigebracht hatte. Er besuchte das Grab von Koma und seiner Frau May Iris, und wollte das Haus sehen, in dem der Japaner gelebt hatte, wo bis heute noch seine Adoptivtochter Clizia wohnt. Bei dieser Gelegenheit sprach der größte Kämpfer der Familie (in den Wettkämpfen des JJ) über seine bewegten Gefühle dort stehen zu können, wo alles begann, und er hob die Bedeutung des Japaners für die Geschichte seiner Familie hervor. „Der Graf brachte den Stammbaum des JJ nach Brasilien. Die Gracies (mein Onkel Carlos und mein Vater Helio) pflanzten ihn und heute ernten wir die Früchte“, sagte der Gracie.***

Im Theater Polytheama gab Koma seine ersten Darbietungen in Manaus, 1915.

*Mit dem was er uns bisher zeigte, sind wir sicher, dass sein Buch ein äußerst wichtiger Mosaikstein in der Geschichte des brasilianischen JJ ist. Es ist wichtig zu wissen, dass das Rückgrat das gleiche bleibt. Andere Personen mögen Judo und JJ von Maeda, Satake und Yano erlernt haben, und haben vielleicht selbst Schüler ausgebildet, doch nur die Gracies entwickelten das JJ in einer Dynastie der Kämpfer, was die Popularisierung des Sports in Brasilien und danach in der Welt möglich machte. Sind JJ und MMA heute in aller Welt bekannt, dann heißen die Gründe dafür Mitsuyo Maeda Koma und die Familie Gracie.*

Royler Gracie besucht das Grab von Graf Koma.

TROUPE JAPONEZA

Chega hoje, a bordo do paquete «Pará», a troupe de luctadores japonezes de «jiu-jitsu», que vem fazer as delicias dos frequentadores do popularissimo théatro Polytheama.

Esta troupe, que é chefiada pelo Conde Koma, campeão mundial de «jiu-jitsu», desembarcará em trajes orientaes, percorrendo as ruas em automoveis.

Os espectaculos a serem realisados pela troupe são em numero pequeno, porquanto tem ella de, em breve, realisar outros contractos.

Como se vê, a empreza C. Oliveira não perde occasião para facilitar ao publico amazonense diversões varias e optimas.

***Im Theater Polytheama gab Koma seine ersten Darbietungen in Manaus, 1915.***

***Maeda Moma, der erste von rechts, mit seiner Mannschaft Laku, Satake und Shimitsu.***

von Reportern und japanischen Historikern in Frage gestellt, so ist die hier vorliegende Version doch die wahrscheinlichste, zumindest in der Welt des JJ und der MMA. *„Graf Koma ist eine der wichtigsten Personen in der Welt der Kampfkünste. Es kann nicht sein, dass seine Geschichte so wenig bekannt ist“*, brüllte der Judoka vom Amazonas, Rildo Heros de Medeiros (33 Jahre) heraus, und so befasst er sich seit 13 Jahren mit dem Studium des Lebens von Graf Koma. Das Ergebnis präsentiert er in seinem Buch *„Graf Koma – der Mythos des Jiu-Jitsu“*, das Rildo zum 55. Todestag des Japaners herausgibt.

## Rildo und Koma

Rildos Interesse für Koma begann 1993 bei einem Judowettkampf, in Porto Alegre, als der Amazonier den japanischen Meister Makoto Inokuma, 6. Dan, kennenlernte.

*„Er dachte, Koma wäre über Manaus gekommen, bevor er sich 1917 in Belem niederließ, und er bat mich um Hilfe, die Sache in alten Zeitungen zu überprüfen"*, erklärt der Judoka.

Laut der Veröffentlichung *„kam der Japaner mit seiner Mannschaft an, machte mit seinen Reden und Darbietungen ums Kämpfen im Theater Polytheama auf sich aufmerksam"*. Nachdem er festgestellt hatte, dass Koma in Manaus gewesen war, erschien es Rildo sehr seltsam, dass ein Japaner in diplomatischer Mission in einer offenen Kutsche mit öffentlichen Darbietungen anhand Kampfdemonstrationen auf sich aufmerksam machte. *„Ab jenem Tag besuchte ich die Bibliothek regelmäßig, suchte nach Zeitungen und Büchern, welche mir seine wahre Geschichte verraten konnten"*, sagt Rildo, der nicht lange brauchte, um eine weitere wichtige Entdeckung zu machen: *„Ganz im Gegensatz zu dem, was man bisher dachte, kam Grad Koma über Porto Alegre (Südbrasilien) nach Brasilien, mit vier weiteren Schülern: Satake, Lacu, Okura und Schimitus. Er ging in den Norden und machte Kämpfe und Darbietungen in verschiedenen Staaten, bis er nach Manaus kam"*, erläutert der Forscher, und erklärt die Art der Herausforderungen.

*„Laut einigen Zeitungen machten die Japaner Kämpfe mit echtem Widerstand.*

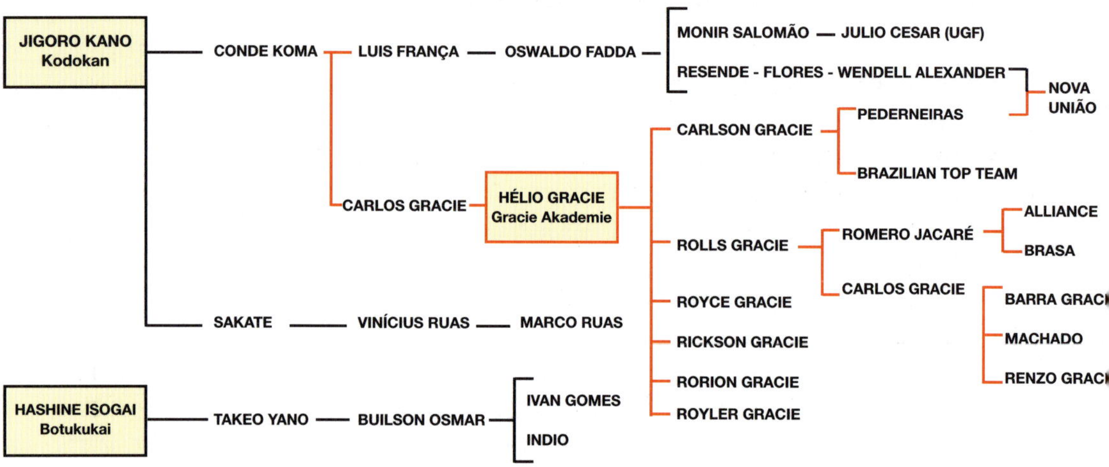


*Sie forderten jede Person heraus, egal welcher Modalität (Boxen, Capoeira, Freistilringen). Die Regeln erlaubten Schläge mit der Faust, aber nicht ins Gesicht. So weit ich es ersehen konnte, dauerten die wenigsten Kämpfe mehr als eine Minute, denn sofort wurde gefegt und meist mit Armhebel abgeschlossen, was seine Stärke zu sein schien"*, erklärt Rildo.

Auf den Spuren von Maeda entdeckte der Judoka weitere Personen, die sich eben so wie er den Kopf über das Leben von Koma zerbrachen. Und so tauschte man sich aus, mit Gotta Tsutsumi (Belem/Brasilien), Noryio Koiyama (Tokyo/Japan), Carlos Loddo (Kanada), Stanley Virgilio (Campinas/Brasilien), bis der Mann vom Amazonas die Geschichte des Mannes, der das JJ nach Brasilien brachte, immer besser verstand.

## Auf nach Amerika

Mit jeder weiteren Entdeckung nahm die Neugierde von Rildo zu, bis er seine Suche auf das Jahr 1905 ausweitete, als, laut einigen Büchern, Maeda Japan verließ. *„Ich übersetzte einige Texte aus dem Japanischen und hatte Unterhaltungen mit anderen Studenten und Meistern der Materie. Alles deutet darauf hin, dass Maeda das Jiu-Jitsu des Kampfes verbreiten wollte, wozu er Vorführungen gab und Herausforderungen aussprach, und sein Meister, Jigoro Kano, war damit nicht einverstanden, denn dieser wollte ein sportliche Jiu-Jitsu verbreiten, das man später Judo nennen sollte. So brach Maeda mit der Kodokan*

# Maeda Schritt für Schritt

- **1905 –** Maeda überwirft sich mit Jigoro Kano und verlässt gemeinsam die Kodokan.
- **1906-1913 –** Maeda kämpft in den USA und gelangt über Mittelamerika nach Uruguay.
- **1914 –** Maeda und seine Mannschaft gelangen über Porto Alegre nach Brasilien,
- **1915 –** Maeda kommt nach Belem (Oktober) und nach Manaus (Dezember).
- **1916 –** Maeda führt einen Stundenplan ein, um in den Sälen des Kinotheaters von Belem JJ Unterricht zu geben. Im selben Jahr lernt er Gastão kennen und beginnt Carlos zu unterrichten.
- **1920-1923 –** Maeda kehrt nach Japan zurück und schließt Friede mit Jigoro Kano, dieser verleiht ihm den siebten Dan zum Unterrichten des Judo.

- **1924 –** Kurz nach seiner Ankunft in Belem lernt Graf Koma May Iris kennen, die er später heiratet.
- **1931 –** Takeo Yano gelangt in den Staat Amazonas und beginnt gemeinsam mit Graf Koma zu unterrichten.
- **1932 –** Maeda nimmt die brasilianische Staatsbürgerschaft und den Namen Octavio Mitsuyo Maeda an.
- **1941 –** Graf Koma stirbt in Belem an Nierenversagen.

*und gemeinsam mit Shinshiro Satake und anderen Vertretern der Kodokan auf und reiste in die Welt hinaus, um Vorführungen zu geben und Herausforderungen auszusprechen",* beleuchtet Rildo den Fall.

Die Geschichten um die Herausforderungen Maedas in aller Welt veranlasste einen bekannten japanischen Zeichner 1996 Dutzende von Büchern im Stile *„Comiczeitschrift der Superhelden"* herauszugeben, wo die Tausend Kämpfe des Grafen Koma erzählt werden. Auf jeder Überschrift liest man: *„Graf Koma – der Vorläufer des Gracie Jiu-Jitsu".*

1906, nachdem er einige Kämpfe in den USA gemacht hatte, kam Koma nach Mexiko, wo er laut Rildo den Spitznamen Graf Koma erlangte. *„Das war ein Spass. Graf, weil er sehr viel Klasse und Anstand hatte, mit edlen Gesten und so weiter, und Koma wegen seines unglaublich schlechten finanziellen Standes („komaru" bedeute auf japanisch „in Schwierigkeiten sein")",* erklärt der Forscher.

Bevor er über Porto Alegre nach Brasilien kam, durchliefen Koma und Satake Guatemala, Costa Rica, Panama, Kolumbien, Ecuador und Peru, wo der dritte Japaner, Lacu, hinzukam. In Chile nahm Maeda den Japaner Okura auf und später Shimitsu, der das Quintett in Argentinien vollständig machte. Am 14. November 1914, nachdem man durch Uruguay gereist war, kam Koma in Porto Alegre an, reiste durch verschiedene Staaten bis er am 18. Dezember 1915 nach Manaus gelangte.

## Gracie und Koma: Treffen im Zirkus

Eine weitere Kuriosität, die Rildo entdeckte, bezieht sich auf die ersten Treffen von Koma und Gastão in Belem.

*„Ich habe Erzählungen gefunden, in denen gesagt wird, dass Gastão Gracie der Unternehmer des „American Circus" seines Freundes Henrique Melo war. Der Zirkus war im Palace Teatre, auf dem Platz der Republik (wo heutzutage das Hilton Hotel zu finden ist). Dort lernten sich Koma und Gastão kennen",* bestätigt Rildo und erzählt über die Details seiner Sichtungen in den alten Zeitungen der Öffentlichen Bibliothek in Belem.

„Koma lernte Gastão kennen, weil er den Kämpfer des American Cir*cus, Alfredo Leconte, herausgefordert hatte, der damals der Herkules (Hauptkämpfer) war. Später wurden beide Freunde. Was ich über den Japaner Oatake (der Graf Koma und Gastão kennenlernte) herausfand, sagt mir, dass Carlos Gracie JJ in der Akademie erlernte, die Koma 1916 eröffnete, in den Sälen des modernen Theaters, neben der Kirche (heute* *ist dort ein offener Platz)“,* erzählt Rildo, der verschiedene Ausschnitte fand, welche die Akademie ankündigten.

*„Der Unterricht wurde in allen Zeitungen angepriesen, für jeden der – zahlend – lernen wollte“,* und sagt, dass der erste Schüler von Koma der Hafenarbeiter Jacinto Ferro war. *„Er kam vom Griechisch-Römisch und war der erste Brasilianer, der das JJ erlernte. Er wurde Ausbilder von Koma und half ihm, Carlos Unterricht zu geben“,* versichert er.

Doch Rildos Entdeckungen sind noch nicht zu Ende. In seinen unzähligen Besuchen in der Bibliothek von Manaus und Belem hat er entdeckt, dass die Schüler von Koma auch eigene Akademien öffneten, wo sie anderen Brasilianern Unterricht gaben. *„Satake beispielsweise, eröffnete im Januar 1916 eine Akademie. Luis Franca, der Meister Fadda (der wiederum das JJ in den Vororten Rio de Janeiros verbreiten sollte) ausbildete, war sein Schüler und auch er bekam Unterricht von Koma“,* versichert Rildo.

Ein weiterer, der von Satake in den Kampf eingeführt wurde, war Vinicius Ruas, ein Onkel von Marco Ruas, der dafür sorgte, dass sein Neffe in die Welt der Kampfkünste gelangte. Auch mit 82 Jahren noch erfüllt Vinicius (7. Dan Judo, 82 Jahre alt) eine Aufgabe im Judoverband von Rio de Janeiro.

Auch Laku gab Unterricht im Judo, und zwar im Bankklub Brasiliens und danach in der Zentrale des Nationalen Fußballclubs, bis zu Kriegsbeginn 1940, um danach nach Peru zu gehen. Shimutsu und Okura blieben und gaben Unterricht in der Akademie von Koma, in Belem, bis sie 1920 nach Japan zurückkehrten. Nachdem die Kautschukzeit zu Ende war, kehrte auch Koma nach Japan zurück und schloß Friede mit Jigoro Kano, durch den er den 7. Dan erhielt und sein Judo verbreitete. 1924 kehrt Koma nach Belem zurück und unterrichte Kindern das Judo. Im selben Jahr heiratet er May Iris.

Obwohl er sich über die Explosivität seiner Nachforschungen bewusst ist, war es doch sein Hauptaugenmerk, die Details der Ankunft des JJ nach Brasilien zu ergründen. *„Meine Nachforschungen beschäftigen sich mit der Ankunft des JJ hier in Brasilien, wie kam es hier her und wer war Graf Koma. Ich will hier keine Streitereien vom Zaun brechen“.*

ATAMA

# Francisco Mansur

Er ist zweifelsohne eine Legende in der Geschichte des Jiu-Jitsu, aber anstatt wie viele andere, die es so weit geschafft haben, arrogant, hochnäsig und weltfremd zu sein, blieb Großmeister Mansur mit beiden Beinen auf dem Boden, stets bereit zu lehren, selbst zu lernen und die Athleten der Zukunft auszubilden. Für Mansur muss das Jiu-Jitsu mit einer absoluten technischen Fehlerlosigkeit ausgeführt werden. Der Meister ist davon überzeugt, dass diese "weiche Kunst" nur dann möglich ist, wenn der Athlet die 1001 Details erlernt, die es möglich machen, dass die Weichheit die Kraft besiegt.

- "Seit dem Boom des Vale-Tudo haben viele Personen Kenntnisse im Bodenkampf gesammelt und viele Kampfstile haben sich die besten technischen Tricks des Jiu-Jitsu angeeignet, aber das Jiu-Jitsu ist eine weiche Kunst, und wie das Wasser gewinnt sie immer".

Seine Besessenheit, die Technik perfekt wiederzugeben, kann man nur mit seiner Bestimmtheit in der Methodik vergleichen. Der Meister hat einen großen Teil seines Lebens der Ausführung von Hélio Gracies Kunst gewidmet, seinem Meister - vielleicht wie kein anderer sonst.

- "Das Kioto Jiu-Jitsu System, das ich entwickelt habe, ist nicht meine Erfindung. Hélio ist der Erfinder dieser Kunst, die Neuheit im Kioto Jiu-Jitsu ist lediglich die Unterrichtsmethode."

Im vergangenen Jahr veröffentlichte Mansur sein erstes Buch, in dem er die ersten Teile dieser weitläufigen Arbeit unter dem Titel "Die Bibel des Jiu-Jitsu" einem breiten Publikum zugänglich machte. Verschiedene DVDs, immer einem Thema gewidmet, Selbstverteidigung, Würgegriffe, und so weiter..., haben die Kontinuität der Arbeit mit seinem ersten Buch unterbrochen. Im Einverständnis mit dem Autor haben wir entschieden, dass der zweite Teil dieses Buches ein audiovisuelles Format haben sollte, so dass in Zukunft weitere Folgen in dem einen oder dem anderen Format erscheinen können.

- "Ich habe die Lehren des Kioto Systems in 40 Kapitel unterteilt (technische Gruppierungen). Alle meine Schwarzgurte haben die Wirksamkeit dieses Systems ausprobiert und ich bin mir sicher, dass die Liebhaber des Jiu-Jitsu den Wert dieser neuen DVD zu schätzen wissen!"

Francisco Mansur hat dabei geholfen, die Geschichte des brasilianischen Jiu-Jitsu zu schreiben. Er war einer der ersten Schüler von Hélio Gracie, er hat an der Gründung der ersten Jiu-Jitsu Vereinigung in Bra-

**Text:** Alfredo Tucci
**Fotos:** © www.budointernational.com

silien teilgenommen und er hat dabei geholfen, die Regeln des gültigen Systems der verschiedenen Abstufungen dieser Kampfkunst zu entwickeln. Im Alter von 63 Jahren und nachdem er fast 2.000 Schüler ausgebildet hat, wurde diese komplette Hingabe für diese weiche Art anerkannt mit dem Titel des Großmeisters, 9° Dan. Er ist der Einzige außerhalb der Gracie-Familie, der eine solche Graduierung erreicht hat. Er ist direkter Schüler von Hélio Gracie, dem Vater des modernen Jiu-Jitsu, und seit je her empfindet er tiefe Dankbarkeit und Liebe für seinen Meister. Jahrelang war es seine Aufgabe, die Lehren von Helio zu koordinieren, alles das, was er erhielt zu organisieren, aber ohne dabei seine eigene Kreativität zu verlieren, speziell auf dem Gebiet der Dynamik des Unterrichts. Besonders fruchtbar war seine Erfahrung mit sowohl geistig als auch körperlich eingeschränkten Personen.

**- "Personen, die geistig und körperlich eingeschränkt sind, bewegen uns dazu, einen Unterricht zu gestalten, der einfacher aber wirksam ist. Die Ergebnisse waren sehr vielversprechend und zufrieden stellend, teilweise jedoch waren es meine Schüler, die mich unterrichtet haben und nicht umgekehrt."**

**- "Das Wesentliche in der Erstellung meines Systems ist es, der Logik eines intelligenten Systems zu folgen. Die weiche Kunst wurde erstellt, um mit Weichheit zu gewinnen. Die Amerikaner sind ein sehr starkes Volk und sie benutzen stets die Kraft, um ihre technischen Einschränkungen zu lösen, aber das entspricht nicht dem wahren Charakter des Jiu-Jitsu, deswegen entwickele ich mit meiner Methode Schritt für Schritt die Fähigkeiten des Schülers zusammen mit seinen körperlichen Konditionen."**

Genie und Erfahrungen vereinigen sich in Mansur zu gleichen Teilen. Das berühmte Zitat von Picasso: „Falls die Musen erscheinen sollten, ist es besser, wenn sie dich bei der Arbeit antreffen", scheint, als sei es für den unermüdlichen Lehrer gemacht:

**- "Das Jiu-Jitsu braucht gute körperliche Konditionen und in seinem Training entwickeln sich diese. Ich habe einige neue Übungen erfunden, um diesen Vorgang zu erleichtern. Es sind kleine Tricks, die meine Schüler schätzen und denen sie sympathische Namen gegeben haben."**

Als wir am ersten Teil der Jiu-Jitsu Bibel gearbeitet haben, die in fünf Sprachen erschienen ist, hatte ich die Möglichkeit, mit dem Meister eine Woche zusammenzuleben. Seit diesem Zeitpunkt haben wir uns bei verschiedenen Gelegenheiten getroffen und sind auch gemeinsam nach Italien gereist. Der Anlass für diese Reise war die Nacht der Kampfkünste, die unsere Zeitschrift jährlich in Mailand organisiert. Während dieser Reise habe ich entdeckt, warum Mansur auch außerhalb der Tatami als ein Meister anerkannt wird, und ich habe gesehen, wie andere großartige Kampfkünstler, von anderen Stilen, ihn als solchen anerkennen. Es waren nicht wenige, die bei ihm Einzelunterricht genommen haben und jeder, der ihm näher gekommen ist, kam zu dem Schluss: "Mansur ist mehr nur als ein Profi, er ist ein Meister". Ich denke, dass dies erst dank seiner großartigen Erfahrungen, aber auch seinem Charakter, seinem aufrichtigen

Benehmen, seinem Frohsinn und seiner Besonnenheit zu verdanken ist. Wenn man unterrichten kann, wie er es tut, kommt man weiter:

**- "Für mich ist das Verhältnis mit den Schülern mehr als nur Unterricht; es entwickeln sich immer sehr intensive Verbindungen; einige sind wie Söhne für mich, und für andere bin ich wie ein liebevoller aber strenger Großvater".**

Was rätst du der neuen Schülergeneration?

**- "Dieser Rat ist für meine Schüler, für die Schüler meiner Kollegen und auch für die meiner Feinde. Es ist sehr wichtig, dass du loyal bist und deinen Lehrer wertschätzt. Vergesse niemals seinen Namen vor einem Wettkampf zu erwähnen. Du brauchst jemanden, der dich begleitet und dir gute Ratschläge gibt. Das ist wie eine Grundlage. Hierarchien, Disziplinen, Organisation und Methodik sind die Grundlagen für alles, was du in deinem Leben tust. Betrachte das als dein Ziel und du wirst es erreichen."**

In seiner neuesten Arbeit wollte Mansur eine neuartige Formel ausprobieren, es ist eine Kombination aus Text und Video. Der erste Teil der Bibel des Jiu-Jitsu erschien, wie bereits erwähnt, als Buch, aber der Meister bestand darauf, dass der zweite Teil ein audiovisuelles Format haben sollte. Es gibt bei beiden Formeln komplementäre Aspekte und ich bin überzeugt, dass einige Details besser in einem Video zu zeigen sind und andere in einem Buch.

**- "Mein System, das Kioto System, hat ein Muster, das sich während des Lernprozesses immer wiederholt. Auch wenn die Techniken unterschiedlich sind, gibt es Details, die sich nur in einem Format und andere in einem anderen verstehen können, deswegen wollte ich, dass diese Ausgabe audiovisuell wird, ohne dass wir damit ausschließen, in Zukunft wieder zum Textformat zurückzukehren".**

Das Kioto System ist so weit und komplett, dass es bestimmt Jahre dauern wird, diese Arbeit zu vervollständigen, aber so wie der Meister selbst sagt:

**Ich persönlich denke, dass die Person und der Kämpfer die gleiche Sache sind und gemeinsam wachsen müssen. Wenn das Jiu-Jitsu richtig ausgeführt wird, formt es beide Charaktere"**

1
2
7
KIOTO
3
5
4

**- Was gibt es Besseres als mit den Freunden zusammenzuarbeiten?**

Für Mansur muss das Training stets abwechslungsreich und unterhaltsam sein:

**- "Wenn eine Person sich langweilt, wird sie sich nicht gut konzentrieren können. Das Jiu-Jitsu ist ein sehr abwechslungsreiches und interessantes System, man kann sich nur dabei langweilen, wenn man das System nicht kennt. Es ist die Pflicht für jeden Lehrer, sein Wissen nicht nur weiter zu geben, sondern dieses bei seinen Schülern zu verwurzeln."**

Zweifelsohne kann man dies bei seinem Training und in seinen Videos sehr gut erkennen. Mansur geht den Unterricht mit sehr viel Ruhe an, ohne Pausen, ohne Eile hält er sich mit denjenigen Aspekten auf, die andere ganz einfach übergehen, damit der Schüler versteht, dass sich die Großartigkeit dieser weichen Kunst in den kleinen Details befindet, die den Unterschied ausmachen.

**- "Es gibt Bewegungen, die ganz einfach nicht funktionieren, wenn wir uns nicht mit den Details aufhalten. Ein Unterarm, der auf falsche Weise gedreht wird, kann eine Verletzung hervorgerufen oder eine Technik ganz einfach unmöglich machen. Ein guter Schüler muss das Video mit Aufmerksamkeit ansehen und besonders auf die Details, die wir zeigen, acht geben".**

Über die Wirksamkeit des Systems bleiben wenig Zweifel, aber wir können der Frage dennoch nicht widerstehen:

**- "Alle Techniken, die ich unterrichte, funktionieren! Das liegt nicht an meiner außergewöhnlichen Intelligenz (lacht), sondern der jahrelangen Erprobung unter schwierigsten Umständen."**

Heutzutage, auch dank dieser Veröffentlichung, kennen die Schüler einen Teil der Geschichte und die Zeiten, in denen sich das Jiu-Jitsu gebildet hat:

**- "Die ganze Welt wollte das Jiu-Jitsu besiegen, es war DIE Referenz. Wie er, waren auch die Schüler von Hélio lebendige Beispiele der Kunst, die wir ausführten und repräsentierten.**

Das war ziemlich hart, weil man immer zum Kampf bereit sein musste. Zu dieser Zeit formte sich der Mythos, aber auch unser Charakter. Später kam die Expansion, der Erfolg und die Anerkennung, aber man muss dort gewesen sein. Wir waren - um das zu verstehen - großartige Personen, aber vor allem großartige Kämpfer, die heutzutage Legenden sind."

Wir fragen den Meister: Was ist wichtiger für einen Kämpfer: Technische Präzision oder der Charakter?

**- "Ein guter Meister muss fähig sein, über beide zu arbeiten. Die eigene Arbeitsmethode basiert auf dem Einfluss von beiden Entwicklungen. Ich persönlich denke, dass die Person und der Kämpfer die gleiche Sache sind und gemeinsam wachsen müssen. Wenn das Jiu-Jitsu richtig ausgeführt wird, formt es beide Charaktere."**

Wenn man verschiedene seiner Schüler kennen gelernt hat, kann man sagen, dass er auch auf diesem Gebiet Erfolg hatte.

**- "Es gibt immer ein schwarzes Schaf, aber ich hatte das Privileg nicht nur respektiert, sondern auch von meinen Schülern geliebt zu werden".**

Auch wenn es noch sehr viel mehr zu diesem Thema zu veröffentlichen gibt, zeigte sich der Meister zufrieden:

**- "Ich bin mir sicher, dass meine Schüler, die mich bereits die ganze Zeit darum bitten, sowie auch Schüler anderer Lehrer, diese weiche Kunst, die Materie, die sich auf dieser DVD des Kioto Sytems befindet, genießen werden. Die Systematik ist wichtig, weil sie die Kreativität der Lehrer und Schüler öffnet. Viele haben sich niemals dem Problem gestellt, dass eine gleiche Sache auf 1000 verschiedene Arten ausgeübt werden kann, aber dass es immer eine Art und Weise gibt, die besser ist als die andere. Das Training ist die Grundlage für das ganze Jiu-Jitsu, deswegen müssen wir seiner Essenz treu sein und kreativ in seiner Entwicklung. Es gilt der Spruch: „Alles ist geschrieben"...aber nicht alle haben es lesen können..."**

Wieder einmal ist es eine Ehre und ein Privileg für Budo International, diese neue DVD von Meister Mansur zu präsentieren, eine einzigartige Persönlichkeit, voll von Leben und Erfahrung, bereit, alles ohne Vorbehalte mit uns zu teilen und uns Schritt für Schritt, ohne Pausen und ohne Eile bis hin zur perfekten Ausübung des Jiu-Jitsu zu bringen.

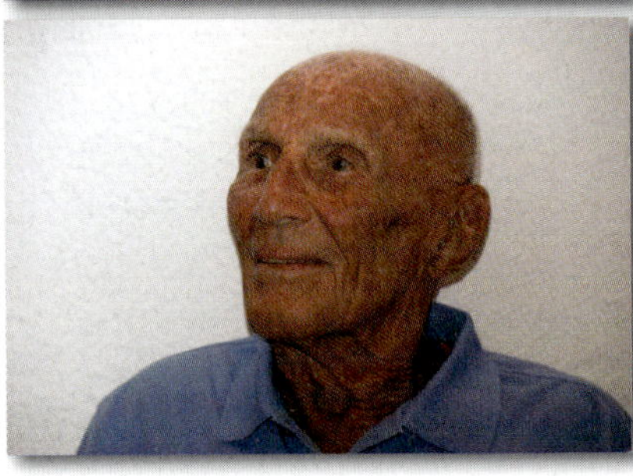

Text: Olivier Rousset
Fotos: Archiv Budo International & Olivier Rousset

# Helio Gracie
# Der Vater des modernen Jiu-Jitsu
# (Noviembre 2007)

Er ist ohne Zweifel eine der bedeutendsten Personen im Kampfkunstpanorama. Seit fast einem Jahrhundert werden wir von seinem weichen und trotzdem festen Blick begleitet. Er ist ein Genie und eine Persönlichkeit, politisch inkorrekt, Vater einer großen Familie und Patriarch einer noch größeren Familie, der Schar der JiuJitsu-Anhänger. Helio ist die Referenzfigur für die Revolution des modernen Jiu-Jitsu. Der Großmeister kam zum ersten Mal nach Europa (auch wenn das unglaublich erscheint), um das Gracie-Zentrum in Barcelona zu öffnen, dass sein Sohn Robin Gracie führt. Der Autor dieses Artikels, Olivier Rousset ist ein Liebhaber der Kampfkünstler und des Jiu-Jitsu der Familie Gracie. Olivier bringt uns anhand von diesem interessanten Artikel, diesem Mann, Kampfkünstler und liebenswerten Person näher.

## Das Treffen mit einer Legende

Heute ist nicht irgendein Samstag..... der Mann, der im 20. Jahrhundert eine wahrhafte Revolution der "Kampfkünste mit leeren Händen" gemacht hat, Helio Gracie, ist zum ersten Mal nach Europa gereist, nach fast einem Jahrhundert (Helio ist bereits 95 Jahre alt) und wir haben die Möglichkeit ihn zu treffen! Der brasilianischer Großmeister ist nach Spanien gereist, um die neue Megaschule seines Sohnes Robin in Barcelona zu eröffnen und zudem zwei Tage ein Seminar zu halten. Momentan befindet er sich zusammen mit seiner zahlreichen Familie in dem großartigen Haus von Royce (ein weiterer Sohn von ihm) an der Küste in Calafell (70 Km im Süden von Barcelona). Robin hat mich zusammen mit einem anderen Freund, Taras, einem der besten Schüler seiner Akademie, eingeladen, und so sind wir nun beide hier, um seinen Vater kennen zu lernen.

Wir verlassen Barcelona und folgen dem Wagen von Robin, zusammen mit seiner Frau Jovana und den zwei Töchtern Kloe und Klair, die acht und sechs Jahre alt sind. Als wir Calafell erreichen, befindet sich die ganze Familie im Swimmingpool des örtlichen

Tennis Clubs, um sich zu sonnen. Wir nähern uns und begrüßen zuerst Robins Mutter Vera und später Royce, den wir bei seinem letzten Seminar in Barcelona kennen gelernt haben. Ich nutzte die Gelegenheit, um ihm für seine Revanche gegen Sakuraba vor zwei Wochen zu gratulieren. Endlich sehen wir auch Helio, der eine supermoderne Sonnenbrille trägt und, abgesehen davon, dass er sehr hellhäutig ist (sein Großvater war Schotte) sonnenverbrannter als ein brasilianisches Kaffeekorn ist. Wir schütteln uns die Hände und sehen, dass er tolle weiße Zähne hat. Bevor wir uns zum Gespräch hinsetzen, lädt uns Helio dazu ein, einige Fotos mit ihm zu machen. Wir nutzen dic Gelegenheit und machen auch einige Fotos von Robin und seiner Frau - ich bin überrascht, mit wie viel Liebenswürdigkeit er die Hand seiner Frau nimmt, um ein Foto mit ihr zu machen. Nachdem wir ein Wasser bestellt haben, setzten wir uns an einen Tisch um zu reden... Robin erzählt seinem Vater, dass er ohne unsere Hilfe und Unterstützung heute nicht hier sitzen würde und keine Akademie hätte... Helio bedankt sich bei uns und wir sagen ihm, dass wir das, was wir sind, allein dank dem Jiu-Jitsu der Familie Gracie geworden sind. Helio erzählt uns, und blickt dabei seinen Sohn Robin an, dass es kein Zufall war, Personen zu finden, die ihm geholfen haben, da er der Meinung ist, dass die Personen, die Hilfe verdient haben, auch Hilfe bekommen.

Im Anschluss empfiehlt uns Helio sein Lebensideal, das er, seitdem er erwachsen ist, angewendet hat: "Man soll nichts Schlechtes machen, nicht gegenüber sich selbst, nicht gegenüber den anderen, nicht gegenüber der Umwelt“... ich denke, dass seine Gedanken so wie seine Kampftechniken sind: unglaublich wirksam, es ist die Konsequenz ihrer Einfachheit.

Helios Worte kann man in einer einzigen Zeile zusammenfassen und die ganze Welt kann sie verstehen, sie können gut gesammelte Bücher über Philosophie und Weltreligion ersetzen.

Helio fährt fort und erzählt uns, dass er während der letzten 75 Jahre nichts gegessen oder getrunken hat, was seiner Gesundheit hätte schaden können... (ich weiß nicht warum, aber auf die Ar,t wie es Helio sagt, sind wir davon überzeugt, dass es tatsächlich so ist). Wir fragen ihn nach der speziellen Gracie Diät... er sagt uns, dass sein älterer Bruder Carlos, der Diätetik studiert hat, und den Diätplan von Gracie erstellt hat, schnell die Vorteile dieser Diät in Bezug von Energie, Wohlbefinden und Gesundheit bestätigen konnte...

von diesem Zeitpunkt an hat er sie ein ganzes Leben lang befolgt. Helio zählt uns die wichtigsten Regeln dieser Diät auf: man sollte mindestens vier Stunden zwischen den verschiedenen Mahlzeiten vergehen lassen, kein Fleisch, kein Geflügel, keine Milch, viel Frucht und Gemüse, Körner und Hülsenfrüchte, man sollte diese jedoch nicht in einer Mahlzeit mischen, ein bisschen Ei, etwas Käse, Fisch. Helio erzählt uns, dass er keinen Fisch essen würde, wenn er ihn selber fischen müsste, da er so viel Respekt vor der Natur hat (Robin hat mir bereits erzählt, dass sein Vater bei seiner Finka in Petropolis, in der Nähe von Río de Janeiro, einen Teich hat, an dem ihm die Fische aus der Hand essen). Letztendlich empfiehlt uns Helio regelmäßig einen Tag einzulegen, an dem man nichts isst, weder Wasser, noch Essen zu sich nimmt, um somit das Innere des Körpers zu reinigen... und er beendet sein Gespräch mit den Worten: "Du bist was du isst"... ich antworte ihm, dass dies fast die ganze Welt weiß, aber nur sehr wenige haben den Willen und die Kraft das zu tun, was sie tun sollten (einschließlich meiner Person - natürlich).

Wir wechseln das Thema, Taras fragt Helio, ob er einmal einen Straßenkampf zu bestehen hatte? Helio antwortet, dass dies niemals vorkam, auch wenn er sehr viele Gelegenheiten dazu hatte, was besonders daran lag, dass er ein "schmales Hühnchen" war und dies viele in Brasilien dazu herausgefordert hat, mit ihm kämpfen zu wollen (für diejenigen, die Brasilien kennen, ist das nicht verwunderlich!). Aber Helio erzählt uns, dass er sich allein durch sein Benehmen und sein sicheres Auftreten (seine absolute Sicherheit) aus solchen Situation befreien konnte, sein Ton und seine Überzeugtheit seiner Worte liesen beim Gegner die Alarmglocken klingeln: ein so schmächtiger Typ kann doch nicht soviel Schneid haben!... „Bestimmt hat er was versteckt und ich bin mir sicher, dass es etwas sehr schlimmes ist!"... ich sage Helio, dass die ganze Welt Angst vor dem Unbekannten hat. Helio antwortet mir, dass dies alles psychologischer Druck war, da sein Körper niemanden beeindrucken konnte...

"Ja", sage ich Helio, "abgesehen von seinem Adlerblick, der vielen Furcht einflößen konnte!" (davor hatte Helio die Sonnenbrille abgenommen, um die Fotos mit uns zu machen). Er lacht mit uns und sagt:" Derjenige, der mit mir spricht, kämpft nicht mit mir"...

Taras wechselt das Thema und fragt Helio ob er einmal persönlich den Grafen Koma kennen gelernt hat? Helio antwortet, dass er ihn nicht

JIU-JITSU

kennen gelernt hat, aber dass sein Bruder Carlos Unterricht von diesen berühmten Japaner erhielt, er unterstreicht jedoch, dass Koma mehr Judo als Jiu-Jitsu unterrichtete, denn das waren Techniken, die sehr viel mehr Kraft benötigten und nicht bei weniger starken Personen funktionierten. Er musste unzählige Stunden auf der Tatami verbringen und jede Bewegung verändern, um die perfekte Form zu finden und völlig den Faktoren Kraft durch die Technik zu ersetzen. Ein gutes Beispiel dafür ist eine Technik, die Helio auf dem Seminar eine Woche zuvor in der Akademie von Barcelona zeigte; es handelte sich hierbei um einige Grundtechniken, die man in den ersten Unterrichtsstunden lernt: der amerikanische Schlüssel aus der sitzenden Stellung… Helio hat seinen Arm in der "L-Form" um einen erfahrenen Schüler gelegen und fordert ihn dazu auf, jetzt einen Schlüssel anzubringen.. was darauf hin passiert ist unglaublich... Helio bleibt absolut ruhig auf der Tatami, ohne dabei eine Verteidigungsbewegung zu unternehmen... zumindest erscheint uns das so und der Schüler versucht vergeblich seinen Arm unter Helios Arm anzubringen, um einen Schlüssel zu machen.., die Teilnehmer lachen…Später erklärt er uns, dass er, um sich aus dem amerikanischen Schlüssel zu befreien, eine so simple Sache getan hat, dass niemand der Anwesenden darauf gekommen ist, keiner der fortgeschrittenen Schüler, der nationalen Champions, der Europachampions und noch nicht einmal sein Sohn Robin. Er hat mit dem Arm Druck gegen die Tatami ausgeübt, anstatt den Druck nach oben oder gegen den Arm des Gegners zu machen, das, was normalerweise die ganze Welt macht mit dem Risiko einen Abstand zu schaffen, der dem Gegner erlaubt den Schlüssel anzubringen und zu

beenden. Das ist das Jiu-Jitsu Marke Helio Gracie: Grösste Einfachheit = höchste Wirksamkeit!

Inspiriert durch die Erinnerung an diese Technik erzähle ich Helio, dass abgesehen davon, dass er einige außergewöhnliche und wirksame Techniken gegen Gegner erfunden hat, die sehr viel stärker waren als er, die extreme Einfachheit seiner Techniken, die es dem Schüler erlauben diese schnell zu erlernen und die die Techniken so wirksam in einem echten Kampf machen für mich die größte Tugend seines Jiu-Jitsu ist. Als Beispiel erzählen wir Ihm, dass sowohl Taras als auch ich selbst, so wie viele von unseren Trainingspartnern, mit nur wenigen Trainingsstunden verschiedene Schwarzgurte aus dem Bereich des Judo oder aus dem japanischen Jiu-Jitsu im Freien Kampf besiegt haben. Sicher haben wir uns nicht mit den Besten gemessen, aber sicherlich hat diese Erfahrung, die auch viele Anfänger auf der Welt machen, einen ganz besonderen Wert. Kein anderer Kampfstil erlaubt einem mit so wenig Unterrichtsstunden einen erfahrenen Gegner aus einem anderen Systems zu besiegen. Ich denke bei mir selber, dass die größte Kraft des Jiu-Jitsu von Helio in der Wirksamkeit der Einfachheit liegt. In der Geschichte der Techniken der "leeren Hände" hat das Jiu-Jitsu der Gracies ein Davor und ein Danach ausgemacht, ausgehend davon, dass seit Helio seine Söhne und seine große Familie (um nicht das Wort "Klan" zu benutzen) alle der ganzen Welt diese Techniken gezeigt und unterrichtet haben, deswegen gibt es niemanden mehr auf dieser Welt, der von sich behaupten kann ein kompletter Kämpfer zu sein und beim Vale-Tudo mitzukämpfen ohne das Jiu-Jitsu der Gracies erlernt zu haben, auch wenn es inzwischen sehr viele Nachahmer und Kopierer gibt.

Ich sage Helio, dass ich davon überzeugt bin dass er wegen seiner Verdienste an diesem System unsterblich geworden ist und in die Geschichte eingeht... bescheiden antwortet er mir: “Ich nicht, sondern mein Jiu-Jitsu“. Ich antworte ihm respektvoll, dass er der Vater des modernen Jiu-Jitsu ist und sein Name in der Geschichte verewigt wird, so wie der Name von Jigoro Kano, der als Vater des Judo gilt. In diesem Moment erscheint ein kleines blondes Kind an unseren Tisch und es überrascht mich, wie Helio seine Aufmerksamkeit auf das Kind richtet, um ein „Hallo“ und ein Lächeln als Antwort zu bekommen.

An diesem Punkt der Unterhaltung fragt Robin seinen Vater, ob er einige wenige Fragen für ein Interview mit unserer Zeitschrift beantworten kann. Helio bejaht freundlich unsere Anfrage, obwohl wir schon mehr als einer Stunde an unserem Wasser sitzen.

**Olivier: Denken Sie, dass Robin seine Mission um die Verbreitung des Jiu-Jitsu erfüllt hat ?**

**Helio:** (Robin übersetzt) Ich bin davon überzeugt, dass Robin ein exzellenter Vertreter des Jiu-Jitsu ist, seine neue Schule ist toll und bietet den Einwohnern von Barcelona eine großartige Möglichkeit diesen Stil zu erlernen.

**Olivier: Was halten Sie von der Entwicklung des “Vale-Tudo” seit seinen Anfängen?**

**Helio:** “Ich bin nicht wirklich zufrieden mit den Regeln, die erfunden worden sind: Zeitbegrenzung, Handschuhe, das Aufheben der Kämpfer, wenn sie eine Zeit lang am Boden verbracht haben. Das alles geht zu Ungunsten der Kämpfer aus dem Jiu-Jitsu... das Vale-Tudo darf keine Regeln haben, es ist wie ein Straßenkampf... schließlich heißt es ja auch Vale-Tudo (Alles geht) oder?.

**Olivier: Was halten Sie von der Entwicklung der Gesellschaft mit den heutigen Problemen? Stehlen, Drogen, Gewalt, usw?**

**Helio:** Das ist die Schuld von Gesetzen, die zu weich sind, die Bestrafungen sind zu harmlos, denn die Verbrecher oder die Drogendealer treffen sich auf der Strasse, weil die Polizei den Kopf in den Sand steckt. Es fehlen die angemessenen Gesetze für diese Verbrechen!

Taras wendet ein, dass dies aber harte Worte von jemanden sind, der noch nicht einmal einen Fisch umbringen kann!

GRACIE JIU JITSU
Torrance, California

**Olivier: Und was ist mit dem Terrorismus ?**
**Helio:** Viele Personen haben eine falsche Geisteshaltung, trauriger Weise gibt es keine andere Möglichkeit, als diese Personen zu vernichten, d.h. sie einzusperren oder umzubringen.

**Olivier:** Was halten Sie von der gleichgeschlechtlichen Ehe?
Helio schaut mich einen Augenblick verwundert an... dann fragt er mich, ob ich ihn veräppeln möchte... Robin muss eingreifen und seinen Vater erklären, dass in Spanien die Ehe zwischen zwei geschlechtlichen Personen erlaubt ist... es scheint, dass wir es geschafft haben, Helio Gracie in Staunen zu versetzen!!. Helio antwortet danach schnell: Als erstes würde ich das Gemeindehaus schließen und den Bürgermeister, der die Heirat erlaubt hat, in ein Gefängnis stecken.

**Taras: Wenn Sie ihr Leben in der Retrospektive betrachten, sind sie glücklich?**
**Helio:** Ich bin sehr glücklich. Zuallererst mit mir selber, da ich nie jemanden etwas schlimmes angetan habe, aber auch mit meinem Unterricht im Jiu-Jitsu; das hat mir sehr viel Selbstvertrauen, Ruhe und Zufriedenheit gegeben; ein Gleichgewicht das verhindert hat, dass ich mich in ungute Situationen bringen konnte.

**Taras: Wer hat die Regeln des sportlichen Jiu-Jitsu aufgestellt?**
**Helio:** Das waren die Verbände, um Geld zu verdienen. Mein Jiu-Jitsu hat keine Regeln.

In diesem Moment nähert sich Royce und fragt freundlich, ob uns noch viel fehlt um das Interview zu beenden, denn die ganze Familie möchte sich ein Eis in Calafell kaufen. Wir antworten, dass wir fertig sind. Robin bittet dann noch seinen Vater unsere Gürtel zu signieren: einen braunen für Taras und einen schwarzen für mich (Robins Gürtel). Robin erklärt Helio, dass ich immer noch ein Braungurt bin, aber dass dies der Gürtel ist, den ich mir einmal verdienen werde... Helio akzeptiert freundlich und macht uns glücklich damit. Wir verabschieden uns sehr dankbar von ihm und seiner ganzen Familie, wünschen ihnen viel Gesundheit und hoffen, dass die außergewöhnliche jugendliche Erscheinung von Helio ihn noch lange

Jahre begleiten wird. Auf der Rückreise nach Barcelona und an den folgenden Tagen muss ich immer wieder an dieses Treffen denken. Mir wird immer mehr bewusst, was für ein besonderer Mensch Helio ist und was für eine tolle Gelegenheit es war, ihn zu treffen: Ein extremer Mensch, der einige fast übermenschliche Qualitäten aufweist, soviel Disziplin, soviel Willen, Wert und rigorose Moral für extrem menschliche Werte: “man soll niemals etwas schlechtes machen, nicht gegenüber sich selbst, nicht gegenüber den anderen und nicht gegenüber der Natur“.

Ich zitiere noch die Geschichte des Schülers, der seinen Meister fragt: „Meister, was ist das Ziel des Menschen?“... der Meister denkt über die Frage nach und antwortet:”ein Mensch zu sein”.. mit seinem Vorbild hat uns HELIO GRACIE den Weg gezeigt, genau das zu erreichen.

JIU-JITSU

# INHALTSVERZEICHNIS